北京联合大学学术著作出版基金资助

汉语的话语强调

THE EMPHASIS OF UTTERANCE IN MANDARIN CHINESE

鲁 莹◎著

中国社会科学出版社

图书在版编目（CIP）数据

汉语的话语强调／鲁莹著 .—北京：中国社会科学出版社，2018.10
ISBN 978-7-5203-3607-9

Ⅰ.①汉… Ⅱ.①鲁… Ⅲ.①汉语-话语语言学-研究 Ⅳ.①H1

中国版本图书馆 CIP 数据核字（2018）第 271622 号

出 版 人	赵剑英
责任编辑	任　明
责任校对	夏慧萍
责任印制	郝美娜

出　　版	中国社会科学出版社
社　　址	北京鼓楼西大街甲 158 号
邮　　编	100720
网　　址	http：//www.csspw.cn
发 行 部	010-84083685
门 市 部	010-84029450
经　　销	新华书店及其他书店

印刷装订	北京君升印刷有限公司
版　　次	2018 年 10 月第 1 版
印　　次	2018 年 10 月第 1 次印刷

开　　本	710×1000　1/16
印　　张	16.25
插　　页	2
字　　数	266 千字
定　　价	80.00 元

序

　　语法研究在很大程度上说是对各类语法范畴的研究，范畴化是语法研究的根本性取向。语法研究不仅仅是句法语义研究，更应是语言形式的用法研究，对语言功能的研究是语言研究的终极性目标。近年来，语法学界在汉语语法范畴研究方面取得了丰硕成果，如量范畴、致使范畴、方式范畴、情态范畴等的研究，相较而言，强调范畴的研究还很薄弱。强调是话语交际过程中广泛使用的语言现象，是跟说话人主观意图直接相关的语义语用现象。可以说，强调范畴是主观性程度最高的一个范畴。

　　"任何语言里的任何一句话，它的意义决不等于一个一个字的意义的总和，而是还多点什么。"（吕叔湘《语文常谈》）所多的"这点什么"就是语言的主观性。"主观性"是指说话人在说出一段话的同时表明自己对这段话的立场、态度和情感，从而在话语中留下自我印记。语言的"主观化"是指语言为表现这种主观性而采取相应的结构形式或经历相应的演变过程（沈家煊《语言的"主观性"和"主观化"》）。强调是说话人为表明自己的话语立场、态度和情感等语义重点而在话语中有意使用的语言形式。强调范畴既不同于表达客观性范畴的各类句法范畴，也不同于通过"留下印记"来表达主观性的主观范畴，强调有其主观化的手段和方法。因此，无论是着眼于汉语强调范畴的建构，还是基于汉语作为第二语言教学的需要，汉语中有哪些专门或主要用于表达强调的手段、方式和语言成分就很值得研究。如此看来，鲁莹博士的《汉语的话语强调》首先在选题上既具有重要的理论和应用价值。

　　不仅如此，该书的主要贡献和特色还表现在以下几个方面：

　　（1）有所拓展，有所导向。该书的研究内容进一步将汉语范畴的研究拓展到以往研究较少的主观范畴，将范畴化的研究跟语言的使用者紧密联系起来，并且将具有强调功能的一些修辞方式也拿进强调范畴的研究中，研究领域的拓展无疑具有一定的导向性。

（2）视野开阔，理论性强。该书以认知语言学的语言观为理论基础，广泛涉及语言的主观性和主观化、构式语法、原型范畴、话语标记等现代语言学理论，难能可贵的是，这些理论和观念在书中运用得比较恰当，与相关的语言现象结合紧密，大大增强了对相关强调现象的理论阐释力。这既表明了作者有较为开阔的学术视野，也表明了作者在对汉语话语强调及其范畴研究中的理论追求，书中广泛引用和参阅的中外文参考文献即体现了这一点。

（3）范畴初建，重点突出。该书初步建立起了汉语话语的强调范畴框架，主要包括元话语标记的强调功能、句子语序的强调功能、特定构式的强调功能、特定修辞手段的强调功能。这一框架从表达功用的角度，把具有强调功能的元话语标记诸如"说实话""要说明的是"等，把具有凸显言者表达重点或客观情态功能的诸如定状、状补等语序异位，把具有专职性彰显事物程度特征的诸如"连……都/也……"等构式，把具有加强表达效果和言者意图的排比、层递、反复等修辞手段，都纳入强调范畴体系中，从而使以往在不同角度和层面上所说的"强调"有了范畴的归属。该书所建立起的强调范畴突出了元话语标记中的强调性标记，明确了某些语序变位所产生的强调功用，确认了一些修辞手段所具有的强调作用，是其创新和重点所在。

（4）强调成体系，强度有层级。该书不但将以往零散的强调现象系统化为汉语话语的强调范畴，更注意到了不同层面的强调范畴中强调方式、手段和成分有程度之别、有强度层级之差，并进行了相关的探讨和区分，这是颇有创新意义的工作，至少在研究取向和内涵上拓展和深化了对强调的研究，同时也进一步增强了本书的理论和应用价值。

不足之处在于，书中虽然提到了在语音、词汇、语法等各层面均有强调手段和方法，并且在研究概述中也涉及了诸如语音强调和词汇强调的问题，但并未给予应有的讨论和描写。虽然通过语音手段和特定的词汇来凸显话语者的表达主旨和语义重点是最基本的强调方式，但也还是应该纳入强调范畴之中，以使范畴更加体系化和层次化。此外，该书所建立的强调范畴也还是一个框架性的，不仅缺少语音、词汇范畴的强调展示，现有的各子范畴的展示也还是举例性的，尤其缺乏语体的区分及对语篇强调手段的描写和讨论。

鲁莹博士的这部新著是在她博士论文的基础上修改而成的，改动很大。而鲁莹的博士论文是我指导的，所以她让我写序，似乎也顺理成章。尽管由于自己能力、水平和兴趣等原因，我并不喜欢写序之类的差事，但鼓励和支持曾经的学生，也是曾经的老师应尽的责任和义务。不仅如此，鲁莹自 2011 年博士毕业后，虽然也面临着工作和生活的压力，但她始终心向学术，从繁重的任务中挤出时间与时俱进研习专业，从这部不断修改而成的新著中我已经看到了鲁莹在专业上的进展和对学术的执着。去年以来她还以高访学者的身份到北京大学中文系研修，师从袁毓林教授，听课学习和参与学术活动，特别是得到袁毓林教授的专门指导，鲁莹的专业水平和学术研究能力大有长进。今年她也获得 2018 年教育部人文社科项目立项，同时还有学术论文在专业期刊上发表。看到鲁莹而立之后的进步和向学心劲，我感到由衷地欣慰和高兴，并愉快写就上面一些且作序的话，供读者参考和行家指正！

李泉

2018 年 6 月 30 日

于中国人民大学人文楼

摘　　要

　　语言中的强调现象广泛存在、极为普遍，涉及语音、语义、语法、语用等多种层面。本书秉持非客观主义的哲学理念，以认知语言学的语言观为指导，基于范畴化理论，探讨强调现象的本质、强调范畴的性质、话语中的强调形式及其对应的语义强度，试图构建话语中的强调范畴。

　　首先，强调的本质属性是主观性，是一种主观性陈述；其次，强调范畴是主观性范畴，与客观范畴有着明确分野；再次，根据语言形式和语言意义对应统一的原则，强调范畴在形式和语义上构成两个次范畴。

　　语言形式上，以话语为界，讨论小于话语单位的强调形式，包括句子层面的语序、构式，及话语层面的话语标记、修辞手段。

　　在句子这一层面，讨论了表示强调义的语序和构式手段。语序手段是指改变常规语序的强调结构，包括句法异位式和语用易位式；构式手段是具有固定语法意义的强调句式，包括"连……也/都……"、"再……也/都……"、"是……的"以及周遍性主语句。

　　在话语这一层面，讨论了表示强调义的元话语标记和篇章修辞手段。根据强调的内容，话语标记包括四小类："说实话"类、"我跟你说"类、"你知道 X"、"X 的是"；根据强调的方式，修辞式分为四小类：形义均衡、形式重复、意象凸显、侧重事物。

　　语义强度上，与构成形式的层级性相呼应，强调的语义强度也呈层级序列，语言的形式和意义紧密相连。

　　总之，修辞式和话语标记式形式上直观、感知性强，是显性强调；语序式和构式则强调句法成分的语义，是隐性强调。究其原因，汉语语序比较固定，是一个相对封闭的系统，改变语序的手段有限；话语标记式、修辞式隶属于开放的词汇系统，词汇更迭是无限的。相对于语序和构式手段，表示强调意义的话语标记和修辞手段更为丰富、多样。

Abstract

Emphasis is a common and important language phenomenon that involves almost every aspect of natural language ranging from phonetic, semantic, grammar to pragmatic. Most of the previous research on emphasis is concerned with describing and summarizing the emphatic forms rather than constructing a semantic category and thereby making the study systematically. This book holds the non-objective cognitive view of the language. Based on the prototype theory framework, we attempt to make a systemic category of emphasis in the utterance level of mandarin Chinese.

Based on the research of subjectivity and the connection with emphasis, we assume that the essence of emphasis is the subjectivity of the utterer, and the emphatic category is a subjective category. Then we present the correspondence between the form sub-category and the meaning sub-category of emphatic category, and the hierarchy too.

The main part is from chapter two to chapter seven. The logic connection and content relation between each chapter is as follows: chapter two is the theoretical foundation of emphatic category; chapters three to six construct the form system of the category; chapter seven concerns the markedness system and the semantic system of the category. Thus chapters three to seven reveal the corresponding relationship between the form and the meaning, which is the ontological study based on the theoretical study of chapter two.

Finally, compared with the constituent order forms and the construction sentences that reflect emphatic meaning, other emphatic forms including the meta-discourse markers and the rhetoric forms are more versatile. The reason is that the former is fixed and finite, which belongs to the enclosed grammar system, whereas the latter is the updated and infinite lexical system.

目　　录

第一章　汉语话语中的强调

叶斯柏森（1924［2009：3］）在语法巨著《语法哲学》第一章"活的语法"中开宗明义："语言的本质乃是人类的活动，即一个人把他的思想传达给另一个人的活动，以及这另一个人理解前一个人思想的活动。如果我们想要了解语言的本质，特别是语法的本质，就不应该忽视这两个人，语言的发出者和接受者，以及两者之间的相互关系。"

由此可见，叶斯柏森对语言本质的看法，既不同于索绪尔把语言界定为一个封闭的形式系统，认为语言学隶属于符号学，也不同于乔姆斯基所看到的语言是一系列合乎语法的句子，认为语言学是心理学的一部分。叶斯柏森继承了洪堡特的观点，认为语言的本质是人的活动，是人与人之间有目的的交际活动，所以语言研究应该重视交际过程中听说双方以及他们之间的关系，研究语言必须结合它的使用者，并考虑在具体语境中双方的意图和主旨。我们对"强调"现象的认识，基于叶斯柏森的语言本质观。

话语中的强调，是指在具体语境中言者想要达到某一目的、凸显某一语义内容的语言现象；研究强调问题，就是研究在言语交际中，言者采取哪些语言手段使听者注意并理解其意图和信息，是语用平面中的语义问题。

当然，任何语言观都建立在一定的哲学基础上。传统结构主义和后来的形式主义对语言本质的认识都建立在客观主义①的哲学理念上，重视语言的形式结构和特征的刻画，注重内省的、理想化的语料，并用抽象的形式化规则表述出来。与此相对，我们关注和研究强调这一课题，建立在非

---

① Lankoff（1987）区分了"客观主义范式"（objectivist paradigm）与"经验现实主义"（experientialist realism），并认为这是形式语言学与认知语言学在哲学理念上的根本差异。

客观主义的认知观①之上。即，语言基于人对外界的感知和体验，体现了人的主观认知；语义不能用客观主义的真值条件、模型理论来描写，意义是一种体验性的心理现象，是主客体之间互动的结果；自然语言的语义内容远比语义模型描述的语义内容丰富②。

第一节　导论：前提、术语、语料

一　理论前提

本书的研究建立在以下理论的基础上，这些原则和理念通常归纳为认知语言学的范围。当然，认知语言学的理论先设绝不止以下所述，这里选取与所研究问题紧密相连的部分，以求清晰呈现本书的视角和方向。

（一）自然语言既是人类认知活动的产物，又是认知活动的工具，其结构和功能是人类一般认知活动的结果和反映。语言结构是语言为实现信息交流的目的自我调适的结果，对语言结构的解释应该从语言结构以外的因素中去寻找，比如语言的功能和人的认知方式。

（二）人类的语言能力与一般的认知能力密切相关，语言机制应该是普遍认知机制的一部分。同时，句法不是自主的、任意的，而是有动因（motivated）的，往往与语义、认知、功能、语用等句法之外的因素紧密相连。

（三）语义并不是基于客观的真值条件，语义结构也不能简单地化解为真值条件的配列，语义是客观现实和主观认识的统一。所以，在做语义分析时，也要考虑人的主观认识和心理世界的因素。

（四）语义学和语用学形成一个连续统，二者都作用于语言的意义。语言的意义并不限于语言系统内部，而是植根于人类与世界互动过程中形成的物质经验，植根于言者的知识和信仰系统。

---

① 戴浩一（1990：21）解释非客观主义的哲学为："我们说话的时候，把思想纳入词语，向别人传达自己的所为、所感、所见、所思，和打算做的事情。我们听话的时候，把词语转化为思想，抓住别人要自己知道的他的动作、感情、知觉、思想和意图。交流思想既然是语言根本的（如果不是唯一）功能，语言学的研究就应以语言、思想、现实间关系的这个总题目作为核心。"

② 王寅（2007：24）比较分析了第一代认知科学和第二代认知科学的对于语义认识的天壤之别，认为在本质上，是客观主义与非客观主义的区分，是非体验性与体验性之间的区分。

（五）语法格式和词汇一样，是形式和意义的配对。它们不是由生成规则或者普遍规则的操作所产生的副现象，即句法不是生成的。每个句法格式本身表示某种独立的意义，不同的句法格式具有不同的句式意义。

（六）语言的共时变异是语言历时演变的反映，因此在解释语言共时现象时有必要考虑语言演变的历时因素。

张敏（1998：41）认为，认知语言学的句法观[①]就是，句法研究应该包括三个方面：1. 描述由语义促动的语法范畴和语法构造；2. 指明这些范畴和构造之下的语义、功能动因；3. 从形式和意义上两个方面说明语法构造之间的关系。同时，这三个方面也正是本书在话语层面构建强调范畴的研究思路、研究方法以及研究目标。

二 重要术语

本书对用于论述、分析语言事实的一些重要概念和术语作简要说明，研究以下列概念作为基础概念，如篇章、话语、话语标记、构式。

（一）篇章（Discourse）

陈平（1987）在《话语分析说略》中指出，由前后相连的句子构成的段落，如果在语言交际中表现为一个相对独立的功能单位，便称之为篇章。廖秋忠（1991：182）将"篇章"定义为一次交际过程中使用的完整的语言体。在一般情况下，篇章大于一个句子的长度，涉及言者/作者和（潜在的）听话人/读者。篇章既包括对话，也包括独白，既包括书面语，也包括口语。徐赳赳（2010：4）认为"篇章、话语"没有本质的区别，即指书面语，也指口语。所以他又称之为"话语篇章"。综合三者的定义，"篇章"存在于所有语体，是言语交际过程中使用完整、相对独立的功能单位，是由前后相连的句子构成的段落。

（二）话语（Utterance）

本书研究话语层面上的强调范畴，那么，什么是话语？我们从形式和性质两方面来说明其内涵。

话语是实际使用的语言，话语标记的研究者常常把话语看成超句语言

---

① 具体解释可参看张敏（1998）之"下篇：研究取向的几点说明"；以及 Ronald W. Langacker（1987）*Foundations of Cognitive Grammar*：*Volume one*，*Theretical Prerequisites* 之"Part One：Orientation"。

段。Kinneavy（1971：4）认为，"话语"指的是大于句子的任何叙述语。话语既指口语，也指书面语，话语并非只指合理的、逻辑的、相互有联系的内容，它也可以指各种目的、各种种类、各种事件所涉及的语言活动。具体来说，话语可以指一首诗、某些对话、某个悲剧、某个笑话、某次讨论会、某个历史故事、某次面试、某次布道、某个电视广告或某篇文章等。Schiffrin（1988：253）认为，话语可定义为超句子的任何语言单位，话语包括口语和书面语中的对话和独白。

从语言形式上看，"话语"这个术语指的是大于句子的任何叙述语。在某个特定的语境中，话语可能是个完整语段，是句子与句子在语言使用中的组合体（或者叫超句子统一体，简称超句体①），即一个篇章；也可能是一个复杂的包含很多分句的完整复句，即一个句子。通常情况下，人们一般以"话语"指代整体语流中比句子大的语言单位（比如篇章），而很少以"话语"指代一个句子。

就语言性质而言，Lyons（1995：235）认为，在更严格的意义上，句子是一个抽象实体，是抽象语言系统的一部分。但是，话语作为实际使用的话语，组成话语的只能是对应于抽象句子的实际语言片段。举例来说，某月某日某时张三说"天在下雪"，这是话语（utterance）；李四某月某日某时说"天在下雪"，这也是话语。张三、李四各自话语所表现出共有的、得到普遍约定承认的客观事物，就是句子，而话语是句子在语境里的具体体现。

Lyons把句子/话语的区分跟索绪尔语言/言语的区分联系起来：话语是言者用语言系统的成分（如词和句子）按一定规则说出来的一段一段的言语。我们知道，语言系统的成分和规则构成语言，因此也可以说，言者根据语言说出来的言语是话语。所以，话语、句子和命题可以描述不同等级的语言：话语是最具体的，句子是话语中抽象的语法要素，而命题是确定不变的真值的载体。

基于此，我们认为，话语的内涵由两部分组成：话语的语言单位范围下至句子，上至篇章，以句子为下限的所有语言单位都可以称为话语。话

---

① "超句体"是沈开木（1987：20）的提法，他指出"超句体这个名称，明确表示它是比句子大的单位，习惯上叫作句群……有人称作言谈，也有人称作话语。最小的超句体是由句子与句子构成的"。

语的语言性质是指具体运用于实际言语交际中的言语。话语强调范畴就是指话语层面上的强调范畴，即篇章和句子这两种语言单位所表现的强调语义构成的系统。

（三）句子（Sentence）

什么是句子？传统汉语语法的界定是这样的：赵元任（1968［1979：41］）指出："句子是最大的语法分析上重要的语言单位。一个句子是两头被停顿限定的一截话语，这种停顿应理解为说话的人有意作出的。一个句子是一个自由的形式"；朱德熙（1982：21）指出："句子是前后都有停顿并且带着一定的句调表示相对完整意义的语言形式。句子是由词组成的，可以很长，也可以很短。"

Bloomfield（1933［1980：207］）："当一个语言形式作为一个较大的形式的一部分出现时，我们就说它是处于内部位置；否则就说它是处于绝对位置，自成一个句子。"Lyons（1995：259）把句子分为抽象意义上的"系统句子"（system-sentence）和具体意义上的"文本句子"（text-sentence）。他认为系统句子是语言系统一部分的抽象理论实体，而文本句子是实际使用的语言行为的一部分。如果结合乔姆斯基语言能力与语言运用的思想，我们可以认为，系统句子是语言能力的一部分，文本句子则是语言运用的一部分，在这里，我们将 Lyons 的系统句子理解为语言，文本句子理解为言语。

与此相对，对于句子层面的强调形式，也存在抽象句子与具体句子的区分。因主观性强调形成的主观化形式属于抽象句子，如：构式（特定句式、特定框架等）、句法异位结构、语法重音等；特定语境中句子的强调形式就属于具体句子，如：构式的运用（特定句式的运用）、语用易位结构、逻辑重音等。

所以，句子就是一个句子单位或者一个句式，是指单个句子的语言单位；话语就是指句子与句子的组合，是语言的片段，是整体语流中比句子大的语言单位（即超句体）。本书将以话语和句子两种语言单位为界讨论强调范畴。

（四）构式（Construction）

"构式"是来自构式语法的关键术语，这里先简要介绍一下构式语法的核心精神：构式——形式和意义的对应体，是语言中的基本单位。构式语法来源于框架语义学和基于体验的语言研究方法，构式语法学家认为语义和语用之间不存在严格分界，焦点成分、话题性、语域信息和语义信息都能在构式中得到表达，将语言运用中的所有语法结构都看作一种形义结合体，即构式。

什么是构式？Goldberg（1995［2007：4］）认为，任何由形式和意义相结合的语法结构都是构式，或者说构式就是形式和意义的配对（pairing）。Goldberg（1995［2007：4］）用一个命题来表示定义"构式"："C 是一个构式当且仅当 C 是一个形式——意义的配对<Fi，Si>，且 C 的形式（Fi）或意义（Si）的某些方面不能从 C 的构成成分或其他先前已有的构式中得到完全预测。"

以构式观点来解决实际语言问题，国内外语言学家们已经做了一些研究。Goldberg（1995：42）以"rob 和 steal"为例，比较人们在使用"rob"（抢）时，目标和抢劫者得到侧重；使用"steal"（偷）时，侧重的是偷窃物和偷窃者。所以，人们不说"张三偷了李四"，但可以说"张三偷了 50 元钱"，也可以说"张三抢了李四"。Goldberg 认为，动词的词汇意义决定框架语义知识中的哪些方面得到侧重，得到侧重的角色是与动词相连的实体，在情景中作为焦点使用，达到某种程度的凸显。

张伯江（2000）① 认为汉语的"把"字句的句式意义是"A 把BVC"，即由 A 作为起因的、针对选定对象 B 的、以 V 的方式进行的、使B 实现了完全变化 C 的一种行为。他认为，"这样的句式整体意义，不是靠动词的支配能力（配价）分析所能得出的，也不是能够靠施事、受事这样的概念说明的"，所以，"句式语义不是完全能从组成成分及已有句式的语义自然推导出来的，构式本身是一个完整的图示，其间各个组成成分的次序、远近、多寡都是造成构成整体意义的重要因素"。

本书讨论以"再……也/都……""连……也/都……""是……的"为代表、表示强调意义的固定句式②。任何合格的句法成分进入这类构式都能表示言者的强调，只是强调的内容、方式、成都不同。言者主观的强

---

① 张伯江（2000）在《论把字句的句式语义》中，将"Construction Grammar"译作"句式语法"，与"构式语法"是同一个术语，"句式"就是"构式"，"句式语义"就是"构式语义"。

② 需要指出的是，我们认为构式与句式有根本上的区别：句式是具体的句子形式，在实际语境中由于句法成分的不同而表达不同的命题意义；构式则是具有固定的、抽象的整体意义的句式，其意义不以语境和句法成分的改变而改变，它是一个整体，不可分割。

调意义已经沉淀在句式之中，强调意义也不能从句子成分推导出来。这种抽象的、固化的、标记性的、表示强调义的句式是"强调构式"。

（五）话语标记（Discourse Markers）

根据研究的侧重不同，话语标记分别称为话语标记语（Discourse Markers，Schiffrin，1987）、语用标记语（Pragmatic Markers，Fraser，1999）、语篇小品词（Discourse Particles，Schourup，1985）、语用表达式（Pragmatic Expressions，Erman，1987）、语义联系成分（Semantic Connectives，Van Dijk，1979）、逻辑联系语（Logical Connectors，Celce-Murcia，1983）、语用功能词语（Pragmatic Function Words，Risselada & Spooren，1998）。

Holker（1991，cf. Jucker，1993）列举了话语标记的四个基本特征：第一，话语标记不对话语的真值条件产生任何影响；第二，它们不会增加任何新的命题内容；第三，它们与语境（Speech Situation）有关，而与所谈论的情景（Situation talked about）无关；第四，它们具有一定的情感功能和表达功能，但不具备指称功能、指示功能或认知功能。

Jucker 和 Ziv（1998）总结了话语标记的功能，有：话语连接（discourse connector）、话论转换（turn-takers）、求证（confirmation-seekers）、表示亲密（intimacy signals）、话题转换（topic-switchers）、表示犹豫（hestitation markers）、边界标识（boundary markers）、填充（fillers）、提示（prompters）、话语纠正（repair markers）、表明态度（attitude markers）、表示模糊（hedging devices）等。

与英语相比，汉语的话语标记研究有两个特点：第一，在表达相同的语义的前提下，语言结构上汉语使用的话语标记以短语和小句结构居多，如"据我所知、也就是说、实话告诉你、情况是这样的"（吴亚欣、于国栋，2003），"你知道"（刘丽艳，2006），"问题是"（李宗江，2008），"X 说"（董秀芳，2003），"我告诉你"（董秀芳，2010），"X 的是"（祁峰，2011；李宗江，2012；周明强，2017），"最"等等；第二，除了讨论各话语标记的语用功能之外，不少文章深入探讨了某些话语成分从非话语标记到话语标记的语法化过程。

所以，话语标记本身没有意义，或者很少负载意义，基本不构成语义内容，只是表达言者态度，或者起引导作用的程序性意义，为话语理解提供信息标记的语言成分；话语标记是话语信息组织的一部分，其作用不是局部的，而是从整体上影响话语的构建和理解，具有动态的语用特征；结构上不仅限于词，还包括短语或小句，不受句法结构的限制。

（六）元话语（Metadiscourse）

元话语是近年来语言教育和话语分析领域广泛使用的术语，在对话和篇章中的使用非常普遍（Mauranen，2010，2003b），是一种重要的语篇表达手段，引导读者理解语篇和作者的态度、促进双方互动，反映了言者的元语用意识（Metapragmatic Awareness）。写作和说话都是为了表达意义，言者/作者除了传递信息外，还要表达自己的兴趣、看法、价值观，还会考虑社会影响和读者的理解，不可能中立。

在这个过程中，元话语是一种重要手段，它是话语的话语（Lyons，1977：10；1995：7）；是作者对语篇、自己、读者的态度和立场（Hyland & Tse，2004：156）；促进语言交际、支持某种态度或立场、增强可读性、与读者建立联系（Hyland，2008：4）；是语篇必不可少的标记形式（Mauranen，2010：17）。

国际语言学界对于元话语的研究主要包括两个专题：一为理论研究，对元话语的内涵、范围、分类的讨论；二为应用研究，多以分析学术篇章使用的元话语为主。

首先，元话语的内涵，集中在两方面：元话语是否是话语的话语（Williams，1981；Hyland & Tse，2004），以及元话语和命题的关系（Vande Kopple，1985；Ifantidou，2005）。其次，元话语的范围，有三种研究角度：词汇元话语（Ifantidou，2005），标点元话语（Hyland & Tse，2004），视觉元话语（Kumpf，2000）。前一种研究范围涵盖国内外大多数元话语研究。再次，元话语的分类，主要集中于词汇，分为三种：篇章元话语和人际元话语（VandeKopple，1985；Kumpf，2000；Hyland，2005）；引导式元话语和互动式元话语（Hyland&Tse，2004）；内部篇章元话语和外部篇章元话语（Ifantidou，2005）。

关于元话语的具体应用，主要集中在学术篇章中的元话语研究。Hyland（2005）探讨英语写作者如何利用元话语取得理想修辞效果，Mauranen 和 Adel（2006）从对比修辞角度研究元话语。

国内对元话语的研究集中在介绍、描写阶段。国内最早介绍元话语的是成晓光的"亚语言"（1994）；徐赳赳（2006，2012）、杨信彰（2007）等介绍了元话语的范围、分类、功能以及国际研究新进展。李秀明

（2006）比较了汉语不同语体语篇使用元话语标记的差异。辛志英、黄国文（2010）分析了汉语元话语手段的评价赋值功能，后两篇是国内较新的汉语应用研究。

本书讨论的表达强调语义的"元话语标记"，就是话语标记与元话语的概念结合体，主要是指表示言者强调意图的那一类话语标记的元话语功能。元话语功能体现在以言者中心（speaker‑oriented）和听者中心（reader-oriented）为主要功能区分。具体来说，"说实话"和"我告诉你"强调言者自我的主体感受和言语施事行为，"你知道 X"和"X 的是"强调听者这一客体的理解和介入过程，与对方互动、引导对方参与到话题中来。其中，"说实话"强调言者主观真实性，"我告诉你"强调言者的施事行为；"你知道 X"聚焦背景信息的状态，"X 的是"强调双重语义关系。

三　语料来源

本书在撰写过程中搜集到的真实文本语料 12000 余例[1]，实际采用 300 余例。这些语料主要来自现代作家和当代作家的经典著作，较小部分来自其他经典论著。本书语料来源范围较广泛，从文体上看，有散文、小说、人物传记、报告文学、相声、剧本、心理学著作、说明文等各类体裁，能够较全面真实地反映语言的实际。文中使用的语料都已标明出处，个别未标明出处的出自北京大学现代汉语语料库的网络语料检索。

本书主要使用了如下语料库：北京大学中国语言学研究中心，现代汉语语料库（ccl）；朱氏语料库（朱冠明）。本文搜集的语料除引自语法著作外，均来自《人民日报》《报刊精选》《当代》，及以下作家作品（以姓氏首字母为序）：

1. 当代作家作品

阿诚《棋王》；艾米《山楂树之恋》；白先勇《玉卿嫂》；毕淑敏《预约死亡》；卞庆奎《中国北漂艺人生存实录》；曹桂林《北京人在纽约》；陈放《白与绿》；陈建功、赵大年《皇城根》；陈志武《金融的逻辑》；池莉《来来往往》、《你是一条河》、《你以为你是谁》、《太阳出

---

① 文中所引例句都建立在作者主观判断的基础上，由于主观性的影响，可能存在一些值得商榷之处，由于这类语料检索并不具有纯粹的客观标准，主要依靠个人的主观语感。特此说明。

世》、《水与火的缠绵》,《让梦穿越你的心》、《怀念声名狼藉的日子》、《小姐你早》、《所以》、《绿水长流》、《不谈爱情》、《冷也好热也好活着就好》;《邓小平文选》;方方《白雾》;方富熹、方格主编《儿童的心理世界——论儿童的心理发展与教育》;古龙《圆月弯刀》;海波《母亲与遗像》;贾平凹《秦腔》;蒋勋《孤独六讲》;李碧华《诱僧》;李可《杜拉拉升职记》;李宗吾《厚黑学》;刘心武《小墩子》、《多桅的帆船》、《凤凰台上忆吹箫》;连岳《我爱问连岳》;陆文夫《人之窝》;陆天明《大雪无痕》;吕雷《火红的云霞》;麦家《风声》;木心《即兴判断》;倪匡《读者》;石言《漆黑的羽毛》;谌容《减去十岁》;史铁生《永在》、《我与地坛》、《病隙碎语》、《务虚笔记》、《命若琴弦》;苏童《才人武照》、《妻妾成群》、《我的帝王生涯》;王安忆《逃之夭夭》;王朔《空中小姐》、《永失我爱》、《浮出海面》、《动物凶猛》、《海水火焰》、《过把瘾死》、《我是你爸爸》、《痴人》、《一点正经没有》、《你非俗人》、《许爷》;王朔、冯小刚《编辑部的故事》;王小波《沉默的大多数》、《万寿寺》、《寻找无双》、《未来世界》、《战福》、《红线盗盒》、《爱你就像爱生命》、《知识分子的不幸》、《怀念一只特立独行的猪》;王跃文《国画》;卫慧《床上的月亮》;严歌苓《第九个寡妇》、《扶桑》;余华《活着》、《现实一种》;张正隆《雪白血红》;曾卓《祖国的孩子和母亲》;朱秀海《乔家大院》。

2. 现代作家作品

曹禺《雷雨》、《茶馆》、《日出》;老舍《秦氏三兄弟》、《四世同堂》、《骆驼祥子》、《二马》、《赵子曰》、《北京人》、《赶集》、《贫血集》;鲁迅《友邦惊诧论》、《孤独者》、《在酒楼上》、《伤逝》、《弟兄》、《长明灯》、《阿Q正传》、《故乡》、《起死》;茅盾《蚀》、《子夜》;钱钟书《围城》;沈从文《月下》、《水云》、《新湘行记》;张爱玲《倾城之恋》、《红玫瑰与白玫瑰》、《道路以目》、《连环套》;张贤亮《灵与肉》、《绿化树》、《肖尔布拉克》;朱自清《匆匆》。

第二节　汉语中的强调现象

自然语言作为人类最主要的交际工具,本质上是人类感知世界,认识世界,通过心智活动将体验到的外在现实概念化、并将其编码的结果。人们通过语言传达信息，表达观点，抒发情感、以言行事；或者反之，接收信息，听取意见，获取反馈、依言行事。不过，在语言使用中，言者比听者具有更为重要的地位。因为言者占据话语权，采用各种策略组织言语，所以在言语活动中处于更为主动的地位。

语言作为表达工具必须体现使用者的主观意愿，言语交际的需要决定了强调存在的必要性和重要性。不同的交际需求影响了言者的语言选择，比如语义的轻重，信息的急缓，感情的强弱等，言者需要借助一些语言形式表现出这些差异，并且传递出差异化的交际需求。此时，言者通过对语言信息的编排，突出重点信息，弱化非重点信息；优先传达重要信息，延后传达次要信息；引导听者注意话语的意图，控制话语理解的方向，限制话语理解的范围。于是，那些最先引起受众注意、最快传递言者优先信息、最能传达言者交际需求的语言形式，就成了言者的首选。

这些言语交际中被"首选"的语言形式，构成了语言中的强调现象。强调现象在语言中极为常见，使用广泛，涉及语言的各级单位，在语段和韵律上都有表现。强调的语言单位既可以是词、短语、句子、语段、篇章，也可以表现在重音、节奏、语调上。

由此，本书讨论话语层面（句子与句子之间）和句子层面（句子、句子内部成分、固定短语）的强调形式。词汇形式和韵律特征（语音、语调、节奏、重音）不在讨论范围内。本书的研究对象是"现代汉语话语中的强调"。

一　语段成分的强调

（一）词汇成分

强调意义一般通过虚词表达，常见的是副词、助词、介词。其中，以副词为典型代表，研究最多的是语气副词，其次是程度副词。例如：

　　1）a. 沪生：（查了半天词典后终于找到了一个对应词）可找着了！（《渴望》）

　　　　b. 呀，老头子，你可醒了！你吓死我了！（《租个女友回家过年》）

王英宪（2015）认为，语气副词"可"在上述表示主观愿望成真后的事实性陈述句中要重读，体现的是对比和强调事实的语义功能。刘丹青、唐正大（2001）认为"可"作为一个语气副词，所标记并强化的是一个话题结构，认为它是话题焦点敏感算子（Topic-sensitive operator）。

2）陆武桥觉得这是他有生以来生活得**最**有激情**最**有活力**最**有目标**最**有意思的时刻。（池莉《你以为你是谁》）

例2）中，程度副词"最"分别修饰并列性谓词成分"有激情"、"有活力"、"有目标"、"有意思"，强调谓词语义程度之高。

（二）短语成分

短语也叫词组，主要指大于词小于句子、具有整体意义、表达强调功能的习用词组或固定格式，其中话语标记占据了很大一部分。例如：

3）起明：你说我们俩有什么猫腻呀。我连句话都不跟她多说。

大李：**我跟你说**，这就是猫腻。你看咱们那儿，谁不跟她开个荤笑话呀。唯独就有你。你们两个一本正经相敬如宾。

起明：你看我这儿，有家有业的，有孩子有老婆咱不能瞎折腾吧。

大李：哎，不过在美国，**我跟你说**，这可不是理由。

起明：你还非把我往坏道上引。

大李：**我跟你说**呀。我可不是挑拨你们离婚。这话咱可说前头。

起明：我知道，我也不能够离。你说就这阿春，她真能喜欢上谁吗？

大李：**我跟你说**，阿春要真跟你玩的话，像你这样不识抬举的话，早把你踹到一边去了。（曹桂林《北京人在纽约》）

在上例对话中，言者连续使用了四次"我跟你说"强调自己的主观语义，分别以"有猫腻"反驳"话都不多说"、"在美国这不是理由"反驳"有老婆孩子不能瞎折腾"、"不是挑拨离婚"反驳"往坏道上引"、"阿春是真心的"反驳"阿春不可能真喜欢上谁"，言者纠正听者的固有观念、对话语的理解，强调其真实语义与此相反。张龙（2011）分析了

"我跟你说"的演变过程，认为从以强调言者的言说行为主发展到以吸引受话人注意力为主，意义更空泛、虚化。

（三）句子成分

陆俭明（1980）指出，同一句法结构之内的句法成分，在口语里可以灵活地互易位置，并认为"凡易位句，前置部分总是言者急于要传递给听者的东西，往往带有被强调的色彩，易位句的意义重心始终在前置成分上，后移成分永远不能成为强调的对象"。

句子表达强调意义一般通过两种手段：语序和固定句式。改变句子语序，但不改变原有结构关系和句义，主要表现为四种句法成分的顺序变换：主谓倒置、宾语前置、定语后置、状语前置或后置。表达强调的句子成分一般不跟原有成分相连，顺序改变后，中间都有停顿，并且常用逗号隔开。例如：

4）a. 女人看出他笑得不平常："怎么了，你？"（孙犁《荷花淀》）

　　b. **冷得怪呢**，这房子。（孙犁《邢兰》）

谓语前置于主语之前，突出了言者急于传达、主要强调的信息，主语是次要的、补足的信息。

5）新媳妇哭了一天一夜，**头**也不梳，**脸**也不洗，**饭**也不吃，躺在炕上，谁也叫不起来。（赵树理《小二黑结婚》）

例5）中，宾语成分"头、脸、饭"全部前移，表示列举或者极性对比，其作用在于：句法地位上，宾语成分由述题内部成分变成话题成分；语义所指上，由无定成分变为有定成分；信息结构上，由新信息变成旧信息；语用功能上，凸显和强调宾语成分，凸显其周遍性和对比性。

6）洋梧桐巴掌大的秋叶，**黄翠透明**，就在玻璃窗外。（张爱玲《创世纪》）

定语是限制或修饰名词的，一般都在中心词之前，有时为了强调突出定语，也可以把它放在中心词之后。"黄翠透明"这一性状后置于中心词"秋叶"之后，语义得到凸显，受关注度超过了中心词。

　　7）a. 这样**乱糟糟地**，她生了一男一女两个孩子。（张爱玲《创世纪》）
　　　　　b. 我觉得标语总还是时髦的，咱们不妨也来个两张，区区想贴在东西牌楼的有八个大字，"说自己的话，**老实地**"。（俞平伯《"标语"》）

状语是修饰和限制动词和形容词的，一般紧靠着动词或形容词放在它们之前，但强调状语成分时，可以提到主语之前或者宾语之后，标点符号作为停顿标记。

　　8）a. 傅金香一宿**没合眼**。（何申《归去来兮》）
　　　　b. 一个粮食籽也**不让别人拿**。（马其德《命独如我》）

李宇明（1998）认为，"一量+否定"强调格式分为往大处强调和往小处强调，是弱性强调格式，其强调程度若于硬性强调格式"连……也/都……"。例如：

　　9）那位少女的父母是一对身心交瘁、勤劳奉仁的中年知识分子，老实得**连客气、寒暄都很慌张**。（王朔《许爷》）

以典型行为特征"客气、寒暄很慌张"来证明"其他任何应酬都会很慌张"这一群体行为特征，强调句子命题意义"少女的父母很老实"。

（四）篇章成分

篇章超越了句子和句子成分的界限，在话语这一层级单位，语段和篇章是表达强调意义的载体。修辞格作为语言表达和阐释的重要工具，其中一些凸显强调意义的手段也属于话语的强调，如排比、反复、反问、夸张等。例如：

10）唐朝。中国人的唐朝。一个繁荣富强美丽动人的神话。千年过去，诗歌还在那里闪光，女人低胸裙装里露出的半个酥胸，还在那儿闪光，唐玄宗和杨贵妃的旷古之恋，还在那里闪光。回眸一笑百媚生，六宫粉黛无颜色——谁还能美过这个女人？芙蓉帐暖度春宵，从此君王不早朝——皇帝不上班了。皇帝被爱情融化了——中国的男人，谁还能这般潇洒和沉迷？唐朝是中国古老天空的星星，将永远闪烁和炫耀，照亮后代的悲哀。（池莉《水与火的缠绵》）

例10）是一个句群，一个超句体，也是一段话语，是句子与句子的组合体。这是小说中一个完整段落，包含六个陈述句、两个反问句，通过"还在那里闪光"的三次重复，强调唐朝辉煌历史闪耀至今；通过"谁能……?"的反问，强调杨贵妃的美，强调皇帝的潇洒；通过反问句的两次排比，强调唐朝的动人历史不可重复；在这个段落中，排比、反复、对比、反问四种修辞手段综合强调中心语义——"唐朝是一个繁荣富强美丽动人的神话"，它们层层套叠使用，强调了唐朝独一无二的辉煌历史，强调它无法复制、不可超越。

二　韵律特征①的强调

自然言语交际中，一连串话语在听感上总有轻重、高低、缓急的交替，这些语音现象都属于超音质特征，超音质特征是表达语义的重要手段。言者在口头交际中常常使用重音、节奏、语调这三种超音质手段表达语义重点。

（一）句重音

语流中的轻重变化在音节以上的各级语言单位中都存在。其中，一句话中的某个词（或词中的某个音节）在听感上比较凸显的语音现象叫作句重音。语句中重音位置的变化可以表达不同的语用意义，表示强调的句重音也可以叫对比重音或强调重音，例如：

---

① 《现代汉语》（沈阳、郭锐 2014）把在句中用以表达语义的所有超音质特征统称为韵律特征，包括重音、节奏和语调三个方面。

11）a. **我**昨天找到了这本书。（强调动作主体"是我，不是别人"）

我**昨天**找到了这本书。（强调动作时间"昨天"）

我昨天**找到了**这本书。（强调动作结果"找到了"）

我昨天找到了**这本**书。（强调动作的对象"这本，不是那本"）

例 11）中，"我昨天找到了这本书"，重音分别在"我"、"昨天"、"找到了"、"这本"上时，句子的命题语义相同，但言者的语用意义完全不同。言者利用句重音分别强调了不同的语义角色（施事"我"、发生时间"昨天"、动作结果"找到了"、指称"这本"），传递了不同的语义重点，表达了不同的语用意图。由此可见，不同于有规律可循的语法重音，强调重音的分布完全由言者的交际需要所决定。

（二）语流节奏

《现代汉语》（沈阳、郭锐 2014：99）指出，语句中重音的位置与节奏单元①的组织有密切关系。如果是某个成分获得了强调重音，那么其后可以出现一次明显的停顿，在书写上我们可以用标点符号将这种节奏形式表现出来。例如：

11）b. **我**，昨天找到了这本书。

我**昨天**，找到了这本书。

我昨天**找到了**，这本书。

我昨天找到了**这本**，书。

由此可见，句中某一成分的停顿与延长，一般都出现于表达强调的句重音后，共同作用于言者的强调意图。

（三）语调

相对于前两种超音段成分来说，语调对于语音强调的作用往往讨论得

---

① 语流中的节奏主要是靠音节的停顿或延长形成的。由于两者往往相伴而生，也叫作"停延"；节奏单元则是指音步跟音步组合形成更大的、以末音节后出现停顿为标记的语音单位。详情请参加《现代汉语》（沈阳、郭锐 2014：99）。

较少，这可能是因为语调研究要求语音的实验数据支持。广义的语调包括音高、时长和音强，狭义的语调仅指句子的音高变化。赵元任（1932）曾指出："当我们讨论语调时，实际上是在讨论这一段言语中的重音。"

基于实验语音学的研究数据，高明明（1993）指出，带强调重音的语调有较大的音高升降起伏的变化，而语调中正常重音音节的音高下降则是调域下限的小幅度下降。音高和时长对于强调重音的实现同样重要，两者之间既相辅相成，又对立互补。

综上所述，这些凸显语义重点和优先输出焦点信息的语言手段，就是语言的强调方式；言语交际者使用强调方式来表达语义重点的现象，则是语言的强调现象；表达强调的语言形式和强调语义相对应，就能构建语言的强调系统。

第三节　强调问题研究概述

强调是一种重要的语言现象，国内早期的汉语语法著作，基本没有明确提出"强调"一词，但有些论述与"强调"的内涵切实相关，如：

马建忠（1898［1983：140］）在"论比"中提到三种比较：平比、差比和极比。马氏指出："极比者，言将所以比之象推至于其极也。其式有二：于所比之中而见为极者，'最'字最习用，或不言所与比者，必其可以意会者也；泛称夫极者，即用'至''极''甚'等字……以极其所至，而无与比者相提并论也。"这是讨论用副词表示强调。

吕叔湘（1942［2004：268］）在"表达论：范畴"中讨论语气和语气词，指出："以直陈语气而论，'的'、'呢'、'啊'都有强调的作用，但语气各各不同。"这是讨论以语气词表示强调。

王力（1943［1985：325］）在"特殊形式"里谈到："以上所说的各种插入语，都有一个共同之点，就是若把插入的话去掉，并不因此丧失了那一句的意思。这种插语似乎是一个赘疣，然而对话人（或读者）并不觉得讨厌，就因为插入语往往能使语言有力的缘故。"王文的"插入语"性质与话语标记相似，这是讨论以话语标记表示强调。

赵元任（1968［1979：153］）在"句法类型"里提出："'是……的'常常把逻辑谓语甩到动词以外的部分去，作用相当于英语'it is…that…'，'的'字指出意思里的重点。"这是讨论以句式表示强调。

就专论强调的文章来看，早在 1959 年就开始有文章论述强调问题①，随着时间的推移和研究成果的增多，研究的视角和方法发生了根本性的转变。具体而言，20 世纪 50 年代至 21 世纪初，多从修辞角度出发，把强调作为一种修辞手段研究，是为修辞学的研究阶段；21 世纪开始，强调现象的研究脱离了修辞视角，转而从语用功能加以论述，是为语用学的研究阶段；近三十年，随着焦点研究的兴起，与其异曲同工的强调现象引起广泛注意，人们开始认为"强调"是一个概念系统，表现在语言的各个层面，是为语法系统的研究阶段。

强调"涉猎甚广"，表现在语言的各个层面，不同时代人们关注的语言层面不同，研究视角也大不一样。强调研究的历史可以分为四个历时性阶段：修辞学、语法形式、语法功能和认知机制、语法系统的强调研究。

一　基于语用修辞

志娃（1959）认为强调的手法主要体现在"用相同的话来说，用相似的话来说，用意思正反两组的话来说，用反问的话来说"四个方面。具体的辞格手段分别是反复、排比与层递、正反与反问，还列举了比喻作为辞格手段，使话说得更生动、形象、有力，也是强调的手法。

梅华（1983）以修辞中的"正反"、"映衬"为例，说明强调作为一种独立的辞格表现形式多种多样，可以强调人、强调事、强调物等。强调人则突出人物的身世现状、精神面貌和思想境界；强调事则突出事的大小、多少、轻重、性质等；强调物则突出物的特征，尤其能渲染环境、酿造气氛。强调表现力强，是一种通过词语之间的组合造成突出、特提效果的修饰方法，应该被单独列为一种修辞格。

朱士泉（1997）认为排比和反复两种辞格是强化语意重点的有效制约方式，能使句意的主旨显豁突出。

张清源（1998）认为，"强调乃是言者在表述语句的基本意义之外的一种附加表达方式。通俗地说，'强调'就是着重、凸显言者的某个意思：一是突出某个语义使之成为交际者注意的中心；二是加强某种语义的量或度"。他认为，一个语句不加强调也能达意，是"中性的"表述，但有的语义加以强调之后，表达更准确、充分。

---

① 见志娃（1959）《谈"强调"》，刊载于《语文知识》第 2 期。

郑远汉（2003）提出，语序一向被认为是汉语重要的语法手段，实际上语序对于语用和修辞更为重要，是汉语重要的语用和修辞手段。他所谈到的语序是指语序不同、结构形式不同却能表达基本相同意义的"同义形式"。他认为，语序的不同安排，作用之一就是为了适应信息结构或语义重心的需要。

冯广艺（2004：197）认为主谓倒置是一种变异性的言语表达手段，一定要从修辞效果的角度出发。用来强调某一件事情的发生、发展和结束；强调某一事物的性质、状态，增强感情色彩，这种情形多发生在感叹句之中；为了增强言语表达的号召性和鼓动性，强调某种行为动作的必要性，这种情形在祈使句中较为常见。

这个阶段的文章大多认为，强调本身就是一种修辞格，某些辞格是专门加强语意的强调手法，所以多以列举和分析表示强调义的辞格为研究对象，也包括改变语序、但不改变句义的同义句式的"修辞"手段。这一研究趋势主要体现于 20 世纪中旬至 21 世纪初，是强调研究的初级阶段。

二 基于语言形式

这一阶段专题研究不多，相关论述散见于多种语言形式的研究中。强调意义在各种语言形式上都有表现，主要分布于语音、词汇、句式上。

（一）语音强调

胡裕树（1981：380）认为，语调的各种表现都跟句子的意思以及言者的感情有直接联系。语调主要包括停顿、重音、升降三个方面。

首先，停顿分为语法停顿和强调停顿，强调停顿是指为了强调某一事物、突出某个语意或某种感情，而在书面语没有标点的地方做一停顿，或者在书面语有标点的地方作较长的停顿。运用强调停顿需要注意语法关系，一个词的内部一般不能停顿，例如：

12）白求恩同志毫不利己专门利人的精神，表现在/他对工作的/极端的负责任，对同志对人民的/极端的热忱。（胡裕树 1981：111）

孙颖（2010）考察语句单字停延率的实验时发现，时长是凸显重音的手段之一，对于表现焦点具有指示性作用，强调焦点的音节时长比非强调时加长，最末音节的加长程度最高，用以凸显焦点和区分韵律边界。

其次，重音分为语法重音和强调重音①，强调重音是指为了表示特殊的思想和感情而把句子的某些地方读得特别重的现象。强调重音的强度比语法重音更强，因此能把需要强调的部分突出起来。语句中强调重音的位置没有固定规律，而是受说话时的环境、言者的特定要求和感情所支配。同样的语言结构由于重点不同，就有不同的强调重音。

高明明（1993）用实验语音学的手段描写了普通话的强调重音及其语调的韵律特征。该文认为，基频升高、时长普遍加长是普通话语句中强调重音的韵律特征，语调也有较大的音高升降起伏的变化。同时，音高和时长对于强调重音的实现具有同样重要的作用：音高升高和时长加长使一个强调重音明显突出；当其中一个作用减弱时，另一个的作用就会加强。

刘丹青、徐烈炯（1998）指出，语法重音就是自然焦点的位置，强调重音就是对比焦点的位置。强调重音是一个有标记的强调手段。

权英实（2001）通过语音实验证明，语句重音不是一个音节的表现，而是在组合中体现出来的。

刘丹青（2006）从类型学的角度判断重音是人类语言共用的强调手段："重读是发音时在要强调的部分加大音强、音长等，使听者格外注意，因此用重读突出强调成分、表示焦点成分的一种象似性手段，也是人类语言普遍采用的手段。重读不但可以突出焦点，也可以用来突出某些类型的话题或激活某个不属于焦点的成分，它们都属于广义的强调。"该文具体分析了不同语言、方言在重读使用方面存在的类型差异②，同时认为，虽然汉语也能接受单用重读表示对比性重音的做法，如"老王不同意（不是老张不同意）"。但实际语言中还是以同时综合运用其他手段更自然，如"是老王不同意"或"不同意的是老王"。

最后，升降也称为语调，赵元任（1933）指出："当我们讨论语调时，实际上是在讨论这一段言语中的重音。"沈阳、郭锐（2014）认为，音高上的凸显是语句重音最重要的语音形式，句重音的出现与语义焦点的

---

① "强调重音"也叫"逻辑重音"，如黄伯荣、廖序东（1991［2008：127]）："句子中某些需要突出或强调的词语需要重读，依据作品和言者的要求和情感发展来确定，叫逻辑重音"。

② 刘丹青（2006）对比分析了英语较容易仅用重读就表示强调，而意大利语、法语等罗曼语言除重音外还须配以语序、分裂等句法手段。

表达有非常密切的关系。对于普通话来说，为了表达语义焦点而产生的重音在音高上的表现是调域上限比较高。相应地，焦点之后的音节会被弱化，在音高上表现为调域上限大幅度降低。例如，在 a 句和 b 句的音高曲线上都有一个高峰出现，a 句位于"光"，b 句位于"没"，其后的"修"和"回"都远低于此，落差很大①：

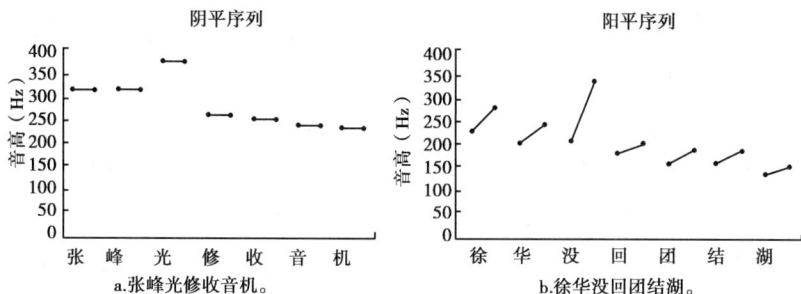

13）a 张峰光修收音机。　　　　　　　b 徐华没回团结湖。

综上所述，语音强调手段表现为三种韵律特征：停顿、重音、语调。

（二）词汇强调

在讨论以词汇手段表示强调意义的文章中，主要以语气副词为研究对象，语气副词是受到关注最多的强调词汇。有一些文章专门对表达强调义的语气副词进行系统、深入的探讨，代表性的研究成果有：

柴森（1999）认为语气副词"又"与"还"都有强调反问的作用，"又"的作用是强调对立，"还"主要源于状态持续或范围扩大、程度加深等语义，当这种持续、扩大、加深的可能性与前提条件发生冲突时，人们就会在反问句中使用"还"来否定或肯定这种可能性。

张明莹（2000）认为，"简直"包含肯定（强调）的语法意义，表示确认语气。李泉（2014）认为，"简直"是一个主观限量强调标记，强调情状极限接近某种程度，但并未完全达到极限程度量，是"接近完全如此但并未完全如此"。

①　引自沈阳、郭锐（2014：101）（一）语调和字调；（二）句子的语义焦点与语调的基本构造。

马真（2001）指出"并"的语法意义在于加强否定语气，强调说明事实不是对方所说的，或一般人所想的，或自己原先所认为的那样；语气副词"又"只能用在直接否定前提条件的句子里加强否定语气。

刘丹青、唐正大（2001）认为"可"作为一个语气副词，所标记并强化的是一个话题结构，认为它是话题焦点敏感算子（Topic-sensitive operator）；齐春红（2006）分析了"可"的演化过程，由动词虚化为反诘语气副词，再虚化为疑问语气副词，进而虚化为强调语气副词，在特定语境下又虚化出转折语气。表强调转折语气的"可"用在后续句的句首时又形成了转折连词；王英宪（2015）认为，语气副词"可"在陈述句中某种对比关系中表示强调，强调所述内容的事实性（factuality），能够同时表达"对比"与"强调"双重语义。

王红（2001）认为语气副词"都"强调的是言者主观上认为某种情况的非寻常性。"都"的强调中心在语义上处于一个语用层级的顶层，"都"作为强调副词的语义是从范围副词的意义虚化而来的。周小兵、王宇（2007）结合留学生汉语习得偏误，对范围副词"都"提出"强制性"概念和"逐指"语义，并认为，"都"的总括语义，实际上是强调对象的每一个都能跟谓语部分相配。

杨培松（2006）对一组"强调类"语气副词"明明、偏偏、显然、真的、确实"进行语篇分析，认为其语篇功能各有侧重，或连贯说话意图与语气，或衔接语段关系，或侧重强调主观态度，或强调事情本身的真实性与可信度。

张孟晋（2008）将语气副词中的"强调副词"分为：程度类、语气类、时间类、范围类、否定类、频度类、关联类、仅语气类①、情状类，未加以讨论。

方清明（2012）比较了"真的"与"真"的区别，认为"真"只有与焦点标记"是"构词后才能表强调义，但不直接表示强调义；"真的"由确认义、强调义虚化为话语标记，还可以做强调义副词。

董秀芳（2017）认为，"更、还、再、又"语义从表示重复演变为强

---

① 该文未解释"仅语气"类的语义，只是列举出了其成员。详见张孟晋（2008：19）："可、却、倒、偏、偏偏、简直、就、索性、干脆、反正、反倒、竟、竟然、居然、果然、到底、难道、难怪、岂、莫非、何必、究竟、恰恰、未免、只好、何尝、幸亏、也许、大概、大约"。

调命题的语气副词。否定和疑问是句子焦点，这些词出现在这些句子中加强语气，强调焦点成分，表达言者对命题真实性极度确定。

袁梦溪（2017）认为，语气副词的强调意义并不是词本身的语义贡献，而是副词触发的预设与所在句子句类意义相互叠加产生的话语效果。

除语气副词之外，还有其他词类表达强调意义的研究，如下：

徐烈炯、刘丹青（1998：101-102）指出"连"所标注的成分既有焦点性，也有话题性，是"话题焦点"。因此"连"不是单纯的焦点标记，但其强调作用是客观存在的，是前置性助词，强调其后名词或其他成分。

邢福义（2000）指出，"最X"可以表述客观，也可以表述主观，其多个体涵量的逻辑基础决定了多个事物可以被共同强调为"最"级事物，并非一定是事实上位居第一的事物。张谊生（2017）认为，"最"是绝对程度副词，凸显了主观程度，拓展了隐含程度，激活了隐性程度，其演化动因是主观化。

袁毓林（2003）认为"VP的"中的"的"不是语气词，而是结构助词，处于谓语位置上时引出焦点结构，赋予句子一种强调（emphsis）的语气，在陈述句中表现为确认语气。从表达功能上看，句尾"的"是传信标记。

葛文杰、张静（2004）将时间副词"从来"所在句子称为"从来句"，认为"从来句"的主观心理认知即对某一主观事态的强调申明，或对某一客观事态的强调评断，具有强烈的主观色彩。

石毓智（2005）建立了"是"的演化发展链：指示代词-判断词-焦点标记-强调标记-对比标记。他认为，汉语中"是"同时兼具判断、焦点、强调和对比这四种语法范畴，后三种功能是第一种功能语法化的结果。当"是"标记强调功能时，强化性质的程度或事件的真实性。用作强调标记的"是"完全失去了动词性，不做句子的主要成分，用在形容词短语前表示程度高，用在动词前强调事件发生的真实性。

刘丹青（2006）认为，"助词就是加在强调成分（主要是焦点）上用来标记其信息地位的虚词，是比重读更加句法性的强调手段。"现代汉语里没有完全虚化的专用强调助词。由系词语法化而来的"是"是最接近焦点标记的词。梁银峰（2012）认为，系词"是"的本质是对事物内涵的确认，而不是事物的具体存在方式，这就决定了它在语法性质上不同于一般的动作行为动词。席嘉（2015）分析了"是"表示强调的来源和演化路径，认为"是"表示强调的语法意义是在它作指示代词用以复指的过程中产生的。

张谊生（2006）认为，从表达功用看，"没"、"不"、"好"是近、现代汉语中的主观量标记词。其中，"没"、"不"用于减量强调，"好"用于增量强调。

吴锋文（2008，2011）认为介词"对于"居于句首，具有强调凸显的语用功能受引成分、指示语义表达适用范围、标示话题的作用。

戚国辉（2011）对比考察了汉英强调型形容词，认为"十足"、"完全"等词最初表示物质上的充足、完整或纯净，随着说话者主观因素不断渗透和加强，其命题意义逐渐演化为语用功能，它们演变为强调型形容词，语用功能被凸显。

除此之外，以《现代汉语词典》、《现代汉语八百词》及《实用现代汉语语法》为代表的汉语工具书中，表示强调义的词汇分为程度副词、语气副词、助词、介词、连词、代词，并附以详细说明和例句。这些语法工具书中大量表示强调的虚词，是研究强调现象的一个很好的视角，可供挖掘的资源还很丰富。

（三）标记强调

近十年来，汉语学界开始对话语中一些习语化、词汇化的固定短语进行个案研究，其中，有一些标记形式的强调意义比较明显。例如：

董秀芳（2010）探讨了"我告诉你"在现代汉语中作为话语标记的语用功能，并分析它从一个结构完整的小句形式演变成话语标记的形成过程。"我告诉你"用在口语对话中，强调其后引进的话语不同的语义内容，变体形式多样。

储泽祥（2011）讨论了"一百个（不）放心"类的"概约大量+X"格式，认为该格式强调高程度的心理情态，格式语义的形成机制是用数量大映射程度高，不可回溯，只表示高程度。

王卯根（2011）认为极比评价表述方式"最 XN，没有之一"的语用特点在于，强调评价对象在"最 XN"中的唯一性或排他性。并认为，在用于客观表述时弱化了夸张色彩和模糊性，强化了评价的真实性和确认口吻，从而使强调色彩进一步强化。

程乐乐、李向农（2012）讨论了"我是说"的两种类型，认为"我是说"作为语篇连接语，其篇章功能体现在后续语对前导语的补救，其补救功能包括补充-解释、更正-说明、重复-强调三种具体方式，认为其形成是词汇化的结果。宗守云（2012）分析了话语标记"我是说"的语用功能与演变机制，认为"我是说"最典型的用法是对比强调。当用来对比的否定成分不出现时，就用来表示对前话语的解释，在解释功能的基础上进一步扩展，发展出表达主观情态的强调、补充、修正和延缓功能。这符合语法化的一般顺序，即从逻辑语篇功能发展到主观情态功能，其演变动因是交互主观化。

周明强、成晶（2017）探讨了"你懂的"的强调方式，主要从方式和情感两个方面进行强调，可细分为十四种强调功能①。"你懂的"作为表示强调的一种话语标记语，通过激发听者思考的方式来实现强调目的。

周明强（2017）认为"X的是"是在解释说明的基础上进行强调，可以分为基本型、增强型、叠加型强调三个级别。增强型强调又有程度、致使、情态、价值、结果、比较六类强调方式，具有十五种语用功能②，这些功能有主次之分，"X的是"是强调类话语标记。

张谊生（2018）讨论了充当状语的副词"X般"（如"百般、千般、万般"），指出其限定对象具有性状义、量度义时，在语境吸收的作用下，一部分"X般"的类别义逐渐弱化，转向强调程度义。

（四）语序强调

语序强调是指在句子内部通过改变句子成分相对固定的句法位置，以达到强调某一成分的语义或者表达言者感情的需要。在语序研究中，人们很早就注意到，句法成分的移位可以突出和强调某一部分或者满足情感表达的需要。语义指向理论帮助人们分析句法成分移位的语用动机和形成机制，深化了人们运用语序表达强调意义的认识。

温至孝（1983）认为汉语是一种非形态语言，它的语法重心在句法而不在词法，在句子结构中，句子成分的次序就显得特别重要，所以汉语的强调，其主要手段就是改变语序。他归纳出主谓倒置、宾语前置、定语后置、状语前置或后置、分句倒置五种特殊语序表示强调。

赵振才（1985）分析了六种改变语序的方法，实现"句尾信息核心

---

① 这十四种强调功能分别是：评论、叙实、暗示、开心、亲近、调侃、难过、询问、无奈、赞叹、不满、说理、示威、避讳，详见周明强、成晶（2017）。

② 这十五种语用功能分别是：示憾、示要、示赞、示理、示奇、示果、示异、示趣、示况、示疑、示因、示叹、示同、示歉、示恨，详见周明强（2017）。

原则", 以达到强调效果: 主系表句型的表语处于句尾核心位置, 句法成分向表语转化后会产生强调效果; 存现句用来强调施动者; 宾语前置句将语义上最重要的成分 (谓语动词、补语、间接宾语等) 位于句尾, 以实现句尾信息核心的原则; 外位语 (复指成分) 通常用来表示强调; 句尾补语常常用来传递新信息, 在语义上比宾语和状语重要得多; 被动句能够改变施动者和受动者的正常位置, 便于调整句尾信息核心 (信息焦点)。

温锁林 (2001) 认为书面语中的主语后移主要在于强调和凸显谓语内容和信息, 口语中的主语后移则主要表达急促的口气; 宾语前移是为了强调对比焦点而产生的, 是汉语语序中的一个有标记 (marked) 现象, 前移的成分总是被突出和强调的部分, 语音上总是重读。

张国宪 (2006) 认为, 句法异位是语用动机促动的结果, 是言者有意识地为达到信息意图和交际意图而采用的句法手段, 将所要强调的部分用直显的手段表现出来, 是一种有明显语用动机的明示①行为。

刘丹青 (2006) 认为, 很多语言都有将焦点移动到特定句法位置的规则, 移位 (不出位) 可以将焦点分别移到句首位置、句尾位置、动词前、动词后 (如动词居首型语言)。一方面, 移位 (不出位)② 即在句法安排中设有焦点专用位置, 是更具句法性的焦点化, 如英语疑问词移位被看成是固定的句法规则。另一方面, 出位的移位 (通过停顿从句子的其他部分分离出来) 主要是一种语用处理, 如英语的话题化。焦点的出位不如话题的出位那么常见。

总的来说, 强调语序的表现手段包含了句法成分移位的各种情况, 改变了相对固定的句法位置的句法成分, 一般都是言者有意要突出和强调的部分, 移位之后造成的相对固定的异位结构, 则是有标记的句法强调结构, 凸显了言者的主观强调意图。

(五) 句式强调

龚千炎 (1983) 考察了三种表示强调的固定句式: "谁 (什么、哪

---

① 明示 (Ostensive) 是关联理论 (Relevance Theory) 术语, 即在言语交际中, 言者通过明示行为表达信息和交际意图, 听者凭借明示行为进行推理, 以达到好的交际效果 (Sperber&Wilson, 1986)。

② 出位 (dislocation) 是指位于小句常规结构 (生成语法所说的 CP) 之外, 与小句之间有强制性的停顿。不出位的移位则焦点尚在小句结构之内, 可以没有停顿。

儿、怎么）……也/都"用来强调范围，有遍指的意思；"一……不（没、没有）"用来强调数量，有完全否定、极度否定的意思；"连……也/都"强调超出常情或常情极限的程度。龚文描写了它们的结构类型、表意功能和语法特点，将其分为两大类，分别表示最大数量（前者）和最小数量（后两者）。结论是，这些固定格式在句中都是作为一个整体运用的语言单位，是现代汉语表示强调的固定框架，只要是在这个框架里，不管什么结构形式，都是表示强调的整体结构。龚文已经暗含了构式的思想，认为这三种句式是固定的整体框架，其构成成分不影响整体意义的表达，其观点具有理论前瞻性。

陆俭明（1986）讨论了周遍性主语句[①]，指出它是一种主语以一定形式强调其所指具有周遍意义的主谓句。分为两种：一种是由词汇手段形成的，由任指作用的区别词充任主语；另一种是通过语法手段形成的，由词语重叠式充任主语，并集中讨论了后一种形式。结论是，无论从语法形式或语法意义看，"什么也看不见、一句话也不讲，件件都要自己买"都不是宾语前置句，而是周遍性主语句，强调主语所指事物范围的周遍性。

李宇明（1998）认为"一量+否定"和"否定+一量"是弱性强调格式[②]，"一量+否定"的强调程度高于"否定+一量"的强调程度。这种强调程度的差异由"一量"的位置决定，"一量"在动词之前的强调程度大于"一量"在动词之后的强调程度。另外，有"一量"的强调程度高于无"一量"的强调程度。

朱军、盛新华（2006）指出"除了"句隐含排除、加合、选择和等义四种语义关系，他们拥有共同的"强调对象的多或少"的句式义，强调的内容和程度都有区别：排除关系强调对象多或少，加合关系强调对象多，选择关系强调可供选择对象少，等义关系强调对象唯一；"除了"句的强调程度与标记词的有无和意义有关。

张龙（2011）分析了一些习用性语法构式，指出"不是₂"是句末准语气词，是强调标记；"我跟你说₂"是话语标记，作用是强调语气、吸

[①]　朱德熙（1982：97）指出，"强调事物的周遍性的时候（即全都如此，没有例外），也往往把它放在主语的位置上"，相关示例请参看《语法讲义》。

[②]　李宇明（1998）定义"弱性强调格式"为：1. 未必在任何情况下都表示强调；2. 在表示强调的时候，其强调程度弱于硬性强调格式"连……也/都……"。

引受话人的注意力；"要不说₃"具有强调意味。

钟正岚（2011）、臧蔚彤（2014）分别考察了对外汉语教学大纲及对外汉语教材中的强调手段，综合出现频率及汉语学习者使用偏误情况，对强调语法项目的对外汉语教学顺序进行综合排序。其中，钟文区分了初级（10 项）、中级（14 项）、高级（4 项）三个阶段的强调语法项目，包括强调句式和标记词；臧文对十种以句式为主的强调语法项目进行排序。

汉语学界对强调义句式的研究比较集中地体现在"连……也/都……"和"是……的"两个句式上。连字句的研究成果十分丰富，把连字句当成强调句式的研究也有很多，具体可以分作四类：

1. 连字句强调句内成分，即"连"之后的成分。"连"强调"X 都/也"（倪宝元、林士明，1979）；"连"字强调的对象常常是主语，常常是紧接在后的名词性句法成分（沈开木，1999）；高桥弥守彦（1988，1991）认为，在"连……都……"和"连……也……"两种格式中，"都"表示总括、强调，"也"表示类同、强调。"都"、"也"在表示强调时，从程度来看，"都"的语气更强。

2. 连字句强调句外信息，包括周遍性（朱德熙，1982，洪波，2001）、程度量（龚千炎，1983，石毓智、李讷，2001）、高信息话题（屈承熹，2006）。

3. 连字句是一种焦点表达方式，连字句的焦点是话题焦点（刘丹青、徐烈炯 1998）；连字句的焦点是语义焦点（袁毓林，2006）；连字句的焦点是对比焦点（彭增安、陈光磊，2006）。

4. 连字句是一种强调格式。连字句处于分级语义序列的顶端而受到强调（周小兵，1999）；连字句是硬性强调格式，在任何时候都表示强调，强调的程度是最强的（李宇明，2000）；非典型的连字句的强调义来自于整个构式的表义作用（刘丹青，2005）。

"是……的"句的研究成果也十分丰硕，有代表性的以强调意义为句式整体意义的论述有：

1. 表示强调的"是……的"句分为两种类型（吕必松，1982①；田泉，1996；刘月华，2001）。第一种强调说明过去动作发生或完成的时

---

① 吕必松（1982）指出，"是……的"结构作为一个整体，活动比较自由，它好比一个也移动的框子，需要时就用，不需要时就不用。用不用"是……的"，句子的基本结构可以不变，只有语气或"时"的区别。"是……的"结构只相当于一种形态变化，"是"常常可以省略不用。

间、地点、方式，第二种不受"时"的限制，表示肯定、确信的语气。

2. 是字句用来标定对比焦点成分。方梅（1995）认为赵元任（1968 ［2005］）将"是……的"句的"的"作用在于指出重点的提法不无道理，但同时也认为，"的"的控制域是相当有限的，"是……的"句的"是"具有焦点定位作用；杨石泉（1997）认为"是……的"句并不存在，它们只不过是宾语为"的"字结构的"是"字句，这类是字句比一般的是字句更富于肯定、强调的意味。

3. 石定栩（2003）讨论了强调句式"是……的"中"是"和"的"的句法地位，结论是，前者不是系动词，后者不是动词名物化的标记。

4. 韩梅（2005）将"是……的"句的语义类别分为三种：判断句、描写句、叙述句。当"是"后为名词成分时，"是"为判断动词，是判断句；当"是"后为形容词词成分时，是描写句，强调主语的状态、性质；当"是"后是动词短语或主谓短语时，是叙述句，强调语义范畴、述谓结构、整个命题。

5. 是字句是表达对比焦点的分裂句和假拟分裂句。刘丹青（2006）认为："分裂句①是不少语言用来表达对比焦点（具有穷尽性、排他性）的手段。汉语也有类似分裂句的结构，最接近的应是由朱德熙（1978）最先深入研究'是……V 的 O'式②，如'我是昨天买的票'之类"，并认为，假拟分裂句③也是与分裂句接近的强调手段。

6. 谢成名（2012）将"是……的"句分为语义预设和语用预设两种类型，认为前一种句式中焦点标记"是"是一个强调算子，后一种句式中，句末"的"是主要标记成分。

---

① 分裂（cleft）的意思是将一个单小句的句子变成一个双小句的句子，句子的论元结构并未改变。通常是让焦点成分成为新主句的表语，让原主句的其余成分变成修饰该焦点成分的关系从句。"由单小句变双小句，使用系词、使用关系从句标记（或泛用的定语标记、名词化标记）表示具有穷尽性、排他性的对比焦点，这是汉语、英语和其他很多语言分裂句的共同基本要素。"

② 刘文还区别了与"是 V 的 O"式十分相近的"是 VO 的"句式，认为"是 VO 的"虽可突出焦点，但并不排除其他同类对象，不是焦点理论中表达对比焦点的分裂句。

③ 就英语来说，假拟分裂句是将句子的预设部分放在主语部分，让焦点或包含焦点的部分充当句子系词后面的表语。汉语中也有与英语相对应的假拟分裂句，如：

老张是（那个）卖房子的。　　他买的房子是（那座）我挑中的。

老张昨天买的是一座房子。　　昨天买了一座房子的是老张。

三　基于功能和认知

学界引入系统功能语言学和认知理论，分析和解释汉语语法事实。研究分为两个方面：一是从强调形式的语义角度和所指范围出发，按照语义和所指范围分类；二是研究强调形式的语法功能和心理机制。例如：

刘彦仕（1996）从语义角度出发，将强调分为肯定式和否定式，表示肯定意义的强调式称为肯定性强调，表示否定意义的强调式称为否定性强调。刘利华（2003）进一步强调，句子里只要不用否定词，不带否定词缀或暗含否定的词，表示的都是肯定性概念。反之，才能表达否定性概念。两者从语法、词汇和修辞三方面分述举例论证。

张辉松（2005，2007）认为语言交际中存在直白强调（包括词汇手段和语法手段–分裂句、双重否定、否定+肯定）和隐含强调（包括语音手段，修辞手段，语法手段–省略、倒装、前置、后移，篇章手段）两种强调方式，并从这一新视角对英语的各种强调手段作了举例，总结出这两种强调体现方式不尽相同，表达效果也不尽相同。张孟晋（2008）在此基础上，把直白强调和隐含强调的概念应用于汉语，将直白强调分为词汇标记、句法标记–重复、对比、句尾韵、反语、语气副词，将隐含强调分为声音标记和超句标记–插入语、倒装、特殊句型。

刘丹青（2006）从信息处理的角度界定"强调"："强调（emphasis）是言者的一种信息处理方式，就是用某种语言手段（形态、虚词、语序、韵律等）对某一语言片段加以突出，以使听者特别注意到这部分信息。"同时他也认为："'强调'是汉语语法研究中常用的概念，但提到它常缺乏科学界定和清晰的分类，因此容易成为没有操作性和规则性的空洞解释。"文章根据所指范围将强调现象分为"句子的强调"（sentence emphasis）和"成分的强调"（constituent emphasis）两大类。句子的强调是指整个句子都是强调的对象，其中又分为无针对性的强调和有针对性的强调；成分的强调即只强调句中的一个成分。

汲传波（2008）分别从形式和语义上区分强调范畴：形式上延续了刘丹青的分类，将强调范畴分为句内强调范畴与句外强调范畴两大类；语义上分为内涵强调与外延强调。内涵强调是指如"really, actually, certainly, definitely"这些副词强调后面的形容词，比如"really beautiful"，"really"就使美丽的内涵进行了强化。外延强调，是跟数量有关的量的强调与强化，比如全称的"一点儿也没"、连字句，都是在强化外延。

在语法功能上，张辉松（2005，2008）系列阐述了"强调"的功能性。认为强调是语言纯理功能中人际功能的组成部分①，起着增强语气、强化语义、突出重点、凸显主题等作用。强调所具有的人际功能更有效地传达信息、表达情感或态度，给人以更强烈的感染力，获得更佳的交际效果。强调是语言的强势表达功能，具有强化和凸显两大基本语义取向，强调的功能系统可分为强化和凸显两个次系统。

李战子（2001）依据 Givon（1995）的研究，对 Halliday 的人际意义分析框架进行了充实和调整，将人际意义功能划分为认知性、评价性和互动性三种元素。张辉松（2008）进一步提出，强调具有不同于认知性、评价性和互动性的特征，由于强调性人际意义的资源十分丰富，有足够理由在人际意义的三元素框架中增加一项强调性的元素，使人际意义功能的框架调整为四元素体系。

张辉松（2007）认为，注意的激发和强化是语言强调功能构建的主要心理机制，直白强调与有意注意相关，隐含强调与无意注意相关。他还认为，联想和想象是语言强调功能构建的心理机制。比喻、对照、对偶等修辞手段的强调功能构建主要基于联想心理机制，夸张的强调功能构建主要基于想象心理机制。

李文浩（2011）讨论了一些汉语中全量强调义构式，研究认知凸显视角下构式的表征问题。例如，在"NP1NP2 都 VP"构式中，"都"倾向于选择更凸显的那个可量化对象作为指向目标；"连 XP 也/都 VP"、"再 XP 也/都 VP"和"都 XP 了"这三个构式中，"都"凸显了非典型成员，导致强调义的产生。

刘鹏（2013）认为，心智在意向性②作用下调控言语行为活动，体现话语主体的目的性，话语主体因具体语境下话语交际的目的和需要，调整和规范话语的形式。强调就是在语言思维过程中，意向性发挥调控作用，

---

① Halliday 语言系统中三大表达功能意义的纯理功能：概念功能、人际功能和语篇功能。

② 徐盛桓（2010）认为，"意向性"（intentionality）作为心智哲学（philosophy of mind）的一个重要概念，不是什么超验现象，而是心智的一种特性，通过这种特性，心智可以指向一个对象，同时针对对象表示对它有某种意图或倾向，心智与世界的关联就是通过这些不同的意向性状态来实现的。

在语言表征层面通过添加通常情况下不应有的语音、语义或语法标识或变更通常使用的表征方式来体现主体意向，达到认知凸显的交际目的。

这一阶段的研究在关注强调现象的基础上，尝试解释强调的心理机制，这是对汉语语法事实从描写分析走向理论解释的重要转变。

四　基于语法体系

汉语学界对强调问题的研究发生了质的变化：从描写分析强调现象在语音、词汇、固定格式、语序、句式等各级单位上的表现，发展到专注于某一级语言单位强调现象的深入探讨，到建立综合性的强调系统，反映出了人们对强调现象的认识的不断深化、细化、成熟的过程。例如：

张孟晋（2008）将语气副词中一部分强调性能很强的词语单独组成一类，称为"强调副词"，并将其列举并分为九类：程度类、语气类、时间类、范围类、否定类、频度类、关联类、仅语气类、情状类。张文认为，强调语气副词的主要作用就是在言者使用句子交际或表达态度、情感之时，强调句子意义的重心和话题的焦点。

汲传波（2008）建立了以强调句式为主的语义范畴，并分为四个次范畴：以连字句为代表的主观极量范畴，以"疑问代词+也/都……"句式为代表的主观全量范畴，以"是……的"句式为代表的确认强调范畴，以及以反复手段为代表的强化强调范畴。

程葆贞（2010）认为强调是由若干次范畴构成的系统，如：程度强调（主要由程度副词构成）、量强调（由数词+量词固定格式、量词重叠构成）、语气强调（由语气副词构成）、指别强调（由"是……的"句组成）和因果强调（因果关系的复句）。

张轶群（2017）认为量强调范畴①是汉语强调范畴中的一个重要部分，既可以表现事物在空间层面的数量、距离、范围等特征，也可以表现动作在时间层面的持续时间、次数，还可以表现事物性状特征及程度。

---

　　①　量范畴在汉语强调范畴中体现为"量强调范畴"，是强调范畴的下位范畴。量的强调有其自身内涵，即事物某一方面的量与另一事物的量比较时发生明显的量变化，这种变化正是说话者想要强调的部分，也最能体现说话者的意图，详情参见王轶群（2017）《现代汉语量强调范畴的认知研究》。

综上所述，强调研究的四个阶段体现了汉语学界对强调的阶段性认识，研究特点分别以修辞性质、语法形式、语法功能、语法体系和语法范畴为主，反映出对强调现象的认识不断深入和完善的趋势。

五 强调与焦点

强调概念往往与"焦点"联系在一起，强调研究与焦点研究既有联系，也有区别。汉语学界的研究主要集中于其内涵及表现手段上，如：

张清源（1998）将"强调"与"焦点"、"话题"加以区分，认为三者概念各异："强调"不是一个语用学术语，甚至不是语言学术语，而"焦点"、"话题"是语用学的常见术语。弱式的、常规的焦点不是有意强调的对象，强式的、对比的焦点是有意强调的内容。因此，每个句子都有焦点，但并不都有强调内容，焦点和强调成分两者有时重合，但二者概念并不相同，不能混淆；话题不都是有意为之的强调成分，强调的内容也不都是话题，二者的概念不同、范围不同。

陈昌来（2000）认为强调与焦点是等同的，都是信息处理的方式，是说话者希望让听话者重点注意到某部分内容而采取的手段。

徐杰（2004）认为，一个句子可以有多个焦点，强调程度不同；强调程度高的是主焦点，低的是次焦点。焦点在不同句子中也有强弱差别，被突出、强调的是强式焦点，没有被强调的是弱式焦点。

石毓智（2005）界定"焦点"为：句子中最重要的新信息，焦点化的成分不仅是新信息，而且是最主要的，要依赖一定的语法手段表示。汉语主要焦点标记为"是"，谓语动词之前的成分可以直接加"是"使其焦点化，用作焦点标记的"是"减弱了其动词性；"强调"定义为：强化性质的程度或者事件的真实性。用在形容词短语之前表示程度高，用在动词之前强调事件发生的真实性。用作强调标记的"是"完全失去了动词性，不做句子的主要成分，去掉后句子仍然成立。

刘丹青（2006）把强调研究与焦点研究结合起来，认为焦点是强调的语言表现片段："被强调的语言片段大都可以归为语言学中所说的'焦点'（focus），但焦点的种类可以分出多种，信息属性不尽相同。无针对性的句子强调不针对任何其他人（也包括听者）已有预设，相当于信息结构理论所说的整句焦点①；而成分强调是由句中的某个成分充当焦点，分为对比性焦点和非对比性焦点"。

汲传波（2008）延续了刘文的观点，认为"强调"与"焦点"的相同之处在于"强调"的语言形式有时与"焦点"吻合，相异之处在于有时不吻合。汲文细分"焦点"与"强调"的异同点如图 1.3 所示。

图 1.3　　　　　　　　　　　焦点与强调的异同

	范围	本质	手段	研究侧重点
焦点	句内	语言现象	语言手段	焦点的句法、语义
强调	句内、外	心理现象	语言、非语言手段	强调的心理动因、范畴、次范畴、强调连用

祁峰（2012）深入细致地探讨了汉语中的"焦点"，认为焦点的实现方式和表现形式是句子重音，其他词汇形式和句法形式不能最终决定句子的焦点，并定义"焦点"概念为："焦点是说话者用超音段的、局部性的韵律语法手段，对汉语中某些片段进行凸显操作。"

总的来说，"强调"与"焦点"是紧密相连的一对语言概念，上述研究对强调和焦点的关系梳理如下：

1. 强调的内涵包括焦点，要强调的内容一定都是焦点，并在语言各个层面以标记形式表现；但是焦点并不一定都是言者有意要强调的部分。例如，自然焦点并不是言者有意强调的内容，对比焦点才是言者有意加以强调的部分。

2. 强调的外延也比焦点范围更大，包括了语言手段和非语言手段。

3. 强调是一种主观性心理现象，焦点是其在语言形式上的具体表现。

---

① 整句焦点是 Lambrecht（1994：223）提出的焦点系统中的一部分，焦点系统总共分为三部分：谓语焦点、论元焦点和整句焦点。整句焦点以全句为焦点域，整句都是信息，没有预设信息。

第二章　话语强调范畴的建立

　　汉语不像英语那样有形态标记可依据，要建立范畴，范畴的划分标准、性质、内部成员、意义系统都要予以论证。本章利用认知语言学的主观性、范畴观等理论建立现代汉语中话语的强调范畴，基于两个基本前提：第一，强调范畴区别于如工具范畴、人称范畴等许多客观范畴，是一个主观范畴；第二，强调范畴是按照语言形式和语言意义相关照、相对应的原则建立起来的。

第一节　强调与主观性

　　由于传统经验主义对英美主流哲学、心理学、社会学以及语言学的影响①，尤其是由乔姆斯基和其他学者重新提出和演绎的笛卡尔理性主义、形式主义和结构主义基于客观主义的哲学基础，人们对主观性的研究历来存在许多偏见，认为语言从本质上来说是一种表达命题思想的工具，而对语言中非命题性的因素不够重视。这种偏见忽视了一个客观事实，即人通过语言认识客观世界，语言的使用无法与人的思想、感觉和情感分离。

　　随着语言学研究人文主义的复苏，尤其是强调语言使用的语用学、强调语言功能的功能语法、强调人类认知对语言形成的重要作用的认知语言学的逐渐兴起，人们对语言与语言使用者之间的相互关系有了新的认识，即从最开始思考语言和外部世界的简单对应关系，转向思考人作为认知主体在语言中所起的重要作用。20 世纪后期开始，由于 Benvensite（1966）、

---

　　① "主观性" 在经验主义传统看来，是与不科学与不可证伪性的唯心主义联系在一起的；而 "客观性" 则是与科学的唯物主义联系在一起的。更多解释请参见王寅（2007：36）第二章第一节 "认知语言学的哲学基础"，以及 Lyons（1995：336）的 10.6 节 "Subjectivity and Locationary agency"。

Lyons（1982，2000）、Langacker（1985，1990，1999，2006）、Traugott（1995，2002，2004，2010）、Nuyts（2001）、Verhagen（2005）等学者对主观性的研究，改变了人们对语言主观性认识的偏见。近年来语言学界对主观性的广泛关注使其成为热点问题。

强调（Emphasis）作为一种普遍的语言现象，实际上是语言主观性的形式标记。在语言交际行为中，强调作为一种心理特征时，它是主观性的一种表现；当其作为一种语言形式时，是主观性发挥调控作用的结果，语言形式的变异突破了常规表达，达到了凸显的效果；反过来说，强调这一标记也体现了主观性。

一 主观性理论研究概述

Breal（1900［1964：230］）发现了反映在语言中的主观性现象："许多动词、形容词或句子，都体现了叙事者的态度和评价。"Breal（1900［1964：230］）指出，主观性体现在对客观事物的叙述之中："昨天发生了一场车祸，**令人高兴的是**并没有造成人员伤亡"，[①] 他认为"**令人高兴的是**"暗含了叙述者的情绪。另外，一些副词如"no doubt，perhaps，probably，assuredly"，反映了言者主观上对事情的确定程度。所以，Breal 认为主观性指的是，言者的个人感觉和情绪，言者有意运用语气副词修饰整个句子，表现对所述内容的看法。

Breal 之后，西方语言学界对主观性一直缺乏关注。一直到 Benveniste（1966［1971：224］）才在其语言学著作 *Problems in General Linguistics* 中重提主观性，指出语言在人们认识"自我"之中扮演了一个关键角色："人们正是通过语言把自己当作一个主体并且贯穿语言使用的始终，因为语言建立了一个现实中的'自我'概念。语言带有如此深刻的主观性标记，以至于人们可以发问：语言如果不是这样构造的话还能否称为语言，还能否发挥作用。"

Benveniste 指出，"语篇是被言者占领的语言，在交互主观性的条件下实现言语交际"。比较典型的例子是第一人称代词"我"，指的是言者而不是任何个体，当它和一些表示思维活动的动词构成 I think、I presume 和 I conclude 这样的主谓结构时，陈述的不是客观命题而是言者对后续命

---

① Breal 所举例子是 "An accident took place yesterday, but **happily** caused no loss of life."。

题的主观判断、态度和评价。由此看来，Benveniste 关注的是"人称"的主观性，以"我"或者"你"为代表，对话的语言环境使言者和听者区分彼此在言语交际中的地位，又由于这种区分的经验建立了自我意识。言者和听者（或读者）① 之间的关系不仅是言语交际的基础条件，也是交互主观性的体现。交互主观性建立在言者和听者（或读者）的关系之上，后期语篇分析和会话含义的研究就是由 Benveniste 的思想发展而来。

之后，"主观性"和"主观化"逐渐成为国际语言学界的热门话题。Lyons（1982：102）认为，"主观性是自然语言为言语施事（说话者或写作者，即言语表达者）提供的一种表达自我、态度、看法的方式。Lyons 对"主观性"的定义是："意识（认知、感觉和领悟力）或者行为（中介）主体的属性或属性的集合"。Lyons 指出，"语言学家更为关心的是言语行为的主观性，简单来说，言语行为的主观性就是使用语言过程中的自我表达。说话时，言者（言语行为施事）通过调整韵律和超语言表达，赋予话语以不同类别、不同程度的主观性。"

Finegan（1995：1）对"主观性"和"主观化"的界定更凝练、精准："主观性关注的是对自我的表达和对言者② 的视角、观点在语篇中的呈现——这些都可以称为说话者留下的标记（imprint）。主观化则是语言在为了实现主观性的过程中不断发展而形成的语言结构和语言策略，或者是相关的语言自我演变的过程。"在此基础上，进一步将语言中的主观性和主观化现象划分为三个主要领域：

1. 言者的视角形成语言表达式；
2. 言者对命题的情感表达包含在话语中；
3. 言者对情态的表达以及对命题的认知状态包含在话语中。

这三个领域经由沈家煊先生（2001）引进介绍，"言者的视角、情感和认识"这三个主观性的研究方向在汉语学界产生广泛影响。

Langacker（1999：76）指出，这三个领域并非建立于相同的标准之上。第一个视角领域，反映了言者在言语表达中如何识解和构建一个场景的认知机制；第二个情感领域，讨论的是言者对于言说命题的感觉或观点

---

① Benveniste 没有用 "speaker and listener"，而是 "speaker and addressee"。

② "言者"在 Lyons（1995）和 Finegan（1995）原文中的表述都是 "locutionary agent"，直译是"言语施事"，我们用了与文中所指一致的简便说法"言者"。

在语言中有标记的表现；第三个情态领域，也对表达言者感觉或思想态度的语言形式加以探讨，这些形式主要通过情态副词和能愿助词来表现。①总的说来，就情感和认识情态的研究而言，比较容易判断出言者是否有意对所说话语进行修饰；相较这些有标记的语言形式来说，言者的视角则体现着言者对所描述场景无意的识解。

Nuyts（2001）认为，如果信息由一群人（包括言者）共知，由此得出的结论为大家共享，则体现交互主观性；如果言者独享信息，并在此基础上得出结论，则体现主观性。

Traugott & Dasher（2002）分别总结了客观性、主观性和交互主观性话语的特征，Traugott（2004；2010）指出话语表达式的意义遵循着越来越依赖言者主观态度的变化趋势，即从客观性到主观性，从主观性进一步发展到交互主观性的语义过程。

Verhagen（2005）分析了两种主观性，一种体现为概念化主体对客观世界的识解不同于客观世界本身，另一种体现为概念化主体之间关于客观世界的观点是不同的。所以，语言交际中话语意义的成功表达与理解建立在听说双方的交互认知协作基础上，这也是交互主观性的由来。Verhagen分析了否定、小句补语成分、话语连接词等基本构成，指出其语法机制的共性——提供了与他人协作管理、相互评价的工具②，而这种对他人进行评价、对他人进行调控的功能是人类语言基本的、第一位的功能。

综上所述，对于主观性的研究始于人们对话语主体性的认识和理解，其后逐渐发展，研究者们开始关注语言表达式③所体现不同领域、不同程度的言者主观性。语言不仅仅是人们对周围世界的客观描述，更是反映言者/作者对自我、他人的认知、评价、协调的重要工具，主观性是这一过程的核心。

---

① 不同学者分别对这三个领域做出集中和专门的论述：Langacker主要研究言者的视角如何识解所描述的场景，Traugott从历时角度探讨主观性在语言结构中的主观化表现，Breal所做的工作是研究情态副词对言者主观性的表现。

② 引自 Arie Verhagen《Constructions of Intersubjetivity：Discourse，Syntax，and Cognition》（2014：21）。

③ 语言表达式并非单指固定格式或句式，还包括大量词汇。比较经典的例子请参看Langacker对介词across、动词go以及Mastumoto对动词run所做的研究，对这些例子所做的阐释反映出了言者的视角，以及体现了言者主观性程度的强弱。

二 主观性的构成要素

综上所述，主观性的完整表达应该是"在语言形式中体现出来的言者的主观性"。那么主观性就包含了三个构成要素：一为言者，二为主观性，三为语言形式。

首先，言者就是进行言语交际活动的主体，在对话中，是言语的发出者，通过言语对听者产生直接影响；在语篇中，是言语的陈述者，通过言语对读者产生间接影响。在这两种不同的言语交际环境中，言者所表达的话语的语言形式可能会因话语接收对象的不同而有所区别，比如在口语中言者可能会采取改变重音的位置来强调不同的语义重点[①]，如：

> 1）我**知道**你会唱歌。（你不要瞒着我了。）
>
> 我知道**你**会唱歌。（别人会不会唱我就不知道了。）
>
> 我知道你**会**唱歌。（你怎么说不会呢？）
>
> 我知道你会**唱歌**。（会不会跳舞我不知道。）

由于书面语缺乏听觉手段的辅助，言者会增加词汇来强化语义，下句中"再次"的反复出现，强调言者对句子主语"她"的状态描述：

> 2）她**再次**地坐了下来。**再次**进入又一个令人忐忑不安的悬念。曾芒芒**再次**地不明白，他们要谈什么？

其次，主观性是言者的主观性，言者是凌驾于句子主语之上的叙述者（narrator），也就是说，言者不完全等同于句子的主语。这两种主语在话语中有三种状态：句子主语、言者主语、两者的结合体，如下三例：

> 2）她**再次**地坐了下来。**再次**进入又一个令人忐忑不安的悬念。曾芒芒**再次**地不明白，他们要谈什么？

[①] 高明明（1993）的研究表明，与中性语调相比，带强调重音的语调有较大的音高升降起伏的变化，全句以强调重音为语调的最高点（句末强调重音除外）。详细解释请参见《普通话语句中强调重音韵律特征的实验研究》，北京大学博士学位论文。

例2）描写了句子主语"她"的动作，反映了"她"的心理活动，表现了句子主语的主观情感，体现出了句子主语的主观性。

3）①西藏康巴地区的男子在西藏是非常著名的。②他们是男性之中的优良品种。③他们个高，肩宽，腰瘦，腿长，胸膛挺直，头颅昂扬，他们的面部轮廓如刀砍斧削，肤色黧黑并且闪耀着丝绸般的光泽。④康巴汉的服饰格外漂亮，他们藏袍绣锦，藏靴齐膝，高高的毛边藏帽上甩动着一缕红缨，一柄镶宝石的藏刀斜挎腰间，他们的步伐总是雄赳赳气昂昂的。

例3）是一个超句体，句①是言者对客观事实的介绍，是客观命题，其陈述没有主观性的内容。句②—句④，每一句都直观、强烈地表达了言者主语对句子主语"西藏康巴男子"的赞美和感叹。这里的主观情感和态度不是句子主语"西藏康巴男子"的，而是言者主观性的反映，言者没有在句子中出现，超越了句子的命题语义范围。

4）我憎恶那不像子君鞋声的穿布底鞋的长班的儿子，我憎恶那太像子君鞋声的常常穿着新皮鞋的邻院的搽雪花膏的小东西！

例4）的言者主语和句子主语重合了，非常强烈地表达了句子主语和言者主语"我"对"长班儿子和邻院搽雪花膏的小东西"的主观情感（"憎恶"）。

最后，Leech（1981：33）从语义学的角度出发，将话语意义分为七种，核心理性意义（外延意义）、内涵意义（事物内涵）、社会意义（语言运用的社会环境）、情感意义（言者/作者的感情和态度）、反映意义（通过与同一个词语另一意义的联想来传递的意义）、搭配意义（经常与另一个词同时出现的词的联想）①；以及主题意义②（组织信息的方式：

---

① Leech（1981：25）认为，反映意义、搭配意义、情感意义、社会意义与内涵意义都具有同样不限定、可变化的特性，都能作程度和范围的分析，这五种意义都可以用联想意义这一名称来概括。

② Leech（1981：27）指出，主题意义主要涉及在不同的语法结构之间进行选择的问题。比如通过语序、词汇、重音来达到强调的对比。

语序、强调手段所传递的意义）。

　　Lyons（1995：40）区分了句子的描写性意义（命题意义）和非描写性意义（表达意义）。其中，描写意义是指语言可以做出描写性的论断，这些论断根据其表达的命题内容的真假而显示为真或假，也就是语义学中的真值条件论。非描写性意义则更为多样化，它包含了一些表达性成分，例如：感情的、态度的和情绪的。表达性意义是根据言者所表达的信念、态度和感觉来呈现的，而不是根据他们的描述。一般属于语用学或者语体学的范围。

　　综合这些分类及定义，话语的语义内容大致可以分为：命题内容、表达内容、主题内容。命题内容一般都具有真值性质，与客观事实相符的命题值为真，违背客观事实的命题值为假，真假由客观事实作为判定标准；表达内容包含了言者的主观情感、态度、评价，无法用真值条件来判定，举例来说：

　　5）a. 他考虑了几天答应了。
　　　　b. 他想了一会儿同意了。
　　6）a. 他考虑了没几天答应了。
　　　　b. 他想了不一会儿同意了。
　　7）a. 他考虑了好几天答应了。
　　　　b. 他想了好一会儿同意了。（张谊生，2006：127）

　　张谊生（2006）指出，这三组表示的客观事实基本一致，都说明某种行为所用时间不长、较短。但各组的主观情态相差很大：例5）是客观陈述，对这段时间没做主观评价，是命题内容；例6）使用了主观减量标记，表示认为这段时间很短；例7）使用了主观增量标记，表示认为这段时间很长。这两例都是表达内容。所以，"没、不、好"归为一类，都是主观量标记，语言使用中的主观化是导致其成为标记词的主要动因。

　　主题内容体现了言者借助组织话语的方式来控制、演绎词序和句法结构的种类变化，以及具有类似功能的重音及语调的变化。例如[①]：

　　8）a. I have not read **this book** .

———————————

[①]　例8）和例9）转引自 Lyons（1995：154）6.1 节 Thematic Meaning 的例子，例10）转引自 Leech（1985：28）"主题意义"里的例子。

　　　b. This book I **have not read**.

　　　c. **It is this book**（that）I have not read.

　　　d. This book has not been read **by me**.

9）a. A man is standing **under the apple-tree** .

　　b. **There is a man** standing under the apple tree.

10）a. My brother **owns** the largest betting-shop in London.

　　b. The largest betting-shop **belongs to** my brother.

　　例8）、9）、10）中的句子分别具有同样的命题内容和真值条件，但主题意义不尽相同，强调的部分以粗体标出。前两例通过语序和重音来表达不同的主题意义，后例通过词汇手段来表达。

　　综上所述，在话语的这三种语义内容层次中，命题内容反映了语言的客观性，表达内容（情、知、意①）和主题内容则反映了语言的主观性。图示如下：

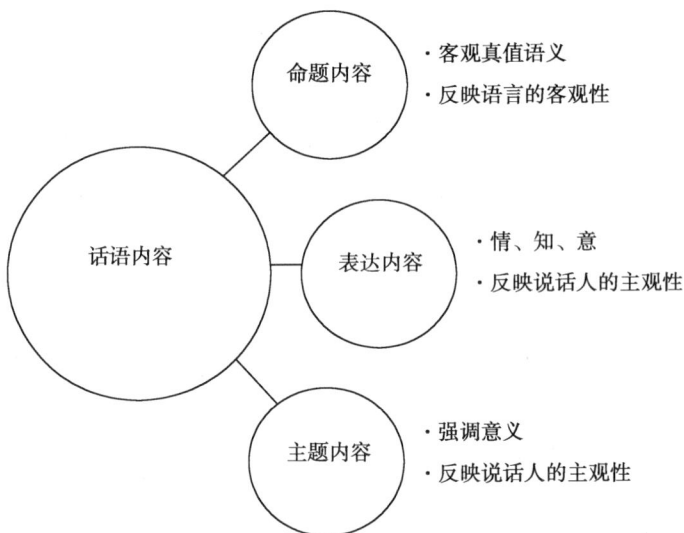

图表 2.1　话语的语义内容层级

---

　　① 张黎（2007）认为，对语言的主观性可以从不同角度分类。从传统心理学角度看，"情、知、意"是对人类心智现象朴素而直观的分类："情"对应于语言中的情感表达，如感叹词或感叹句式；"知"对应于语言中的知性表达，如命题结构或时体结构；"意"对应于语言中的意志表达，如意图表达或意志表达。也就是说，主观性包括了言者的情感、视角和认识。

三　强调与主观性的关系

张黎（2007）认为，主观性是指话语中所携带的表达话者心态的成分。主观性外延范围很广，既可以包含言者的情感和态度，表达言者的愤怒、快乐、爱、恐惧、悲哀、憎恶等等；也可以包含言者的语用行为，即言者说这句话的语用意义是什么？想达到什么交际目的？有什么交际意图？强调与主观性的关系是什么？

Hyland（2008）提出元话语的分类模式时，将元话语标记分为八大类，其中一类就是强调确定性的增强标记，例如"in fact"、"definitely"、"it is clear that"等标记词。与此同时，还有模糊标记，解释标记，过渡标记等等。

由此，强调作为言者/作者的一种主观意愿，反映在语言形式上，与话语的其他表达功能一样，都具有区别于语言客体的特征，是主观性的一种表现，是有标记的（如重音、语调、词汇、语序等）。例如①：

11）a. We are the top-rated underwriter of emerging markers debt, according to Euromoney, and International Financing Review named Chase "Emerging markers debt house of the year".

　　b. Other research indicates that the overall satisfaction of merchants with American Express improved dramatically in 1993.

例11）中，作者使用言据标记（according to；…indicate that…）建立权威性和可信性，此为主观性的一种表现。

12）a. Generally our Service business made good progress.

　　b. Some improvement may be possible in 1994 as a result of the expansion of the customer base at Global Container Base at New Jersey, USA.

　　c. At this stage, the 1994 results are unlikely to show significant

---

① 例11）—例15）均引自 Ken Hyland（2008），更多解释请参见 4.3 节 "Metadiscourse, ethos and The Origin of Species"。

growth over 1993.

例 12）是作者有意通过对模糊语的使用，弱化和减轻坏信息（不利结果，解释不利局面）对读者产生的负面影响。

13）a. <u>Fortunately</u>, in the past few years we have taken full advantage of the rising markers.

b. <u>Hopefully</u>, these new ventures in a market with tremendous potential will bring more profits to the group.

例 13）中，作者通过态度标记对当前话题进行个人的主观评价，表达惊讶、同意、高兴或强调等态度。

14）a. Of all the headlines of the past years our favorites, <u>and perhaps yours</u>, were the ones reporting that Union Carbide was the year's best performing stock.

b. The board has good reasons to be optimistic about the future of the group; <u>and so should you</u>, too.

c. And <u>we</u> enter the third era, <u>your</u> company can be counted upon to play an important part in the smooth transfer.

例 14）中，言者数次使用自称标记可以清晰地与听者连接起来，建立关系，使听说双方都参与到话语之中。

以上这些（建立权威、减轻不利影响、主观态度或评价、与读者建立关系）都是话语主观性的体现，强调也是主观性的其中一种，例如：

15）a. <u>I am sure that</u> our company will continue to grow in 1993.

b. <u>I believe strongly that</u> our people should share in the success of Cable and wireless and be well rewarded for exceptional personal performance.

例 15）中，第一人称的使用，与强调标记（Sure；strongly）有效结合起来，清晰地建立了一个坚定、自信、正面的公司领导者形象。强调都是言者主观上发出的，言者的主观性赋予了话语某一部分内容在态度、情感、立场上的主体地位，使它们超越其他语义内容，成为语言表达式中最引人注意的信息流。

Lyons（1995［2000：337］）认为"主观性"有两种，第一种主观性是静态的，代表主体意识，也就是笛卡尔所说的"思想实体"（a thinking entity），即自我和本能的属性。包括认知、感觉和观察的属性和属性的集合；第二种主观性是动态的，体现在言语主体发出的言语施事行为中，施事行为的主观性（locationary subjectivity）就是语言使用中的自我表达。在这里，Lyons 区分了知觉的主观性和行为的主观性。那么，强调作为主观性的一种表现，也可以进行知觉、行为的区分。在这里，强调可以区分为以下三个层次。

第一个层次，强调作为言者的心理意愿，是静态的，即 Lyons 所说的主体意识，是认知、感觉和观察的属性和属性的集合。这体现了强调作为心理世界中的一个静态特征，还没有借助客体手段表现出来。

第二个层次，强调作为实施言语行为的手段，是动态的，即言语主体选择言语手段来实施言语行为，改变言语行为的效力。体现了强调作为言者的心理世界向现实世界转化的一个动态过程，言者通过选择、控制、组织言语实现强调目的，这一语言使用过程客体方式的选择体现了言者的元语用意识①。

第三个层次，已经外化为语言形式的强调标记，这一层又体现为静态特征，即通过语言形式发掘言者的强调意图（视角、情感、态度、认识或评价）。作为语言学家，一般更关心强调的第三个层次。

具体来说，强调在三个层次上各有侧重。首先，强调作为言者的心理意愿，体现了言者对话语中的语义内容的预先评价的结果。即言者对言语内容的重要性作了预先评判，重点内容和特殊情感作为言者要突出的部分，会在其后的言语行为中采用言语手段调整语言形式表现出来。

其次，强调手段作为言者的工具，体现了言者以言行事的施事行为。在这个阶段，言者会对当前的言语形式作出评估，判断其是否符合强化重点和弱化非重点的需要，并以此使用一些言语手段，如加上情态副词、改

---

① 元语用意识（metapragmatic awareness）是 Verschueren（2000）在《语用学诠释》中提出的概念。用来说明言者在说出话语之前对言语形式和言语策略作出选择和调整的意识过程。

变语序、运用排比或夸张等修辞手段调整言语结构，使最后表达的话语符合交际要求。

最后，强调意图呈现为语言的强调形式，语言结构形式是言者主观识解客观世界的结果。通过语言结构这个形式上的"成品"，人们可以观察、研究言者强调的意图和强调的内容。

综上所述，强调的三个层次从不同层面、集中而突出地凸显了言者主观性，既是动态的，也是静态的。强调既表现为言者的意向心理；在语言使用过程中，又充分地反映了言者控制、协调、组织语言形式；强调通过语言各级单位以多种语言形式表现出来，其主观性程度也因表现形式的差异而具有强弱之分。

总的说来，强调是主观性的一种次范畴，强调的本质属性是为主观性。基于此，强调问题的研究与主观性的研究紧密相关，不可分割，其研究不仅可以充实强调本体研究，还可以充实主观性的研究成果。

第二节　强调范畴与主观范畴

一　客观表述与主观表述

周国光、张林林（2003：110）举过一组例子，说明陈述有质的区别。首先，陈述有肯定陈述和否定陈述的区别，这是陈述最基本的区别；其次，从陈述者的态度看，陈述又有客观陈述和主观陈述的区别，例如：

客观陈述	主观陈述
16）a. 刘国正战胜了金泽洙	17）a. 刘国正**居然**战胜了金泽洙
b. 这儿的蚊子比苍蝇大	b. 这儿的蚊子比苍蝇**还**大
c. 他不怕校长	c. 他**连**校长**都**不怕
d. 老王去过很多地方	d. 老王什么地方**都**去过
e. 这事儿是他做的	e. 这事儿**恐怕**是他做的

例16）和例17）中a组和b组的句子一一对应，其客观命题语义基本相同，例16）的句子都是可以判定真假值的客观事实句，例17）的句子不仅陈述客观事实，还使用语气副词和特殊句式凸显言者的主观态度。

例如：a 句"居然"强调了战胜这一结局出人意料，表达惊讶之情；b 句
"还"强调"蚊子"大过苍蝇，不同寻常；"连……都……"强调了
"他"无惧无畏；c 句周遍性主语句"什么……都……"强调"老王"去
过所有地方；d 句"恐怕"凸显言者的个人判断，减弱了句子原来的肯定
性、客观性语义，增加了推论性、不确定性的语义。

　　由此可见，陈述者的主观态度造成了左右两列不同的句法结构。客观
陈述是一种事实的陈述，陈述者对陈述的事实不做主观上的评价，也不表
示自己的态度；主观陈述是一种对客观事实情态上的陈述，不仅陈述事
实，而且陈述言者对所述事实的感情、态度、评价、推断。客观陈述增加
言者主观性的要素变成主观陈述后，主观陈述与客观事实可能部分相符，
其语义内容不会完全一致。

　　Traugott & Dasher（2001：22）对比分析了客观性和主观性表达的特
征，他们认为，在话语理解的过程中，最客观的言语表达式要求接收者
（听者/读者）做出的推断和关联想象是最少的，它们具有以下特点：

　　（1）表达一般采用陈述式，即最小限度地使用情态标记；

　　（2）事件结构中的所有参与者都在表层结构中呈现；

　　（3）词汇成分与谈话人的视角具有最小关联性；

　　（4）从合作原则上看，数量准则起主导作用，即语篇在很大程度上
决定意义阐释，内容没谈及，即意味着不存在。

　　与此相对地，主观性表达则具有以下特点：

　　（1）明确的时间和空间指示语；

　　（2）有明晰的标记语说明言者对所说话语（包括命题）的态度；

　　（3）有明晰的标记语表明言者对事件发生的先后关系的态度，对语
篇结构的态度，包括对语篇指示语等许多方面的态度；

　　（4）从合作原则上看，关联准则起主导作用；

　　（5）言者对所言内容所具有的主观态度，赋予话语的主观地位。

　　所以，主观性表达的核心特征在于言者对命题的认识、对事件的态度、
对语篇的立场，这些主观态度赋予话语一种情感框架。[①] 同理，强调形式是
言者对自己主观性意图的一种典型、直接的主观性陈述。言者在陈述事

---

　　① Ochs& Schieffelin（1989）认为，主观性为语言所编码的命题提供了一个情感框架，主观性
在结构上，与命题独立开来；在语义上，表达了针对命题的认识评判。

的同时做主观性的评价，并且以主观评价和主观态度为强调对象。例如：

18）a. 如果你自信的话，你就不需要用那种方式，来证明自己。**说实话**，大卫，有的时候，你比他更脆弱。（王朔《空中小姐》）

b. 这部电影不仅仅要赚钱，**更重要的是**，它本身要成为一部经典。（张云《导演万岁》）

例 18）a 句中，言者通过标记形式"说实话"强调自己对听者的主观评价、论断；b 句中，言者区分了话语信息的主体地位，"更重要的是"强调与"电影要赚钱"相比，"电影要成为经典"是更重要的语义内容。

19）a. 但偶然看到地面，却盘旋着一匹小小的动物，**瘦弱的，半死的，满身灰土的……**（鲁迅《伤逝》）

b. **多好啊**，生活！**多美啊**，爱情！（谌容《人到中年》）

例 19）句通过改变语序强调言者的语义重点，改变的部分就是要强调的部分。比如 a 句强调了定语语义（小动物的外貌特征），b 句强调了谓语语义（感叹义）。

20）a. 我就看上你了，赖上你了，你毛病**再多我也不嫌**，别人**再好我也看不上**。（王朔《过把瘾死》）

b. 宣阳坊里的坊吏王安老爹只有一只眼，但是他这一只眼**连睡觉都睁着半边**。他怕把眼睛完全闭上了就会有人来找麻烦。（王小波《寻找无双》）

例 20）通过两种句式强调言者的主观态度和主观评价。a 句的"再……也……"强调了言者主观态度的坚定；b 句言者使用"连……都……"夸张强调"王安老爹"小心谨慎的性格特点。

21）a. 他演得真好，眼神儿是眼神儿，身段是身段，作派是作派。

b. 汛期的长江，是沸腾的火焰，是奔腾的骏马，是巨大的

漩涡，是最诡秘的陷阱，是地球之巅的那纵情的呼啸。（池莉《水与火的缠绵》）

例21）通过同语和排比两种修辞方式强调言者的评价和认识。a 句对称性地重复词语（眼神儿、身段、作派），使其指称的性质、特征和区别关系得到凸显，强调事物的内涵、特征及关系，强调每一部分的性状特征都服务于整体；b 句通过五个宾语的排列（火焰、骏马、漩涡、陷阱、呼啸）丰富了主体事物"汛期长江"的内涵，强调了其总体特征"不可控制、令人畏惧"；同样是强调，a 句重在状物，b 句重在抒情。由此来看，修辞使事物特征更加凸显，使言者情感表达得更加充分，能够达到很好的强调效果。

总之，例18）—例21）通过话语的标记形式、语序、句式、修辞强调言者的主观性意向，包括强调表达意向态度（intentional attitude），也包括强调指向意向内容（intentional content），强调就是让这些内容成为注意的焦点，让这一情感框架"外显"，是一种典型的主观性表达。

二　客观范畴与主观范畴

世界由性质不同、形状各异、色彩有别的事物组成，人们如何区别这些千差万别的客观事物呢？这就涉及分类问题，范畴就是分类。分类是人类认知的基本特性之一，分类的心理过程通常被称为范畴化（categorization），而范畴化的产物就是认知范畴（cognitive category）。"范畴"的概念古已有之。西方学术史上第一个使用"范畴"一词的是古希腊学者亚里士多德；先秦古汉语虽然还未出现"范畴"一词，但《尚书·洪范》中有"天乃赐禹洪范九畴"之说，这里的"洪范九畴"的畴即是类，范即是法，标准、规范的意思，综合起来就是对事物进行分类的标准。

范畴已成为语言学中最重要的基本概念，范畴化和范畴理论是认知语言学最为重要的组成部分。语言学的范畴化有两层含义：一是指人们通过语言对周围世界进行分类的过程，分类就是忽略差异、强调共性，是人类所有认知活动中最重要、最基本的一项；二是语言学家们对语言进行分类，分类的对象不再是外部世界，而是语言本身。在第二层含义中，当代语言学研究理论众多，各个流派的研究范围和研究目标各不相同。形式语言学把形式范畴化作为研究目标，认知语言学主要追求意义范畴的系统化。所以，虽然都是语言中的范畴，但是范畴与范畴之间的差异很大。就范畴性质而言，既有形式范畴，也有意义范畴；就范畴所反映的内容而言，既有主观范畴，也有客观范畴。

吕叔湘（1942［1990］：129）在《中国文法要略》"表达论"中分析了汉语中的九种范畴：数量范畴、有定指称范畴、无定指称范畴、方所范畴、时间范畴、正反·虚实范畴、传信范畴、传疑范畴、行动·感情范畴。这九种范畴存在主观态度和客观内容、主观陈述与客观陈述的根本差异，范畴的性质并不相同。

人称范畴、工具范畴、致使范畴、指称范畴等，是某种语义特征的集合体，所概括的对象有实体性的语义，是一种语义范畴，这种客观事物集合的语义范畴，是客观范畴。与此相对，语气、能愿、情态等主观特征的集合体，是一种主观的语义范畴，范畴所概括的对象不具有客观的评判标准，也没有真值语义。这种主观情态集合的语义范畴，是主观范畴。

主观情态在语言日常使用中比客观情态更普遍，反映主观情态的表达与表达的范畴，应该比客观情态的表达更多。王力（1942：68）指出，"咱们说话，往往不能纯客观。咱们对于事情的可能性、必然性、必要性等等，喜欢加以判断或推测，于是话里掺杂着咱们的意见。陈说某一件事的时候，不论已成或未成事实，也喜欢着重在主事者的心理，于是，咱们的话里掺杂着主事者的意志"。

Hyland（2008：12）从言语交际的社会性角度分析其原因：写作和说话都是表达意义的行为，言者/作者除了传递信息外，还会表达自己的兴趣、观点、看法、价值观等，并且还需要考虑社会影响和读者的理解，不可能是中立的。

所以，在言语交际中，言者或是表达他们自己的信念和态度，或是表达他们自己的意愿和权力，而不是作为一个完全中立的观察者报告发生过的事件。因此，语言不仅是传递客观命题的工具，更是人们用来传递主观性的工具，这两者在很多情况下胶着在一起，紧密相连。

强调性的表达既不指称对象本身，也不描述实体性的客观事物，所以不具有客观的真值语义，具有超命题性本质。在语义上，强调的核心在于凸显命题的态度、认识、评价、信念等，反映了言者的主观性，是一个主观性集合体。试比较如下：

22）a. 以前国家提倡计划生育，①还是生一个好；现在国家放开二胎，②还是**生**一个好。

　　　　b. 单身人的来由：①原来是喜欢一个人，②现在是喜欢一个人。

　　　　c. 冬天：①能穿**多少**穿多少；②夏天：能穿多**少**穿多少。

　　　　d. 剩女产生有两个原因：①一是**谁**都看不上，②二是谁**都**看不上。

　　例22）中四个句子都是同形歧义句式，也就是说，①和②句子结构形式完全一样，其真值语义也应该完全相同。可是由于言者强调的语义内容不同，导致①和②的语义重心不同，语音形式不同，命题语义也不同。

　　具体来说，a 句中，①重音在"一个"上，强调数量。②重音在"生"上，强调行为；b 句中，①重音在"人"，强调喜欢某一个人导致单身。②重音在喜欢"一个"，强调喜欢独处导致单身；c 句中，①重音在"多少"，代指衣服，强调冬天要多穿衣服。②重音在"少"，强调夏天衣服要穿少；d 句中，①重音在"谁"，强调她看不上所有人。②重音在"都"，强调所有人看不上她。

　　所以，即使语言形式完全相同，表达完全相同的语义内容，由于言者的强调意向不同（包括意向内容和意向态度），就可以改变句子的语义内容和语用意图。如果为强调建立一个范畴，那么强调范畴与客观范畴就有着明确的分野。

第三节　强调范畴与次范畴

　　叶斯柏森（1924 [2009：54]）认为，一种语言的各类词语总共或至少应分出多少语法范畴和什么样的语法范畴的问题，必须通过考虑有哪些表现语法功能的形式才能得以解决，即使这些语法功能并不是在所有情况下都具有表现形式。这样，建立起来的范畴便可运用于没有外部标志形式标记的例外情况。[①]

　　胡明扬（1958：1992）指出，语法范畴的基础是语法形式和语法意义，语法意义和语法形式是不可分割的统一体。语法意义脱离一定的语法形式就

---

　　① 叶斯柏森（1924）指出："在任何语言的句法部分，我们只应该承认那些具有一定形式的范畴。"

无法得到体现，而语法形式脱离一定的语法意义就会成为纯粹形式而超出语法学的范围。只有语法形式表示的意义才是语法意义，只有表示一定语法意义的形式才是语法形式；邵敬敏、赵春利（2006）也指出，语法形式和语法意义具有互动关系，它们相互依存、相互渗透、相互结合、相互验证。

另外，语法研究还必须区分语法、语用和认知之间的界限，汉语语法语义范畴的内涵、外延、类型及内部的关系，都值得深入探讨。同理，强调形式纷繁复杂，涉及各个语言单位和语言的不同平面，不能将语用范畴的强调形式和句法范畴的强调形式混为一谈，必须在同一范畴内、同一平面中探讨强调的形式构成和语义强度。所以，为了科学地区分、探讨话语中各级语言单位的强调现象，我们以形式和意义两种角度划分强调的次范畴，建立话语中的强调范畴。

一　次范畴：构成形式

语法范畴，通常是指"某种语法意义和表现这种意义的形式手段两者的统一体"（张涤华等 1988）。邵敬敏、赵春利（2006）清晰勾勒出语法范畴、形式范畴、语义范畴的内涵、外延、类型及关系。图示如下①：

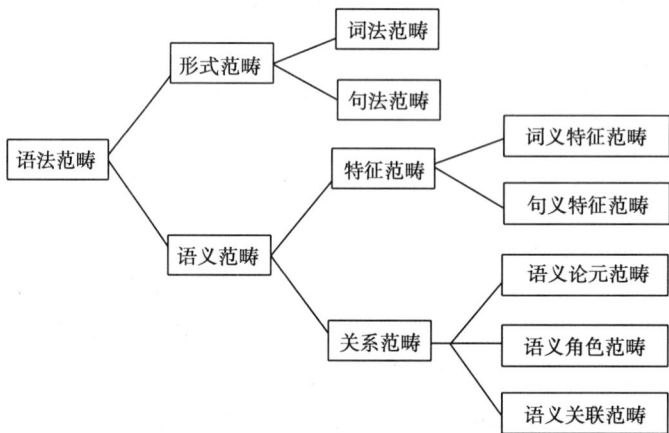

图表 2.3　范畴关系

① 邵敬敏、赵春利（2006）认为，语法意义和语法形式之间不是简单的一一对应关系，而是一对多或多对一的复杂关系。即一种语法意义通过多种语法形式表现，一种语法形式也可以表现多种语法意义。更多解释请查看邵敬敏、赵春利（2006）《关于语义范畴的理论思考》。

　　语法范畴的下位范畴又可以分为"形式范畴"和"语义范畴"。建立强调范畴，首先要从形式和语义两个角度划分强调的次范畴。

　　从形式范畴上看，主要从强调形式的构成单位上建立范畴。话语强调，界定了强调的范围：在话语和句子两级语言单位的范围内讨论强调形式，这两级语言单位又涉及两个平面：句法和语用。分层阐述如下：

　　句法层面的强调，是指依靠句法结构、句法形式就能表达强调意义的语言形式，包括"说实话"这类标记词，"连……也/都……"这类固定句式，或者句法移位这一类改变语法意义的句法手段；

　　语用层面的强调，指的是言者在语言交际过程中，使用非常规的语用变式而临时获得强调语义，所以它跟语境、语气、态度密切相关，而跟句子的结构基本无关①。它包括："你知道 X"等标记词的强调用法，句法易位这一类语用语序手段；语篇中的修辞强调。图示概括如下：

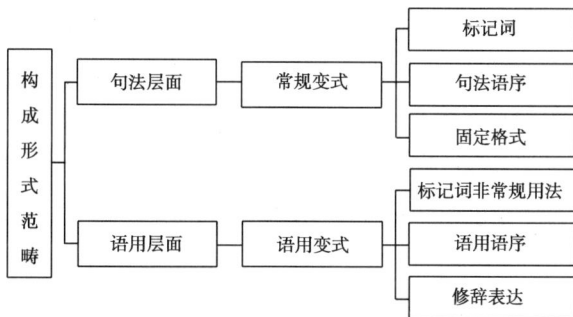

图表 2.4　话语强调的构成形式次范畴

　　如图 2.4 所示，构成强调意义的形式范畴囊括语言中的两个层面：句法与语用。句法层面的强调意义是固定的、凝结在语言形式中的、已经词汇化或句法化了的、常规性的用法；语用层面的强调意义则是临时的、语言形式无法直接表现、还没有词汇化或句法化的、在语言交际中非常规性的用法。所以，虽然两者内涵、性质不同，但在外延上存在一些交叉情况。比如，标记词和语序都可以跨句法和语用两个层面表达强调意义。区别在于：标记词表达强调义的方法有词汇义和用法义的分野；语序改变带来的强调义则有句法上和语用上的差别。

---

　　①　即使是为了表达强调义，临时性改变句子的语序，也是表层结构的改变，不改变句子的深层结构和句子成分的语义指向。

具体而言，首先，句中词语与词语（即符号与符号）之间有一定的关系，这种关系式属于句法的。词语与词语按照一定的方式组合起来，构成一定的句法结构，对句法结构进行分析，就是句法分析（胡裕树、范晓 1985）。句法层面研究句子成分移位产生强调义的句法结构，例如：

23）a. 他沏了一杯**浓浓的**咖啡。

　　　b. 他**浓浓地**沏了一杯咖啡。

24）a. 他炸了一盘**香香的**花生米。

　　　b. 他**香香地**炸了一盘花生米。

"浓浓""香香"充当定语时，是言者对宾语"咖啡"和"花生米"特点的客观描述；"浓浓""香香"充当状语时，其性状义附着在句子主语"他"的动作"沏""炸"上，使"浓浓""香香"的客观性状变成了句子主语"他"有意达成的主观性状。句子陈述从客观到主观，从无意到有意①，这是言者主观上的强调意图造成的，这种定语和状语异位产生的指宾状语句，凸显和强调了言者的主观视角②。

另外，还有一些固定句式常规性地表达强调语义，例如：

25）a. 她是**去年**从横店那边漂过来的打工的。

　　　（强调时间"去年"）

　　　b. 她去年是从**横店**那边漂过来的打工的。

　　　（强调地点"横店"）

　　　c. 她去年从横店那边是**漂过来**的打工的。

　　　（强调方式"漂过来"）

　　　d. 是**她**去年从横店那边漂过来的打工的。

　　　（强调主语"她"）

---

① 张黎（2003）把"有意"和"无意"称为话语主体的意识结构。"有意"是主体对事件、动作以及所涉场所、性状、方式、可能等语义范畴的自觉观照，"无意"是主体经过动作后客观达成了上述语义范畴，这些语义范畴不是主体的自觉关照，超越了主体意识，是客观势态。

② 指宾状语句中，除语法主语外，还隐含着一个高层次的"言者主语"，言者认定是语法主语"他"造成了宾语性状义，凸显了言者主语（即言者）的视角。

"是……的"的功能相当于英语的分裂句（cleft sentence）"it is…that"。方梅（1995）把"是……的"句里的"是"看作是具有焦点定位作用的成分。

其次，从语用层面分析话语中强调的构成形式，话语是语篇最小的文本（口语或书面语）单位，语篇和会话是由一个或一连串的话语组成的。大于两个小句的语言单位，如复句、段落，一直到整个篇章，都在形式范围之内，例如：

26）黑夜里，她看不出那红色，然而她直觉地知道它是红得不能再红了，**红得不可收拾**，一蓬蓬一蓬蓬的小花，窝在参天大树上，**壁栗剥落燃烧着**，一路烧过去，把那紫蓝的**天也熏红了**。（张爱玲《倾城之恋》）

这是通过夸张和通感的修辞形式凸显和强调"红"的意象，"红"到不可收拾，"红"到"把天也熏红了"，"红"到"壁栗剥落燃烧着"，红色这一颜色的凸显给人十分深刻和强烈的印象，所强调的意象远超过客观事物所能呈现的内容。

再次，与句法移位不同，句子语用易位结构也属于语用平面，例如：

27）a. 你怎么了？

　　b. **怎么了**，你？

28）a. 这梨酸不酸？

　　b. **酸不酸**，这梨？

言者临时将主语和谓语易位来强调语用重点：例27）b句的"怎么了"和例28）b句的"酸不酸"。主谓易位以后，句子命题内容、真值语义没有改变；句子深层结构没有改变，测试方法是，易位后的句法结构还能再还原成a句；易位后的成分语义指向没有改变，"怎么了"还是指向"你"，"酸不酸"仍然指向"梨"。总的来说，这种临时性的、不改变句子深层结构和语义指向的、语用性的易位语序，凸显言者在交际中所强调的语用重点、语用意图。

二　次范畴：语义强度

Leech（1981：265）指出，句法和语义是两个层次，各自有一套独立的、相互关联的结构，并且存在对应关系。语义表达和句法表达各自具有独立的结构，各自具有符合规范的条件，即合乎语法或者具有意义。我们已经尝试在话语层面确立强调的构成形式这一次范畴，下文我们将从强调的语义范畴这一角度，探讨强调语义程度的次范畴。

邵敬敏、赵春利（2006）区分了"语义"的三种内涵，包括词汇意义、语法意义和语用意义。与之相对应，"强调"意义的表达也有三种内涵：词汇或习语表达的强调义、句法结构表达的强调义、话语交际中言者临时赋予的强调义。

黄蓓（2016：209）提出界定主观性标记的四大标准[①]：①结构标准：命题辖域；②语义标准：认识评价；③功能标准：功能专化；④真值标准：不影响真值。借鉴这一思想，我们准备使用四项标准判定强调标记的语义程度。

1）辖域标准：即强调标记发生作用的范围，强调标记作用的范围越大，语义强度越强。所以，对整段话语的强调，语义强度应该优于对整个句子的强调；强调整个句子的语义强度应该优于强调句子的整个命题；对整个命题的强调，语义强度优于对命题内语法成分的强调。其语义强度从强到弱排列如下：

整个语段或句式>整个句式>句式中的整个命题>命题内成分

2）真值标准：主观性是附着于命题之上的一种主观意义，强调是主观性的一种表现，对句子的命题意义基本没有影响，去掉后也不会改变句子的命题意义，失去的只是言者的主观语义，如评价、认识、态度、情感立场等主观内容。如果去掉以后影响了句法结构，改变了真值语义，说明这个强调标记作用于句内命题成分，主观语义与客观语义交叉在一起，其调强度较弱。同上，强调标记的语义强度从强到弱排列如下：

删去后不影响真值>删去后影响真值

3）方式标准：强调的方式和内容多种多样，有强调对象的整体意象（修辞语段）或集合语义（固定句式）的，也有强调自身言说行为（话语

---

① 更多详情请参见黄蓓（2016：209）《走向狭义主观性》，浙江大学博士学位论文。

标记）的，有强调话语理解范围和方向（话语标记）的，也有强调句内某一成分的语义的。对于整体意象的烘托和强调，语义强度最高；其次是强调整体句式命题语义的；再次是言者对自身言说行为的强调，或者是言者引导听者理解话语的方向、背景和范围，这种强调语义相对隐含；语义强度最弱的，是强调句内某一句法成分的语义内容，包括句法成分本身已经具备的属性，或句法成分主观上有意达成的属性。语义强度从强到弱排列如右：强调整体意象>强调言说行为>强调话语导向>强调句内成分

4）语义标准：

评价（appraisal）可以简单定义为言者对事情好坏的看法，评价系统是系统功能语言学在对人际意义①的研究中发展起来的语法框架，主要关注用于协调社会关系的语言资源和态度的表达。评价是言者表达的一种态度，其主要来源是对事物特征、人物特征和情感的评判②。Traugott&Dasher（2002：106）指出，认识事关知识与信念，表达了说话者对命题内容的观点或态度。由此，黄蓓（2016：205）认为，认识评价构成了主观性的语义轴心。同理，强调认识和评价的主观性语义内容的语义强度高于对客观性语义内容的强调。排列如下：

强调认识和评价性语义内容>强调客观性语义内容

综合四项标准则可以判定各种强调标记的语义强度。举例如下：

29）a. 算了，①革命不是请客吃饭，不是做文章，不是绘画绣花，不能那样雅致，那样从容不迫，文质彬彬，那样温良恭谨谦让。②革命是暴动，是一个阶级推翻一个阶级的暴力的行动。

b.①你想吃啥这就能做啥，②四川味是四川味儿，广东味是广东味儿。

---

① 系统功能语法的核心思想之一是三大纯理功能：概念功能（ideational metafunction）、人际功能（interpersonal metafunction）和语篇功能（texual metafunction）。简要地说，人际功能就是人们用语言来与他人交往、建立和保持人际关系，用语言影响别人的行为，用语言来表达对世界的看法和改变世界。人际功能又分为四个部分：交际双方的作用，语气，情态，以及评价。

② 评价过程一般被分为三类：一是情感评价，是言者对事件或现象的情感反映与表达；二是评判评价，是根据制度化的规范对人们的行为作出评判；三是鉴赏评价，是对现象、过程和事物的特征进行评价。由此，评价系统中就有三类主要的评价对象：人们的情感、人们行为的特征、事物的特征与价值。

30）a. 希望他们能收下我，哪怕再低的工资我都愿意在那儿待下去。

   b. 说起太平公主，连街头乞丐也知道那是女皇的至爱。

   c. 教育现象是客观存在的，教育学是研究教育规律的。

31）a. 我们国有企业的职工面对下岗，最关键的是，要转变就业观。

   b. 你的话有道理，可你知道我他妈就是吃不下饭，没有胃口，人生这游戏不好玩，没有什么意思啊。

32）a. 长街上路灯黯淡。远处孤零零地有几处霓虹灯寂寞地亮着。

   b. 李大夫见康伟业这样，善解人意地接过了他的话，开了一个玩笑。

33）a. 他的脑子就像核桃仁，甜的，滋润的，可是没有多大意思。

   b. 哥儿达先生照例在房门口柔媚地叫唤一声："再会呀，阿妈!"

把标准和例子结合起来分析，这五组例句分别是以修辞手段、固定格式、话语标记、语用易位和句法移位表达强调意义。具体而言：

例29）是修辞手段表示强调义，a句①是撇语式，b句②是同语式。其辖域是整段话（a句）或整个句子（b句）；删去修辞内容后基本不影响真值语义（a句"革命是暴动"，b句"想吃啥就能做啥"）；强调整体意象（a句"革命"，b句"厨艺"）；强调言者主观语义（a句认识义，b句评价义）。四项标准加合，修辞手段表达的强调语义程度很高。

例30）是固定格式表示强调义，a句"连……也/都……"b句"再……也/都……"c句"是……的"。强调的辖域是整个句式，删去之后也基本不影响真值语义；强调句式的命题语义；强调言者的主观态度（a句）、主观认识（b句）、主观评价（c句）。

例31）是话语标记表示强调义，话语标记游离于语义内容之外，是虚指成分，辖域是句子的整个命题。删去以后不影响真值语义；强调句子中命题成分的语义：a句"最关键的是"强调主观认识"下岗职工要转变就业观"，b 句"你知道"引入背景信息"我吃不下饭、没有胃口"，强调主观评价"人生没有意思"。

例 32）是句法移位，例 33）是语用易位，都是通过改变句内成分的固定语序表达强调意义。其辖域是句子中的命题成分，例 32）a 句中的"孤零零"强调"有霓虹灯"，"寂寞"强调"亮着"的状态。b 句中的"善解人意"强调"接话"；例 33）a 句中的"甜的、滋润的"强调"像核桃仁"，b 句强调"再会啊"；删去以后基本不改变句子的真值语义，例外的是例 33）b 句，删去后句子不成立，改变了句子的真值语义；强调言者的主观心理（例 32）a 句）、主观评价（例 32）b 句、例 33）a 句），或者语义重点（例 33）b 句）。

这两组例子的共性在于，都强调了句法成分的语义或性状义；区别在于，句法移位强调的性状义是言者主观赋予的，或是句子主语有意达成的。例如，例 32）a 句"孤零零"和"寂寞"都是言者主观赋予"路灯"的性状，"善解人意"是言者对"李大夫接过话"这一动作的主观评价，不是对李大夫本身特征的描述，而是"接话"这一动作呈现的性状；而语用易位强调的性状义则是句子主语本身所具有的属性。例如，例 33）a 句言者对"甜、细润、像核桃仁"的描述，是对脑子固有属性的评价；b 句的"怎么了"是言者在口语中优先处理的信息内容，是语义重点，不是认识或评价等主观语义，是表疑问的客观语义。所以，语用易位所表达的强调义低于句法移位。

小结

总的来说，把辖域、真值、语义、方式这四项标准加合起来，就可以得出各种强调形式的语义强度，从强到弱、由高至低形成一个话语强调形式的语义强度序列，构成话语的强调范畴。图示如下：

图表 2.5　　　　　　　　　　话语强调范畴

	辖域	真值	语义	方式	强度
修辞	P&S	NI	S	I	L4
句式	S	NI	S	SM	L3
标记	Pr	NI	S	SA&UO	L2
语序	COP	I	S&O	MCOP	L1

注：辖域列：强调作用的辖域：P 代表 Paragraph（一段话），S 代表 Sentence（句子），Pr 代表 Proposition（句子中的命题），COP 代表 Component of proposition（命题内的成分）；

真值列：删去是否影响真值：NI 代表 No Influence（不影响真值义），I 代表 Influence（影响真值义）；

语义列：强调的语义：S 代表 Subjective Meaning（主观语义），O 代表 Objective Meaning（客观语义）；

方式列：强调的方式：I 代表 Image（强调整体意象），SM 代表 Setence Meaning（强调句子语义），SA 代表 Speech Act（强调话语行为），UO 代表 Utterance Orientention（强调话语导向），MCOP 代表 Meaning of component of proposition（强调命题成分语义）。

强度列：综合前四列得出强调语义的总体程度，4 级最强，1 级最弱，L 代表 Level。

第三章　话语标记的强调

Leech（1974：31）区分了两种意义：要表达的意义和被理解的意义。"要表达的意义是指讲话者在组织信息时头脑中考虑的那种意义；被理解的意义则指听话者接受信息时传递到他头脑中的那种意义。研究意义，应该特别注意意义本身—要表达的意义—被理解的意义之间的关系。"

这对概念涉及交际①，分析言语交际中的话语，也就是分析人们在语言互动过程中表达和理解的动态过程。在这个过程中，话语分析把言语视为语言的具体运用单位，在语境中分析语句的意义。这种分析常常超出句子（sentence）平面，即语言中的语句（utterance）平面，例如语段或语篇。话语分析关注在社会语境中使用的语言，尤其是言者之间的互动或者对话，其研究追求的是语言的规律性和概率性②。

Schiffrin（1987：3）提出了话语分析的核心假设，这四条假设围绕"语境"和"交际"这两个关键词而提出。如下：

1. 语言总是在某个具体的语境中发生的（Language always occur in a context）；

2. 语言对语境是敏感的（Language is context sensitive）；

3. 语言总是交际性的（Language is always communicative）；

4. 语言就是为交际活动而设计的（Language is designed for communication）。

具体而言，第一，语言是在具体的语境中发生、阐释的。比如，文化

---

① Leech（1974：31）指出，"交际通常就是指把信息从其来源（A）传递到它的目标（B）。根据这一点，如果我们知道（A）头脑中的信息已经传到或印在（B）的头脑中，才可以断定交际过程已经发生"。

② Gillian Brown & George Yule（1983［2009］：19）讨论了句子（sentence）与语句（utterance），并区分了传统语法分析与话语分析的根本不同。

语境赋予具体意义和世界知识。社会语境定义言者自我，构建话语场景。认知语境反映人们过去的经验和知识；第二，不只语言在语境中产生，语言形式和功能也会在表层和深层结构上受语境特征影响，包括语音、词法、句法结构；第三，因为语言总是要说给别人听（实际的或潜在的），所以它是互动的、交际的；第四，语言的一切使用都意味着言者带有某种目的，目的一定会在语言形式上表现出来，留下痕迹。话语既是一个完整的成品，又是一个言语行为过程，话语分析就是通过成品中的各种痕迹来反观交际的动态过程。

那么，就可以从语言标记入手，那些反映言者评价、态度和参与感等人际意义的标记，是了解言者语用意图的途径。言者表达强调意图时采用了哪些标记，这些标记有哪些功能、特点，是本章的研究重点。

第一节　元话语与强调标记

元话语（Metadiscourse）是近年来语言教育和话语分析领域广泛使用的术语，最早由美国学者 Harris（1959）提出，指言者引导受众理解语篇、理解语言使用的一种方法，是一种重要的语篇手段。元话语在对话和篇章中的使用非常普遍（Mauranen，2010，2003b），引导读者理解语篇和作者的态度、促进双方互动，反映了言者的元语用意识（Metapragmatic Awareness）[①]。

一　元话语与命题话语

在话语交际过程中，言者为了使听者更明确、更好地领会自己的意图，除了要把重要信息清晰地传递出来，还要选择恰当的语言成分来有效组织话语、表明自己的态度和观点，而后者在很大程度上影响着听者对话语中重要信息的理解与接受，这主要通过那些不直接介入命题意义的词、短语或句子实现。在话语交际过程中，每一次语言行为都可以分为两个层面：命题话语和元话语。

其中，命题话语指的是传递命题意义的话语，元话语则是超越命题的

---

① 人们使用语言是一个不断做出选择的过程，这一过程受元语用意识（Metapragmatic Awareness）（Verschueren 2000：189）不同程度的指导和调控。

材料，表示作者的存在，它是语篇中的一些表达手段，能够组织话语，反映作者对内容或读者的态度。不过，命题内容并不排除元话语，两者在语篇中同时出现，语篇的意义是命题成分和元话语成分的结合①。下文通过图表②和例句解释这两个话语层面同时作用于语篇意义的情况：

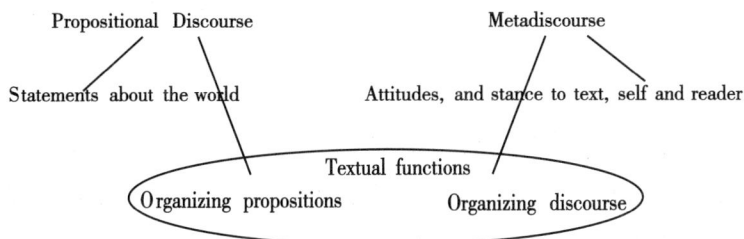

Propositional Discourse   Metadiscourse

Statements about the world   Attitudes, and stance to text, self and reader

Textual functions

Organizing propositions   Organizing discourse

图表 3.1　语篇成分的功能角色

1) （a）**现在我必须承认**，我没有看到那件事的结局；但我的确关心着这件事的进展，几乎失眠。这件事的结局是别人告诉我的：最后，那个咬人的学生把耳朵吐了出来，并且被人逮住了。（b）**不知你会怎么看**，反正当时我觉得如释重负：不管怎么说，人性尚且存在。同类不会相食，也不会把别人的一部分吞下去。（c）**当然，这件事可能会说明一些别的东西**：比方说，咬掉的耳朵块太大，咬人的学生嗓子眼太细，但这些可能性我都不愿意考虑。（d）**我说到这件事**，是想说明我自己曾在沉默中学到了一点东西，而这些东西是好的。（e）**这是我选择沉默的主要原因之一**：从话语中，你很少能学到人性，从沉默中却能。（f）假如还想学得更多，那就要继续一声不吭。（g）**有一件事大多数人都知道**：我们可以在沉默和话语两种文化中选择。（h）我个人经历过很多选择的机会，**比方说**，插队的时候，有些插友就选择了说点什么，到"积代会"上去"讲用"，然后就会有些好处。（i）**有些话年轻的朋友不熟悉，我只能简单地解释道**：积代会是"活学活用毛主席著作积极分子代表大会"，讲用是指

---

① Hyland（2008：18）不同意将元话语视为独立分开的意义层，语篇是交际行为，一个语篇的意义不仅仅是其命题意义，而且还是作者和读者互动过程的结果。

② 引自 Hyland（2008：44）Figure 3.2 "The role of textual devices in texts"，该图展示了元话语和命题话语在性质和功能上的区分。

"讲自己活学活用毛主席著作的心得体会"。参加了积代会，就是积极分子。而积极分子是个好意思。(j) **因为**话语即权力，权力又是个好意思，**所以的确**有不少人挖空心思要打进话语的圈子，**甚至在争夺**"话语权"。(k) 我说我是自愿放弃的，有人会不信——**好在**还有不少人会相信。(l) **主要的原因**是进了那个圈子就要说那种话，**甚至要**以那种话来思索，(m) **我觉得**不够有意思。(n) **据我所知**，那个圈子里常常犯着贫乏症。(王小波《沉默的大多数》)

例1) 围绕"我选择沉默的原因"这个话题展开回忆、说明、举例、解释。其话题本身有其内在的结构性和系统性，即内在逻辑顺序：先叙述事情，再借此阐明观点。这个话语层面就是基本话语层面，基本话语本身是一个自足的语义系统，有其内在的逻辑联系和意义关联。为了证明这一点，我们去掉带字母标记的黑体字，验证没有这些话语成分是否会改变基本话语的命题意义。

1)' 我没有看到那件事的结局；但我的确关心着这件事的进展，几乎失眠。这件事的结局是别人告诉我的：最后，那个咬人的学生把耳朵吐了出来，并且被人逮住了。当时我觉得如释重负：不管怎么说，人性尚且存在。同类不会相食，也不会把别人的一部分吞下去。咬掉的耳朵块太大，咬人的学生嗓子眼太细，但这些可能性我都不愿意考虑。我自己曾在沉默中学到了一点东西，而这些东西是好的。从话语中，你很少能学到人性，从沉默中却能。还想学得更多，继续一声不吭。我们可以在沉默和话语两种文化中选择。我个人经历过很多选择的机会，插队的时候，有些插友就选择了说点什么，到"积代会"上去"讲用"，然后就会有些好处。积代会是"活学活用毛主席著作积极分子代表大会"，讲用是指讲自己活学活用毛主席著作的心得体会。参加了积代会，就是积极分子。而积极分子是个好意思。话语即权力，权力又是个好意思，有不少人挖空心思要打进话语的圈子，在争夺"话语权"。我说我是自愿放弃的，有人会不信——还有不少人会相信。进了那个圈子就要说那种话，要以那种话来思索，不够有意思。那个圈子里常常犯着贫乏症。

可以看到，去掉这些话语成分没有影响整个语篇的命题意义。但是，没有这些话语成分的明示，听者不能直接从语言形式上判断言者的语义重点（想强调的语义和着重表达的命题），也不能立即抓住语篇的逻辑结构（逻辑顺序和语义关联），即哪些是陈述、解释，哪些是原因、结果，哪些是主要方面、次要特征等。听者只能依靠自身的理解和判断，就可能出现理解不全、判断失误的情况。所以，缺失话语标记直接影响着言语行为的有效完成和交际效果。

如果将例1）的话语标记成分独立出来，就能得到如下话语成分群，它们将篇章内在的叙事结构和顺序以显性的语言形式标记出来，即使没有命题成分，读者也能基本判断篇章的逻辑结构和话语方向。例如：

2）（a）现在我必须承认——（b）不知你会怎么看，反正——（c）当然这件事可能会说明一些别的东西——（d）比方说——（e）我说到这件事是想说明——（f）这是我选择沉默的主要原因之一——（g）有一件事大多数人都知道——（h）比方说——（i）有些话年轻的朋友不熟悉，我只能简单地解释道——（j）因为，所以，的确，甚至（k）好在——（l）主要的原因——（m）我觉得——（n）据我所知

例2）中（a）→（n）这些简短的话语成分组成了话语信息流①，清晰地显示了篇章的逻辑和方向。这种明示语篇衔接关系和交际互动主题的话语形式，标明了言者的语言意识，在话语交际中起着语篇组织和人际互动的作用，本书将这些话语成分称为"元话语"，它是有关命题信息内容以外的话语，是引导读者和听者解释和理解篇章信息的重要手段。

二　强调性元话语标记

Hyland（2008：48）在 Thompon（2001）② 的分类基础上，把元话语

---

① 信息流（information flow）：功能主义语法的常用概念，认为语言最基本的功能就是将信息由言者/作者传递给听者/听者。

② Thompson（2001：61）指出，引导模式和交际模式的元话语就像是一枚硬币的两面。

分成交际（the Interactive）和互动（the Interactional）两大模式①。交际模式下的元话语引导读者，注重组织话语的方法。互动模式下的元话语则体现作者的主观评论、参与度。其中，表强调的词语隐含肯定和强调命题的意思，例如"in fact/ definitely/ it is clear that"，基于作者和读者的互动关系，体现了读者和作者关系的亲疏程度，强调表达了作者的态度，并显示了读者参与的程度。所以，本书旨在探讨表强调的元话语在言语交际过程中的功能及表现，并且限于在话语中出现的衔接语篇、传递语篇信息、引导话语理解的句子、小句，或短语形式。

Holker（1991, cf. Jucker, 1998）指出，话语标记的功能主要体现在四方面：第一，它们不对话语的真值条件产生任何影响；第二，它们不会增加话语的命题内容；第三，它们与说话时的情景有关；第四，它们具有一定的情感功能或表达功能，却不具备指称功能、指示功能或认知功能。

强调性的元话语标记作为元话语的一种，在语篇中具有一些整体功能。例如：第一，表明了语言的各种界限，例如语言的开始、结束、转换话题；第二，表明了言者的态度、评价、参与度；第三，具有一定的情感、表达功能，不具备指称、指示或认知功能；第四，标记本身的命题语义（实义动词语义）已经虚化，语义演变由具体的言说义向更为抽象的认知域转移，造成了语义虚化和主观化（董秀芳，2003）；第五，从整体上对话语的构建与理解产生影响，体现了言者和听者的互动，考虑了听者的知识和理解的需要，是一种语用手段。

根据篇章功能的差异，强调性元话语标记可以分为四类，如下：

一、强调真实性与转换话题，包括："说实话"、"说实在的"、"老实说"、"实话实说"、"不瞒你说"、"实不相瞒"、"说真的"七个短语。

二、强调言语行为的效力，包括："我告诉你"、"我跟你说"、"你听我说"、"你听着"、"你记住"、"你给我听着"、"你给我记住"七个短语。

三、强调逻辑语义关系，"X 的是"，其中 X、Y 均为谓词性成分。

四、强调信息状态，包括："你知道"、"你知道的"、"你知道吗"、"你知道吧"四个小句。

---

① 交际模式（the Interactive）包括过渡标记、框架标记、回指标记、言据标记、语码注释语等；互动模式（the Interactional）包括模糊语、增强语、态度标记、自称语、介入标记等。

第二节 "说实话"：完成传信[①]与转换

"说实话"作为话语标记被讨论过多次，董秀芳（2003）认为"实话说"等表明言者对命题的主观态度，属于传信范畴，处于词汇化的过程中[②]；何自然（2006）分析了"老实说"的强调、过渡和提示功能；席建国、刘冰（2008）调查了坦言性话语标记的规约化意义，其语用功能在于强调信息和目的真实；周明强（2013）讨论了 16 个坦言性话语标记，"说（句）实话"重在突出话语的真实程度；李宗江（2015）将坦言标记分为三类，"说实话"属于实言类；孔蕾（2015）认为"说实话"由命题内的动宾短语转变为具有言说行为义的命题外的附加成分，已经习语化（idiomaticized），是词汇化的初级阶段。

一般情况下，"说实话"都会与"实话说"、"老实说"、"实话实说"、"说真的"等话语标记一起打包，成为坦言性（或坦诚性）话语标记之一或实情连接成分[③]的集合体成员。目前学界比较一致的看法是，这个集合体共性在于概念语义"真实"，但在言语交际中概念义已经脱落、虚化。它在习语化、词汇化的过程中，发展成了篇章中的标记成分，语用功能已经凝固，表达传信范畴，强调话语信息或主观态度的真实性。

从语法角度看，"说实话"可以看作省略了主语"我"的一种短句。从句内成分不断发展为附加成分，从动宾短语向语用标记逐渐过渡。不过，我们发现，"说实话"具有多义性，其动宾短语的用法仍然保留了较高的使用频次[④]；与此同时，语用标记的意义更为突出、活跃。

---

① 张伯江（1997）认为，传信范畴关心的是信息来源的可靠性，既看重信息来源与言者客观真实性概念之间的关系，也兼顾说话者的态度，更看重他对于现实的肯定强度。

② 董秀芳（2007）认为，话语标记都是词汇化而来，语形可以不稳定，在使用上可以有很多"变体"。

③ 廖秋忠（1986）认为，实情连接成分用于表示它前面所说的话似是而非或以偏概全，而后面说的才是真情或全部的情况。常见的有：其实，事实上，实际上，老实说，说实话，说句老实话，确切地说。

④ 孔蕾（2015）统计了现代汉语中"说实话"作为习语使用的频次为 686 次，作为动宾短语使用的频次为 424 次。这表明，动宾短语的用法仍然十分活跃。

一　强调真实语义

从语义上分析,"说实话"的本义是"按照实际情况如实表达"。在话语交际中,当文本语境没有违反读者的预设时,其语用功能是强调话语所含信息的真实性,强调话语的命题语义真实,或强调言者的认识和情感真实,总之是表现言者主语对"真实性"的强调,从三个维度分析:陈述真实命题、陈述真实认识、表达真实情感。其中,前者是命题意义,后两者是表达意义。

(一) 命题真实

言者可以通过"说实话"等元话语标记强调社会成员的共同价值观、普遍社会情况、个人情况等客观命题语义。例如:

3) a. **说实话**,世界上没有一个人生下来喜欢吃苦。好地方谁都想去,问题是大家都挤到好地方,那个人对社会的价值就变小了。(《1995 人民日报》)

b. **说实在的**,目前的面膜多没有严格的规定,一定要干性肤质用还是油性肌肤用。(仇明《超级面膜全书》)

c. **老实说**,那以前我从未考虑过报考广播学院,因为我不了解它。(1994 报刊精选)

d. 秦赵氏:曾二爷,你欺负大哥,到底为什么呢?

墨侠:**实话实说**,为钱!(老舍《秦氏三兄弟》)

e. "哎",他忽然侧过脸跟我说:"小章,**说真的**,你跟马缨花结婚吧。"(张贤亮《绿化树》)

f. 她是个心地善良、十分容易原谅别人的姑娘。**不瞒你说**,最后那些日子,我们之间信件、交谈的主要话题是你。(王朔《空中小姐》)

g. 各位,**实不相瞒**哪,为这碗儿珍珠翡翠白玉汤,从昨天早上我就开始绝食啦!(《单口相声》)

例 3) 分别强调了三种客观命题语义:a 句强调了共同价值观"世界上没人喜欢受苦,好地方谁都想去",b 句强调了社会普遍情况"目前面膜多没有严格规定",c 句—e 句分别强调个人情况"为钱"、"跟马缨花结婚吧"、"主要话题是你"、"我从昨天开始绝食"。这些命题都具有真值语义，可以判定句子的真假。

（二）认识真实

语言中有不少话语是用来传递客观知识的，体现为话语的命题内容；同时也负载言者对行为规范的认识、对事物属性的评判，凸显了言者对客观世界的主观认识。在言语交际中，言者往往从自己的角度出发，把自己看成言语交际的中心，将自己置于时间、空间和指示的中心位置，观察、认识事物，传递关于自己的知识（即自己的所思和所想）。这类知识不在客观世界里，而在言者的主观意识之中，这就是言者对客观世界的认识（epistemic modality）。例如：

4）a. 如果你自信的话，你就不需要用那种方式，来证明自己。**说实话**，大卫，有的时候，你比他更脆弱。（王朔《空中小姐》）

b. 那把剑的样子很不怎么样，而且也没有鞘。**说实在的**，薛嵩把它交给小妓女来保管，就是不准备要了。（王小波《万寿寺》）

c. 今天最难应付，现在少想昨天，少想明天，**老实说**，今天最难应付，要是你能够令自己过得今天，以后的明天便不成问题。（林燕妮《死在昨日》）

d. 起明：总的来说不错，就是我觉得这儿的音乐有点。

阿春：怎么？

起明：**实话实说**吧，我觉得有点太闹了。不讲究。（曹桂林《北京人在纽约》）

e. **说真的**，三叔，解放后，你不教书，到工厂当了这一年多的工程师，我觉得你年轻多了。（曾卓《祖国的孩子和母亲》）

f. **不瞒你说**，我认为中国队有戏，进入十强战后，实力都差不多，更多的靠运气。（1997《作家文摘》）

g. **实不相瞒**，周小姐比我想象中年轻及合理。　　（亦舒《红尘》）

例4）中，言者通过"说实话"、"说实在的"、"老实说"、"实话实说"、"说真的"、"不瞒你说"、"实不相瞒" 七种元话语标记，强调言者对客观世界的一种主观性认识（"薛嵩不准备要回剑"、"中国队有戏"）和主观评价（"你比他脆弱"、"今天最难应付"、"音乐有点太闹了"、"你年轻多了"、"周小姐年轻及合理"）。

（三）情感真实

情感（affect）是指言者进行言语交际，陈述客观事物和实际情况时，同时也在表达自己的感觉、情绪、意向、态度和立场。"说实话" 承载了言者对话语的态度，凸显和强调了言者的主观性。例如：

5) a. **说实话**，自打你到我们家，我看你那么迷着小兴儿，心里就犯上疑惑了。后来，全义才说，你是这孩子的亲妈。（陈建功、赵大年《皇城根儿》）

b. 我总觉得这是中规中式的一篇历史论文，不知为什么要给我打问号。**说实在的**，我有点想去砍他一刀。（王小波《万寿寺》）

c. 多出去找找朋友，别老一个人闷在屋里看书，会把情绪弄消沉的。**老实说**，我担心你。（王朔《过把瘾死》）

d. **实话实说**，你还在读书的时候，我就对你很倾心了，如果你听我的，主角就由你来当。（卞庆奎《中国北漂艺人生存实录》）

e. 瑞丰听一句，点一下头。越听越痛快，也就越吃的多。**说真的**，自从敌人攻陷北平，他还没吃过这么舒服的一顿饭。（老舍《四世同堂》）

f. **不瞒你说**，我前一阵儿对你很生气，非常非常生气，你知道我为什么生你的气么？（王朔《我是你爸爸》）

g. **实不相瞒**哪，我也不知不觉地喜欢上他们了。一上这小楼啊，嗬，就特别的兴奋。嘿，觉着这上班儿啊，还真有个乐儿。（王朔《编辑部的故事》）

例 5) 表现言者通过元话语强调个人态度、情感、心理活动，也反映言者以此得出结论或者解释原因，为前因后果铺垫情感背景。比如，a 句"说实话"强调言者的态度"疑惑"，同时"疑惑"是前一话题"你那么迷着小兴儿，（不太正常）"的结果；b 句"说实在的"强调"想砍他一刀的愤怒之情"，同时"愤怒"是前一话题"这是中规中矩的历史论文，不知道为什么要给我打问号"的结论；c 句"老实说"强调"担心"，同时"担心"是"多出去找朋友，别老闷着看书"的前提；d 句"实话实说"强调"倾心"这一情感，为后文"让你当主角"铺垫；e 句"说真的"强调"舒服"，也是"越听越痛快，也就吃得越多"的原因；f 句强调"生气"，承接并开启下一话题"知道为什么吗"；g 句"实不相瞒"强调"喜欢上他们了"，也是下句"上班是个乐儿"的原因。

二　强调话题转换

除了强调真实语义，"说实话"类元话语标记也可以开启新话题，使听者关注新话题。其语义已经虚化，不再强调语义真实，在话语中，其功能相当于一个话题"引子"，引导、提示听者注意交际重点转移到新话题上。根据交际需要，新话题可以与前话题相关，是前一主题的延伸讨论；也可以与前话题不相关，言者终止前一话题并"另起炉灶"。

（一）关联话题

关联话题是指，言者使用话语标记开辟的新话题与当前话语主题相关，是当前话语主题的延伸，或者是情绪、态度的强化，或者是对前一话题的深入、细化，或者是对前一话题的解释、结论、陈述。例如：

6）a. 韩涛：很高兴有机会跟大家交流！**说实话**，人太多有点紧张，因为我从来没有在那么多人面前说过话。（《国内私募基金经理对话》）

b. 贾庆林说："我打心眼里赞成财税制度改革。**说实在的**，财税制度改革的积极作用已初步显示。"（1994《人民日报》）

c. 我最近看过不少地方，有的讲亩产几千斤，上万斤，吹得很厉害。**老实说**，我是有怀疑的。（1994《报刊精选》）

d. 是公司委托她去还是她趁探亲捎带着办？咱**实话实说**，这也是关系到钱的问题。如果是公司委托她去，那路费、劳务费、食宿、翻译什么的也不少钱呢。（《遥远的救世主》）

e. 我也害怕。**说真的**，自从先兄经国下世后，李登辉上台，我就感到日子不好过。（《宋氏家族全传》）

f. 俺是这铁岭城的游击官员。也**不瞒你说**，只要姑娘一句

话，就能让你脱离这人间虎口，去享受天堂生活。（李文澄《努尔哈赤》）

　　g. 我这次来，不敢惊动县委，**实不相瞒**是私事。我在贵县有一个老同学，是我的……对象，呃，未婚妻。（石言《漆黑的羽毛》）

　　例6）中，a 句通过"说实话"强调情绪"紧张"；b 句通过"说实在的"解释当前事件"赞成改革"的原因是"积极作用已经显示"；c 句借助"老实说"对"亩产几千斤、上万斤"强调评价"我是有怀疑的"；d 句通过话语标记"实话实说"将话题细化、集中到"钱的问题"上；e 句通过"说真的"进一步强调"我害怕"的情绪，解释"感到日子不好过"的原因；f 句"我是官员"是前因，后果是"我能让你脱离虎口"；g 句"我这次来"是主语，"实不相瞒"强调谓语"是私事"。总之，话语标记所引入的话题都与前一主题密切相关。

（二）非关联话题

　　言者使用话语标记为了结束前一话题，不再在前一个话题域中继续讨论，而是开辟一个新话题、陈述新事件、做出新结论或评价。例如：

　　7）a.①湖南老家一位乡长朋友来京办事，问其新年伊始有何新打算。这位乡长没有正面回答，却作无可奈何状，对记者摇摇头说："**说实话**，②我还真有点怕过春天。"（刘鲜日《乡长缘何"怕"春天》）

　　b.①老师，您这样相信我，实在感激不尽。**说实在的**，②我对文学课特别喜爱，对作家这个职业，也十分憧憬。祖国独立后也许选择文学的道路。③可是老师，我们是被人家霸占了祖国的亡国民族的子弟。我父亲为光复祖国奔走一生，在苦难中去世了。我决心继承父亲的遗志，将来献身于独立斗争。（1994《作家文摘》）

　　c.①行啦，你怎么说话就那么肉麻？我什么话都能听就是不爱听漂亮话。我这并不是为我。②**老实说**，我比你过得好，也比你经得住事儿。（王朔《我是你爸爸》）

　　d.①白嘉轩情急之下就拉下脸说："二位忙你们的公务，我失陪了。"说罢就走。②田福贤跑上前来堵住说："嘉轩，**实话实说**

吧！有人向县府告密，说你是起事的头儿。我给史县长拍了胸膛，说你绝对不会弄这号作乱的事。"（陈忠实《白鹿原》）

　　　e.①望着老者渐渐走远的情景，我看到了一个求知不辍者的形象。②**说真的**，书店的确是个陶冶性情的地方，在这里"泡"一会儿，即使不买书，也可以感受到现代文明的气息，体味到追求知识的乐趣，令你流连忘返，乐不思蜀。（《人民日报》1995）

　　　f."①爱，哪会有这样冷静的分析，哪能这样称斤论两。**不瞒你说**，②我结过一次婚"，我把跟那陕北姑娘的前前后后告诉了她。（张贤亮《肖尔布拉克》）

　　　g.①俞公子果然是一团正气的上品人物！**实不相瞒**，②你要是色迷心窍，碰我的身子一下，我这把匕首就刺进你的胸膛。（刘绍棠《狼烟》）

　　例7）中各句话语标记后都是开启一个新话题，比如，a句通过"说实话"回避①的问题"新年有什么新打算"，开启另一个看起来不相关的话题②"怕过春天"；b句用"说实在的"结束旧话题①"感谢老师"，开启新话题②"我喜欢文学"作为前提，语义重点在于转折后的②"但是我将来要献身于斗争"；c句②用"老实说"开启新话题"我比你过得好"，做出新评价"我比你经得住事儿"；d句②用"实话实说"开启新话题，阻止①的行为；e句②开启"书店"的新话题，结束了①对老者形象的描写；f句用"不瞒你说"结束旧话题①"爱不能称斤论两"，开启新话题、陈述新事件"我结过一次婚"；g句①是赞扬，②是威胁，毫不相关，"实不相瞒"标记了言者真正的语用意图是②：威胁。

　　综上所述，"说实话"、"说实在的"、"老实说"、"实话实说"、"不瞒你说"、"实不相瞒"、"说真的"这七种元话语标记，其语用功能在于，言者借此强调真实性语义，包括强调命题语义的真实性，强调对人、事物、行为、现象的特征评价和认识的真实性，强调言者个人的情感、态度、立场的真实性；或者强调话题转变，开启一个新话题，新话题信息的介入导致言者的语义重心发生转移，言者借助话语标记提醒听者，关注和重视新话题信息。

第三节   "我告诉你"：增强施事语力①

Austin（1976［2002：94］）从行为角度研究语言，把语言的使用视为一种行为，一个完整的言语行为可以抽象出三种行为：说话行为（locutionary act）、施事行为（illocutionary act）和取效行为（prelocutionary act）。在这里，我们研究的既不是话语的产生是否合乎语法规范，即说话行为；也不关心言者说出的话语到底对听者造成了怎样的影响，即取效行为。我们所关注的是言语行为中的施事行为，也就是说，在具体语境中，言者使用话语产生了怎样的言语行为力量，言者使用了哪些元话语增强了言语行为力量。

现代汉语中常用的增强言语语力的元话语有"我告诉你"、"我跟你说"、"你听我说"、"你听着"、"你记住"、"你给我听着"、"你给我记住"等。董秀芳（2010）认为"我告诉你"是从结构完整的小句习语化后的话语标记，有很多变体形式。用在口语特别是对话中，表示强调话语功能②，英语中的"I tell you"和古代汉语中的"吾语汝"也有类似的话语标记功能。

这一类元话语具有一定共性：言者的主观意愿十分强烈，强调自己所说的是正确、重要或者有利于听者的，让听者以自己的意见和观点为重，希望或者命令听者完全听从自己的意愿。这类元话语使祈使、要求、命令、提醒、警示等言语行为的力量大为增强。

这些元话语的语用功能趋同，但在某些语义功能上有语气和强调程度不同的区分："我跟你说"、"你听我说"是祈使语气，"你听着"、"你记住"是命令语气，"你给我听着""你给我记住"是警示语气，"我告诉你"的语气复杂一些，既可以是中立的陈述事实，也可以表达训诫语气。这三种语气也直接影响到强调程度的轻重。具体来说，这一类话语标记的

---

① 说话行为指的是言者说出合乎语言习惯、有意义的话语；施事行为是指在特定的语境中赋予有意义的话语一种言语行为的力量（illocutionary force），也叫作语力；取效行为指的是说话行为和施事行为在听者身上所产生的某种效果。

② 董秀芳（2010）认为，话语标记"我告诉你"的功能根据其后引进话语的语义内容分为以下几种类型：1）提供重要信息，郑重告知；2）重申某一重要信息；3）发出某种指令；4）提出警告；5）提醒听者注意某一事实。

语用功能分别表现为三种：一是强调言者或话语的权威性；二是言者发出指令，强调听者一定要接受、遵守；三是言者对听者警示事态的严重性。

一　强调训诫

"我告诉你"、"我跟你说"、"你听我说"、"你听着"、"你记住"都能用于强调被社会成员和社会环境广为承认、普遍接受的格言、道理或现象。言者借助真理颠扑不破的效应加大自身的语力，加强话语的说服力，强调自身话语是正确的、经得起检验的，用以提醒、规劝和警示听者。言者也可以郑重告知、强调言者认为最重要的信息，这包括社会规约性常识、个体经验、主观立场或个人评价。

（一）社会规约

8）a. 可是，**我告诉你**：自杀是弱者的行为呀！　　（鲁迅《起死》）

b. 曾俚，我也觉得这事不该发生。但**我跟你说**，官场中人的思维方式就是面对现实处理问题，别的以后再说，甚至永远不说。（王跃文《国画》）

c. **你听我说**，凡事都有个定规，忠是对明君，孝是对慈长，仁是对高士，义是对良友，要是这世上再见不到明君慈长高士良友，那这忠孝仁义还有什么用处呢？（尤凤伟《石门夜话》）

d. **你听着**，凡不是自己劳动挣来的，一个铜板也烫手。（余华《现实一种》）

e. 这几天我替你想过了，**你记住**，不是用笔，是用脑子，作为一个军人，特别一个中高级领导干部，婚恋永远要讲政治。（方南江《中国近卫军》）

例8）a 句—e 句都是言者通过话语标记引出格言式话语，通过格言的力量训诫、规劝听者。格言的正确性和科学性已经广为接受，结合话语标记，有一种不容置疑、不容否认、拒绝的强调意味，语力很强。

具体而言，a 句用"我告诉你"训诫听者"自杀是弱者的行为"这一具有共识性的、社会规约性的命题，让人无法反驳；b 句用"我跟你说"直言规劝听者"官场中人的思维方式就是如此"；c 句用"你听我说"劝诫听者"忠孝仁义只对明君、慈长、高士、良友";d句用"你听着"训诫听者"不是自己挣来的钱烫手";e句用"你记住"训诫听者"婚恋要用脑子,中高级领导干部婚恋要讲政治",符合社会主流价值观,听者即使不同意言者,也不好反驳。

(二) 个体经验

除了采取格言式的命题,言者还可以把个人经验、认识、立场和盘托出,是一种个体之间的传授和规劝,语力弱于前者。正因为话语语力不够,言者需要借用话语标记强调语义重点。例如:

9) a. 辛楣不耐烦道:"又来了!你好像存着心非倒霉不痛快似的。我告诉你,李梅亭的话未可全信。而且,你是我面上来的人,万事有我。"(钱钟书《围城》)

b. "我跟你说,马缨花是个好女子。"他说,"啥'美国饭店',那都是人胡编哩!真的,你跟她成家吧。你跟她过,是你娃的福气。"(张贤亮《绿化树》)

c. 真的,你听我说,省里开始调整工业布局,压缩基建项目了。今天省工作组开座谈会,收集了不少反映,看来"南化"得下马。(吕雷《火红的云霞》)

d. 她将菜刀送回山峰手中。"你听着"。她对他说:"我宁愿你死去,也不愿看你这样活着。"(余华《现实一种》)

e. 萧淑妃对她嫡出的皇子素节说,素节,你记住,武昭仪是个害人的妖魅,千万别去理睬那个害人的妖魅。(苏童《才人武照》)

例9) 中,a句"我告诉你"强调"李梅亭的话不可全信";b句"我跟你说"强调"马缨花是个好女子";c句"你听我说"强调介绍言者的个人所闻"南化得下马";d句"你听着"强调言者的个人评价"宁愿你死去也不愿你这样活着";e句"你记住"强调言者的个人认识"武昭仪是个害人的妖魅",这些命题内容全部来自言者的自身体验。

"我告诉你"、"我跟你说"、"你听我说"、"你听着"、"你记住"这五个话语标记表示训诫语义时,反映出言者对听者反应的预设,强调言者所认为的真实情况并不如听者所说、所认为的一样；没有见到"你给我听着"、"你给我记住"这两个话语标记用于此种语境，我们认为这与这两个话语标记常用来表达警示语气有关，在言者表达纠正错误、强调正确语义时，一般不需要使用警示这样严厉的语气。

总之，这一类强调言语语力的元话语，如果引入的命题内容是普遍真理或重要格言，借真理或格言的力量来强调所述话语信息的正确性和权威性，对听者有规劝、训诫作用，有一种"狐假虎威"的效果，强调作用十分有力、突出；如果引入的命题是言者个人的经验、认识和想法，那么言者主要借助话语标记强调自己的看法及其重要性。

二　强调指令

（一）发出命令

命令是言者对听者发出的明确指令，是言者当前话语中最重要的信息，言者为了保证信息的准确性和重要性得以传达，听者能清楚无误地去执行这一指令，使言语效力最大化，言者通常都会在发出命令之前，借助话语标记强烈要求听者即刻关注、开始重视自己的话语，确保听者的注意力完全集中在自己要强调的重要信息上。在这里，言者没有采用"我跟你说"和"你听我说"这两个表示祈使语气的话语标记，我们推测是其语力不够的缘故。例如：

10) a. 苏小姐看战福呆着，拿出一根针，一下子在他脸上扎进多半截："战福子，你哑巴了！**我告诉你**，不准你再去乱说，听见没有？"（王小波《战福》）

b. 窦玉泉严肃地说："这不是开玩笑，这是挽救同志。朱预道同志，**我跟你说**，你同意得同意，不同意也得同意"。（徐贵祥《历史的天空》）

c. 纳兰明慧乘机劝道："你单身在这里，危险得很。你还要做好多事情，犯不着和多铎去拼啊！十个多铎也比不上一个你，**你听我说**，不要去干傻事情！"（梁羽生《塞外奇侠传》）

d. "**你听着**，"母亲的声音和平时一样低，她不紧不慢地对司枫说，"不许挪动它。这套房子，是组织上因为他，照顾给我的。我想挂在哪儿，就挂在哪儿。"（海波《母亲与遗像》）

e. 王兰田说："**你给我听着**。一是认真写一份检查,老老实实地坦白问题。二是准备接受组织处理。"(徐贵祥《历史的天空》)

f. 李茂生说,还有,**你记住**,"从现在起不准离村外出,直到交出全部浮财为止,听见了?"(尤凤伟《诺言》)

g. 冯祥龙叹道:"我有一种很不好的感觉。海霞,**你给我记住**了,别的都没什么,就是我让你记的那些账,一定要统统都给我烧了。"(陆天明《大雪无痕》)

例10) 中话语标记的作用表现出明显的一致,以此强调言者对听者发出指令。指令具有较强的以言行事功能,其言语施事的效力相对来说也比较强。言者为了提醒听者注意自己即将发出的指令,借助强调指令的发出,希望听者能够以实际行动来完成话语的指令。

(二) 给予警示

"你给我听着"、"你给我记住"这两个话语标记在语义上有过分强调的意味,过分强调就带有训示、警告、威胁的语用含义。作为话语标记,如果引入的信息是言者发出的指令,则强调了指令的不可违抗性;如果引入的信息是言者发出的警告,则强调了言者主观态度上认为事态十分严重,必须予以警示以引起听者足够的重视,表示极端强调。除此以外,"我告诉你"、"我跟你说"、"你听我说"这样比较中立、具有祈使语气的元话语,还有"你听着"和"你记住"这样具有指令性的元话语,都能起到警示的作用。

11) a. **我告诉你**,这么乱下去家里准会出事的。你别把我哥哥的家给毁了!(池莉《你是一条河》)

b. 但他却大声叫道:"小尼姑,**我跟你说**,下次你再敢见我,我一刀便将你杀了。"(金庸《笑傲江湖》)

c. 丘惠珠紧紧拉住她,低声道:"不行,**你听我说**,万一她就是杀人魔,我们绝不是她的敌手,此事万万鲁莽不得!"(秦红《千古英雄人物》)

d. 万家愁走到洞口,转过身指着他道:"段天民,**你听着**,三天之内,她们几个若是少一根毫毛,我绝不饶你!"(司马翎《摘星手》)

e. 梁必达，**你给我听着**，从现在起，我们再听到反映你喊陈墨涵的部队是白匪，我就撤你的职，你去当白匪我也不反对。（徐桂祥《历史的天空》）

f. "罢了，起来吧，**你记住**，下不为例。即便你是皇妃娘娘，可你终究是我林家的女儿！"（林南《青云记》）

g. 最后，姐姐急了，说你想怎么着就怎么着吧，反正你也大了别人管不了你了，但是小军，**你给我记住**，你要是当了逃兵，你就不再是我的弟弟，我不想我的弟弟这么没有出息。（王海鸰《中国式离婚》）

例 11）的话语标记主要警示听者不完成指令的严重后果，强调事态的严重性，以引起听者的重视，言语效力很强。

总之，增强言语语力的话语标记"我告诉你"、"我跟你说"、"你听我说"、"你听着"、"你记住"、"你给我听着"、"你给我记住"等，语用功能在于，强调言语行为中的施事效力。具体说来，言者借助此类话语标记或者引入普遍真理以强调自身话语的正确性，用以训诫、规劝听者与自己站在同一立场；或者郑重告知言者认为对听者重要的信息和观点，明确要求听者重视并执行发出的命令，更进一步，强调事态的严重性，警告听者给予足够的重视。

第四节　"X 的是"：明示①双重语义

汉语中表现言者主观评价的话语标记"X 的是"已有若干研究，"X

① 根据关联理论，语言交际实际上是交际者对所处认知环境的再认识和互相明示的过程，是一种明示、推理的认知活动。Sperber & Wilson（1986）认为，"明示"（ostension）是指言者明确向听者表示意图的一种行为；"推理"（inference）则是听者根据言者提供的明示信息，激活相关的认知语境，并且努力寻找其中的最佳关联，推断言者的交际意图，从而获得最佳的交际效果。从言者的角度来说，言语交际是一个明白无误的示意过程，即交际时明确表达出自己的意图；从听者的角度来看，言语交际是一个推理过程，即交际时从言者提供的信息中判断言者的交际意图。这就是言语交际过程的两个方面：明示与推理。"X 的是"明示的就是言者对话语的句子与句子之间、凌驾于命题语义关系之上的高层次的逻辑关系的判断，并将这种逻辑语义关系清晰化、明朗化。

的是 Y"是一种判断结构，表示名词性结构"X 的"与"Y"的语义关系。"X"是 VP 或 AP，这种结构至少有两种用法。例如：

12）<u>第一个给他的提议泼冷水的是</u>陶孟和。（《当代》）

13）<u>可恨的是</u>希克斯、门格尔等人糟蹋了经济学中极为重要的两个概念。（《当代》）

这两例中，"是"表示判断，分别表示"X 的"与 Y 之间的人物等同关系和事件类属关系。但至少有三点差异：一是"X 的"句法性质不同，例 12）中"X 的"充当主语，去掉会造成句法成分缺失，句子不成立。例 13）中"X 的"是话题成分，去掉之后句子仍成立，其客观命题义（"希克斯等人糟蹋了经济学的两个概念"）没有改变，失去的是言者的主观评价义（"……可恨"）；二是"Y"语法类型不同，例 12）是 NP，指称某人（"陶孟和"）。例 13）是主谓结构，陈述事件（"希克斯等人糟蹋了经济学中的概念"）；三是句子语义关系不同，例 12）是单纯判断，例 13）除表判断外，还表示言者的主观评价。

综上，例 12）中"X 的是"没有特殊的话语含义，我们暂不讨论这类结构。例 13）中"X 的是"作为话语标记，其特点是：X、Y 均为谓词性词语；"X 的是"充当话题成分，去掉基本不影响句子的命题意义；突出言者的主观性判断和评价。"X 的是"从概念意义上能够表达言者的主观评价，但语用功能却不在于传递概念意义，因为话语标记一旦删去，基本上不影响话语的整体命题义。

另外，"X 的是"本身的概念意义反映人的主观评价，其语用功能却在于凸显和强调语义内容中的高层次语义关系。所以，与一般表示篇章逻辑关系的关联词不同，"X 的是"具有双重语义：一是逻辑义，功能等同于关联词，表示上下文逻辑语义，可以用关联词语替换"X 的是"检验语义关系；二是主观义，"X"的概念义表示言者的态度、评价或提醒、强调等主观语义。

一　凸显逻辑语义

（一）转折式评价

"X 的是"既表示转折关系，又表达言者的评价义、态度义，转折义隐含于言者的主观评价之中。例如：

14）a.《情与血的抒情》播出了，可拍卖电视机的场面并没出现。**恰恰相反的是**，临近国庆，家家商店都投放一批彩电上市，为此家家店门口都挤着一群群的人打听投放多少台什么牌子，均言罄出去排一通宵队。（方方《白雾》）

　　b. 在这首诗中，他一反过去散文化倾向，注意押韵，讲究韵律，常以叠词叠句来加强节奏，有一种流畅和谐的乐感。<u>可惜的是</u>，他没有沿着这条道路对诗歌创作继续探索下去。（陈孝全《朱自清传》）

　　c. 事实上从一开始她就猜到了梅珊，她懂得梅珊这种品格的女人，爱起来恨起来都疯狂得可怕。她觉得这事残忍而又可笑，完全不加理智。**奇怪的是**，她内心同情的一面是梅珊，而不是无辜的忆容，更不是卓云。（苏童《妻妾成群》）

　　d. 方鸿渐心里咒骂着周太太，今天的事准是她挑拨出来的，周经理那种全听女人做主的丈夫，也够可鄙的了！<u>可笑的是</u>，到现在还不明白为什么周太太忽然在小茶杯里兴风作浪，自忖并没有开罪她什么呀！（钱钟书《围城》）

　　e. 三间大学校长高松年是位老科学家。这"老"字的位置非常为难，可以形容科学，也可以形容科学家。<u>不幸的是</u>，科学家跟科学不大相同；科学家像酒，愈老愈可贵，而科学像女人，老了便不值钱。（钱钟书《围城》）

例14）中的"X 的是"本身具有"相反"、"可惜"、"奇怪"、"可笑"、"不幸"的概念义，去掉它们，话语的命题意义不变。而且，"X 的是"都可以换成"可是、但是"等转折关联词，但这样的话就只剩下纯关联语义，失去了言者的评价义（a 恰恰相反、c 奇怪、e 不幸）和态度义（b 可惜、d 可笑）。以上这五个话语标记自身的概念义各有不同，表达的感情色彩也有消极或中性的差异，但其语用功能表现出一致性：凸显出前后句群的转折关系。

具体来说，a 句中，命题语义是主观预言和客观事实正好相反，话语标记"恰恰相反的是"明示了这种转折，强调逻辑由正到反的转折关系；

b 句前一句 "他尝试了新的创作风格"，后一句 "他没有坚持下去"，话语标记 "可惜的是" 强调了这种从有到无的逻辑语义关系；c 句是句群与句群之间的转折，前一个句群语义是 "她对事物正常的判断"，后一个句群语义是 "她不正常的情感立场"，强调正常转向非正常的转折关系；d 句前一句命题义是 "周太太挑拨是非"，后一句命题义是 "不明白为何如此"，前者叙述结果，后者反问原因，"可笑的是" 强调了从结果到原因的转折关系；e 句句群命题义是 "科学与科学家都能以 '老' 修饰"，句子命题义是 "老科学与老科学家的含义却有褒贬之分"，前后是概括的同和具体的异的关系，强调了由同至异的逻辑转折。

(二) 递进式评价

程度副词 "更、特别、最" 与 "X 的是" 组合使用，附加于形容词前，加深语义，是递进标记。同理，"X 的是" 也可以换成 "而且、并且" 等递进关联词，但只有纯递进语义。例如：

15) a. 这部电影不仅仅要赚钱，**更重要的是**，它本身要成为一部经典。写一个赚钱的电影剧本对于我来说不难，但是要同时达到这两个要求，就不那么简单了。(张云《导演万岁》)

b. 他为人机巧而沉稳，处事圆熟而不失方寸，颇得上下左右各色人等的好感。**特别难得的是**，他对省市那些主要领导的脾气爱好、工作特点、生活习惯、出身背景和政治关系了解掌握得比较清楚，和他们的交往都比较深入。(陆天明《大雪无痕》)

c. 这是一个人生的 "制高点"，呼天成一直牢牢地掌握着这个 "制高点"。就这样，一天天，一年年，他种出了一个 "人场"，**尤其让人赞叹的是**，呼天成的种植是没有时间性的，那是一种长期的效应。只要他活一天，这个巨大的人生磁场就会不停地发挥效应。(李佩甫《羊的门》)

d. 其实别人有的话仅仅是脱口而出，本无所指，她却偏偏要追根究底，**叫人可怕的是**，这种追根究底往往总能把风马牛不相及的话牵扯到自己身上，变成对人身赤裸裸的威胁和诽谤。(王朔《痴人》)

e. "你知道杀人是什么感觉吗？我告诉你，杀人越来越上瘾，但第一次绝对是痛苦的！你会永远记得你的剑刺进肉里的感觉，就好像你自己是被刺的人。鲜血溅到你身上，你会觉得永远也洗不干净，你随时随地都会闻到血腥味，那让你一连几个月都吃不下饭。但这些还不是最痛苦的！*最痛苦的是*，你杀死的第一个人的双眼会永远盯着你，无论你走到哪里，都会注视着你的一举一动。"（阳东《远东皇朝》）

例15）中 a 句"更重要的是"将"电影要赚钱"上升为"电影不仅要赚钱，还要成为经典"，话语标记强调的是递升关系；b 句"张秘书个性深得众人喜欢十分难得"到"张秘书深谙主要领导的习性，与他们交情匪浅，更为难得"，"特别难得的是"强调了递升关系；c 句"尤其让人赞叹的是"将"他种出了一个人场"更进一步"这个人场有长期效应"；d 句"她爱追根究底"到"追根究底变成赤裸裸的威胁和诽谤"，"叫人可怕的是"强调情况变得更糟糕；e 句"最痛苦的事"将后一句的痛苦升级了，强调了痛苦的递进关系。

二　聚焦话题成分

"X 的"是名词性的"的"字短语，"的"作为小句的标句词（Complementizer），通过"提取"方式，建立"的"后成分 Y 与"的"前成分 X 的结构关系，确保"的"后成分与"的"前小句中的一个位置（主语或宾语）相关（石定栩，2008），从而建立起"的"字结构的整体语义关系"X 的是 Y"。提取以后，句子的主语和宾语名词化，前置成为句首话题[①]，引导读者聚焦话题的述题。

（一）总启式话题

言者开启重要的新话题并详细阐述时，需要使听者高度重视新话题并持续关注此后的具体信息，为此通过话语标记将新话题放在了句首，使其成为话题成分。在这种语境中，话语标记强调的是即将引入的新话题的总领地位，与后续信息是总分关系。

---

① 屈承熹（2006：191）指出：第一，话题是篇章概念，主语是句法概念；第二，话题和主语并不互相排斥。话题同时做主语的情况值得注意（过去，人们只是把注意力集中在孤立的、标记十分明显的话题之上，这样的话题明显同主语有别）。

16) a. 皮市长朝女工伸出大拇指，说："你的选择是正确的。我们国有企业的职工面对下岗，<u>最关键的是</u>，要转变就业观，第一，不要以为只有铁饭碗才是就业；第二，不要以为只有进国有大企业才是就业；第三，不要以为只有干自己的老本行才是就业。"（王跃文《国画》）

b. <u>目前成问题的是</u>这几条：沿途高呼口号有关方面没有批准。还有，节前不许放鞭炮，枪毙是不是考虑改绞刑？其实这也挺过瘾的。采景的工作还要抓紧。（王朔《你非俗人》）

c. <u>我认为首先要做的是</u>，先把这俩孩子拆散，不许他们搞到一起。这两个人凑在一起，我就老觉得他们在议论我。有时在课堂上，这两个人远远相视一笑，我就总怀疑我哪个字又念错了。由你作为家长来下命令，我可以考虑把铁军调到其他班去，不给他们混在一起的机会。（王朔《我是你爸爸》）

d. <u>这里应当提到的是</u>，内部言语是在外部言语的基础上产生的，在产生的过程中，出现了一种"自言自语"的现象，著名儿童心理学家皮亚杰把它称为"自我中心的语言"。这种语言表现为三种形式：1. 反复语句：儿童将发音作为游戏，反复发出字音。2. 独语：儿童一边做各种游戏动作，一边说话，自己和自己说。3. 集体的独语：有其他成人或小朋友在场，引起儿童说话，但说话时并不要求别人听见或对答。（方富熹、方格《儿童的心理世界——论儿童的心理发展与教育》）

例 16) 中，a 句言者要开启一个"转变就业观"的话题，并将围绕这一话题具体阐述三个观点，为了使听者关注这一新话题并持续关注后面的信息内容，"最关键的是"这个话语标记概念意义的存在强调了即将引入的新信息十分重要，言者随后围绕新话题展开了三点陈述，确认了话语标记总领话题的地位和强调作用；b 句和 c 句都是言者提出一个总观点并分别陈述细则，为了使听者重视新话题信息，并持续关注后续信息，言者分别使用了"成问题的是"和"首先要做的是"作为引子引出新话题，这个新话题总领其后的局部信息；d 句中言者利用话语标记"这里应当提到的是"开启一个新话题"自言自语的现象"，随后分别具体描述这种现象的三种语言表现形式。

总之，当言者准备开启一个重要的新话题，并围绕此话题陈述较长时间时，为了既引起听者对新话题的关注，又使听者付出尽可能小的努力尽快捕捉言者意图，言者把话语标记当成开启话题的引子，并把引子放在句首当作话题焦点，明示其话题的总领地位，获取听者对总领话题的关注、对后续信息的期待。

（二）补充式话题

话题需要补充和追加信息，反映了言者主观上认为如果不补充新信息，会有以下几种情况出现：1. 言者认为所表达的话语不严密、不完整，或者信息过于简单，会使听者理解错误，这是对听者理解行为的补充。2. 言者认为听者已经正确理解了话语的命题意义，但可能会错误推理，所以言者顺应听者的错误推理，予以纠正。这是对听者推理行为的补充。3. 言者认为听者已经理解了话语的命题意义，但可能会过度推理，所以言者顺应听者的错误推理，予以纠正。这也是对听者推理行为的补充。例如：

17）a. 再加上方雨林的父亲也是个军人。当然，**要说明的是**，方父的职务不能跟丁司令员相提并论。用现在的话来说，方父只是个低级军士。（陆天明《大雪无痕》）

　　b. 通常把标志某一个年龄阶段的心理活动的特质称为年龄发展阶段的心理特征，或简称年龄特征。但**应该注意的是**，当我们使用"年龄特征"这一术语时，只不过是为了表明心理在时间这一维量上的发展，以及年龄阶段与心理发展水平的大致对应关系，而绝不意味着心理发展与年龄存在着因果关系。年龄不是决定心理发展的原因。

　　c. 因此，只要努力丰富幼儿的知识经验，就会对儿童思维发展起到促进作用。**这里应当强调指出的是**，增长儿童的知识经验不能采取硬灌的方式，强迫幼儿学习是不恰当的。（方富熹、方格《儿童的心理世界——论儿童的心理发展与教育》）

首先，例17）a 句言者认为"方雨林的父亲也是个军人"信息很概括，过于模糊，会让听者错误理解为"丁父是军人，方父也是军人，那么双方地位相当"。而实际情况是双方地位悬殊"方父的职务不能跟丁司令员相提并论"。于是言者借助话语标记"要说明的是"强调信息的补充，帮助听者正确理解"方雨林的父亲也是军人"的具体所指。

其次，例17）b 句言者认为，听者能够理解"年龄特征"这一概念，但听者可能会由此推理出"年龄决定心理特征"这一结论，所以借助话语标记"应该注意的是"否定听者可能作出的错误推理"心理发展与年龄存在着因果关系"，强调应该正确理解言者的话语概念。

再次，例17）c 句言者认为"只要努力丰富幼儿的知识经验，就会对儿童思维发展起到促进作用"这一结论，听者一般都能够正确理解。但言者认为，从"只要……就会"这一判断来说，会造成听者从前提到结论的过度推理，即认为任何方法只要满足了前提条件，就能得到这一结论。言者借助话语标记"应当强调指出的是"强调了听者可能作出的过度推理是错误的，引起听者的重视，并予以详细解释，使听者正确理解话语的命题意义。

这三种情况都表明，补充和追加信息对听者完整理解言者的语义、作出正确推理起到至关重要的作用。基于此，言者认为补充的信息是当前表达的重点，需要通过话语标记强调追加信息的重要性，以引起听者对后续信息的关注，最终目的是使听者充分理解言者的话语内涵。这种语境中，话语标记强调追加信息对先前所述话语是一个不可或缺的补充，对话语的正确理解至关重要。

第五节　　"你知道 X"：聚焦信息状态

"你知道 X（X 代表后缀词'吗、吧、的'或空位）"话语标记与言语交际双方共有的背景信息有关，这四个小句都强调交际双方的背景信息，但是所强调的信息状态不同。具体而言，"你知道吗"是言者把新信息引入成为双方的共有信息，新信息的引入一般都是句子的焦点；"你知道吧"是言者激活双方已知但可能"休眠"的、旧的背景信息；"你知道/你知道的"是言者先强调双方共知的背景信息，或者引入听者不知道但必不可少的背景信息，便于听者在背景信息的基础上更好地理解话语。

因此，"你知道 X"强调了信息状态的转换，这与参与框架①相关联，

---

① 参与框架：Schiffrin（1987）提出了话语连贯模式，这个模式包含五个层面：意念结构、行为结构、交谈结构、参与框架、信息状态。她把听说双方的关系以及他们个语句的关系界定为参与框架，把听说双方的有关知识和元知设定为信息状态，这两个层面也是话语的语用层面。

使听者的注意力集中在言者提供的背景信息框架上，并建立一个互动性的焦点。在言语交际中，听者要理解言者的意思必须依靠相关背景知识，言者要使听者了解他的意思，必须预估听者是否具备或具备多少相关背景知识，这些背景知识既可能是双方共有，也可能是社会团体共有，或是言者单独所有。听者可能具备，也可能不具备这些知识，那么听说双方在交际中可能出现四种信息状态：

一、言者知道听者具备了这些知识；

二、言者知道听者不具备这些知识；

三、言者不知道听者具备了这些知识；

四、言者不知道听者不具备这些知识。

这四种信息状态会影响言者的元语用意识（metapragmatic awareness）①，考虑到读者的知识、理解能力、语篇经历，言者会根据交际的需要调整语言形式。

一　强调新信息、新话题

"你知道吗"是一个言者和听者共同参与对话的话语标记，用来强调后续的新信息。首先，言者假设该信息对于听者来说是未知的，即言者认为听者可能不具备这个背景知识，听者不知道而又非常重要，不能平铺直叙，必须将其凸显出来，引起听者的重视和注意，所以以一种疑问句的形式"你知道吗"引入。其次，听者一定会对"对话中需要，可是自己竟然不知道"的信息高度重视，吸引听者的注意力，增强听者对后续信息的期待，因为人们总是对自己不知道的新知充满期待与好奇。这就达到了言者引入新信息、强调新信息的目的。最后，言者引入的新信息可以分为三种类型：客体知识、个体感受和个体行为。

（一）客体知识

18）a. 母后的眼睛里流露出一种欣悦的光芒，她说，**你知道吗**，

---

①　元语用意识（metapragmatic awareness）是交际者在交际中选择语言、作出顺应时表现出来的自我意识反应。元语用意识对语言选择的指导和调控作用最终会在语用层面上得到表现。由于对于不同的语言选择，元语用意识作用的程度也不一样，它们在语用层面上留下的"语言痕迹"（linguistic traces）的明显程度也会不同。

朱雀苍龙白虎玄武同为天上四灵，如今凤凰刚刚飞去，朱雀又下凡于宫中，这是百年罕见的大喜之兆呀。（苏童《才人武照》）

b. 你一个军分区政委，下连队去当兵？你这是让连长听你的呢？还是你听连长的？老一营的训练对于你来说有多难挨**你知道吗**？操课地拼刺训练你又打算找谁当靶子呢？或者你是能挨住蚊虫叮咬，披草挂树皮的待在林子里一天一夜？你要是跟我说，你能受得了，我立刻就同意！（枪托《热血长城》）

c. 老婆子，我讲的是日本人的故事，**你知道吗**？日本有个地方的村落，流行一种习俗：年纪老迈的人活到七十岁就得到山上去。（梁凤仪《我要活下去》）

例 18）中言者考虑到听者可能不具备相关的客体背景知识，所以借用"你知道吗"为话语引入新信息充当背景知识，以便接受者理解：a 句中言者认为听者很年轻，不可能知道"凤凰飞去、朱雀下凡"这百年罕见喜兆的寓意，b 句中言者认为听者作为军队高级干部不了解、也无法承受军营训练士兵的艰苦生活，c 句中言者认为听者作为一个老婆子不可能知道日本村落的习俗。

（二）个体感受

19）a. <u>你知道吗</u>，我多么想抓住这青春还没消尽的岁月，哪一天跑得远远的，和你一样，做自己想做的事，穿自己想穿的衣服，逛自己想逛的大街，吃着羊肉串看戏似的观赏一个疲于奔命的餐厅老板的人生！（池莉《你以为你是谁》）

b. <u>你知道吗</u>？就在我的手沾到那个钢架上时，我的双腿就感到一阵又一阵地发软。我实在怕，怕脚一着地，我整个人就会崩溃，掉在地上像一摊烂泥似，怕连你见着了我，也不屑走前来舔我的脸。失败者是很讨人厌的，不是吗？（梁凤仪《我要活下去》）

例 19）中，话语标记在句首，话语标记之后完全是新信息，但已经不是帮助听者理解话语的背景信息，而是新话题。言者所述是私人心愿（a 句）和个体感受（b 句），对方不可能了解、体会。所以，言者为了倾诉个人感受，并希望听者重视自己的倾诉，就以"你知道吗"这样的疑问句引入一个全新话题，引导听者以足够的注意力倾听言者的心声。

（三）个体行为

20）a. 她有些气喘地说：乔念朝，你两年前和方玮姐就在这儿。<u>你知道吗</u>？你们呆了多长时间，我就哭了多长时间，我记得两条擦泪的手绢还扔在这儿呢。（石钟山《大院子女》）

b. 谭旭东对文学可以说是如痴如醉，整日构思文章，见我就说："韩寒，<u>你知道吗</u>？我写了一篇关于你的文章。"见一次面说一次。（韩寒《零下一度》）

例20）中的言者认定听者一定不知道自己将要述说之事，因为那是言者的个体行为，对方不可能知晓。那么，言者大可以将"对方不知道、又想告诉对方"之事直接告诉听者，为何使用"你知道吗"作为引子？在这里，"你知道吗"这个标记形式是否行使真值语义功能呢？也就是说，言者是否真的对听者是否知道这件事有疑问呢？情况并非如此。

a句中听者"乔念朝"一定不知道言者"我哭了很长时间"，因为听者"乔念朝"当时和"方玮姐"在一起；b句中听者"韩寒"一定不知道言者"谭旭东"给自己写了篇文章，所以，言者不会真的对一个不知情的听者询问是否知道自己私下的个体行为。言者使用"你知道吗"开启一个新话题，希望听者对此感兴趣，引导听者重视言者的新话题内容。不同的是，例21）是言者想要听者重视个人感受，例22）是言者想让听者重视个体行为。

综上所述，"你知道吗"的语用功能已经不是询问，而在于提醒听者注意旧话题某方面的新信息，或者言者准备开始一个新话题，这个新信息或新话题内容是听者不可能知道的。所以，要使听者的注意力和兴趣点集中在言者将要叙述的这个新话题之上，并以此来确立言者作为事件主讲者的地位，对要引入的话语内容作预先凸显和强调。"你知道吗"表明话语交际过程中听说双方处于第二种信息状态：言者知道听者不具备这些知识，所以，借用标记语"你知道吗"引起听者的好奇与关注，引入、强调新信息。

二　强调理解、互动过程

（一）激活信息

"你知道吧"的语用功能与"你知道吗"类似，它们都能引入一个新话题，听者会比较重视新话题，新话题也会成为谈话的焦点。但是，与"你知道吗"不一样，"你知道吧"引入的新信息通常是言者认为、假设听者已经知道、较为熟悉、容易理解的信息，听者至少知道、听说过、有印象。例如：

　　21）a. A：陆同志，<u>你知道吧</u>，一个女人救了我这条命。

　　　　　　　B：听宋玉珂讲过，好像救你的是个中医的女儿。（邓友梅《别了，濑户内海!》）

　　　　　　b. 再见，小萍实际上，我也许再也不会见到你了，但我永远记着你——我少年时期的伙伴。<u>你知道吧</u>，我现在就立在这棵我们曾共同喜爱的杏树下——你为我补过破裤子的地方，向你致遥远的祝福。（路遥《生活咏叹调》）

例21）a 句中言者认为听者知道"一个女人救了我的命"，并且在其后的对话中听者也印证了这一点"听……讲过，是个中医的女儿"；b 句中，言者认为听者知道我现在站立的这棵树的方位："你为我补过破裤子的地方"。

　　22）a. 他笑嘻嘻地道："施比受更有福，<u>你知道吧</u>。昨晚金海恬走秀的照片想必你有，洗一份给我。"（简璎《爱意乱飞》）

　　　　　　b. 小言把身子凑近镜子，仔细地左右检查一遍，然后回头中气很足地对沪妮说："化妆是一种态度，是一种状态，不纯粹是为了好看，<u>你知道吧</u>。"沪妮笑笑，不置可否。（金子《时间灰烬》）

在例22）中，a 句的"施比受有福"和 b 句的"化妆是一种状态，不纯粹为了好看"，应该是社会成员共同具有的普遍常识，所以言者认定听者也具备这些背景知识，并通过"你知道吧"强调听者应当知道，应当具备此类知识。

23）a. 妻子有腔有调地说，"上有政策下有对策，文件不如规定，现在地方分房**你知道吧**，不是想办法给你分，而是想办法不给你分，你不在这谁给你分。"（麦家《军事》）

　　　b. 他给她讲起遥远的四川："四川有个著名的泥塑展览《收租院》**你知道吧**？是控诉大地主刘文彩欺压农民的，团里准备把这个泥塑展改编成舞剧，舞剧《收租院》，派我去四川观摩，回来好进行编导。这不是一般的编导这是政治任务，政治任务你懂吧？"她不懂什么政治任务，好像在哪儿听说过刘文彩，收租院，但她对这些不感兴趣，只关心他什么时候回来。（铁凝《大浴女》）

例23）a句中言者妻子并不知道听者丈夫是否了解地方分房的情况，但是妻子从主观上认定并强调了这一知识丈夫应当具备，否则无法继续讨论地方分房的具体情况"不是想办法给你分房，而是想办法不给你分房，你不在这儿没人给你分房"；b句中言者也不了解听者是否知道"四川著名泥塑《收租院》"，从"她不懂，好像在哪儿听说过，但她对这些不感兴趣"这一反应看，听者也许听说过，但并不熟悉、不了解、不感兴趣，不想讨论。但是，言者从主观上认定听者必须重视"四川著名泥塑《收租院》"这一信息，它是话语的起点，否则后续话题"改编成舞剧、派我观摩编导、政治任务"就都无法继续下去。这两例都有一个共同点，言者为了确保话题延续，通过"你知道吧"引入新信息作为言语交际必须具有的背景，加以强调，确认听者获知、让其了解，从而完成交际。

综上所述，"你知道吧"的语用功能在于：言者在引入新话题时，已经假设听者对背景信息有所了解，但在当前交际环境中，背景信息处于休眠状态，或者听者可能对这一信息所知比较模糊。属于第一种信息状态，即"言者知道听者具备某种知识"。由此，听者在引入新信息之前使用"你知道吧"，将处于休眠状态、模糊不定的背景信息激活为当前状态，使激活后的背景信息在当前言语交际中成为焦点信息，使听者借助焦点信息理解言者的后续话题。

（二）引导互动

"你知道（的）"的语用功能与"你知道吧"类似，都是引入新的背景信息。但有所区别的是，虽然同样是背景信息，言者使用"你知道（的）"时，并没有预测此信息的可及性高低，而是确认此背景信息听者必须拥有、必须接受，或者通过话语标记让本不知情的听者参与到对话中来。言者使用这一话语标记，用于强调背景信息是双方共同拥有的信息，它们可以是同一文化、同一社会团体中成员普遍认同的常识性知识；也可以是言者确定听者肯定了解或已知的信息；也可以是言者明明不太清楚听者是否了解背景信息，但是为了强调背景信息，先通过"你知道（的）"强迫听者将背景信息变为双方已知的共有信息；还可以是言者明明知道听者不太了解背景信息，但是受礼貌原则的限制，使用"你知道（的）"使听者接受这一背景信息。例如：

24) a. A：你不能看着我说话么？你盯着暖瓶说给谁听呢？

B：这个……<u>你知道</u>，我们都已经过了一见钟情的年龄。（王朔《我是你爸爸》）

b. 段莉娜说："不懂我可以学，<u>你知道</u>我学东西是非常快的。北京贺汉儒那儿我亲自去给他说。"（池莉《来来往往》）

c. 鸿渐口吃道："他临走对我说，假如我回家，而你也要回家，咱们可以同走。不过我是饭桶，<u>你知道的</u>，照顾不了你。"孙小姐低头低声说："谢谢方先生。我只怕带累了方先生。"（钱钟书《围城》）

以上三例中，"你知道（的）"表现出言者的强迫式言语行为，即言者强迫听者必须接受自己所说信息作为背景信息，即使言者不知道或者知道了没有遵循。a 句中"一见钟情的年纪"是社会成员普遍认同的常识，言者用"你知道"把"我们都过了这个年龄就不应该再做此类事情"的用意强加于听者；b 句中言者使用"你知道"把"我学东西非常快"这一情况变成听者必须知道的事实，强迫听者接受言者"不懂可以学"；c 句听者"孙小姐"也不一定知道、相信言者"方鸿渐"照顾不了别人，但是言者使用"你知道的"强调听者在这一背景下的共同参与身份，并把"我照顾不了你"确认为听者必须接受的既成事实。

25) a. A：还在倒腾买卖？他那个人挺逗。

B：他不太干了。嗯，**你知道**他能写几笔，正在写小说呢。（王朔《浮出海面》）

　　b. 康伟业说："你的话有道理，可**你知道**我他妈就是吃不下饭，没有胃口，人生这游戏不好玩，没有什么意思啊。"（池莉《来来往往》）

以上两例，去掉"你知道"不会对句子产生任何影响，貌似更加通顺，都是言者在向听者陈述事件。这两例中"你知道"后的情况都是听者"不知道"的信息：a 句中听者以为"他还在倒腾买卖"，其实"他正在写小说"；b 句中听者不可能知道言者的个人感受"吃不下饭，没有胃口，人生没有意思"。所以，与"你知道吧"相反，言者使用"你知道（的）"不是强调、确认对话中需要的背景知识，反而是反向确认对方不知道的背景知识，将完全不知道这一情况的听者囊括于会话主题中，使对方由于这一补全策略产生参与感，使听者带着参与感给予话题更高的关注度，也是言者提高、凸显话题关注度的一种策略。

由此，"你知道（的）"作为引入背景信息的话语标记，其语用功能不在于强调信息本身，而在于通过引入背景信息强调听说双方的参与身份，使听说双方分享共同的已知信息，使言谈双方具有同一立场，能更容易、更好地理解言者的主观意图、达成一致共识。

总的说来，在叙事中，"你知道 X"将听者看作叙事的参与者，经常伴随针对情节的内部评价事件和针对叙事的外部评价事件；"你知道 X"作为信息参与标记，其作用就是为了强调、激活听说双方共有的知识（无论其共有的知识是否通过话语标记而建立）作为背景信息，强制听者必须接受当前背景信息，或者使听者参与到对话中来，强调背景信息在言语交际中的重要地位，并且在这个过程中实现了信息状态的转变。

小结

总的来说，表达强调意义的元话语标记分别表现为言者中心（强调言者对篇章信息的组织）和听者中心（强调两者的互动和听者的参与）。图示如下：

```
                        ┌─────────────┐
                        │  话语标记式强调  │
                        └──────┬──────┘
              ┌────────────────┴────────────────┐
     ┌────────────────┐              ┌────────────────┐
     │    言者中心      │              │    听者中心      │
     │(Speaker-oriented)│              │(Reader-oriented)│
     └───────┬────────┘              └───────┬────────┘
       ┌─────┴─────┐                   ┌─────┴─────┐
  ┌────────┐ ┌────────┐          ┌────────┐ ┌────────┐
  │ "说实话" │ │"我告诉你"│          │ "X的是" │ │"你知道X"│
  └───┬────┘ └───┬────┘          └───┬────┘ └───┬────┘
   ┌──┴──┐    ┌──┴──┐            ┌──┴──┐    ┌──┴──┐
```

| 强调真实语义 | 强调话题转换 | 强调训诫 | 强调指令 | 凸显逻辑语义 | 聚焦话题成分 | 强调新信息 | 强调互动过程 |

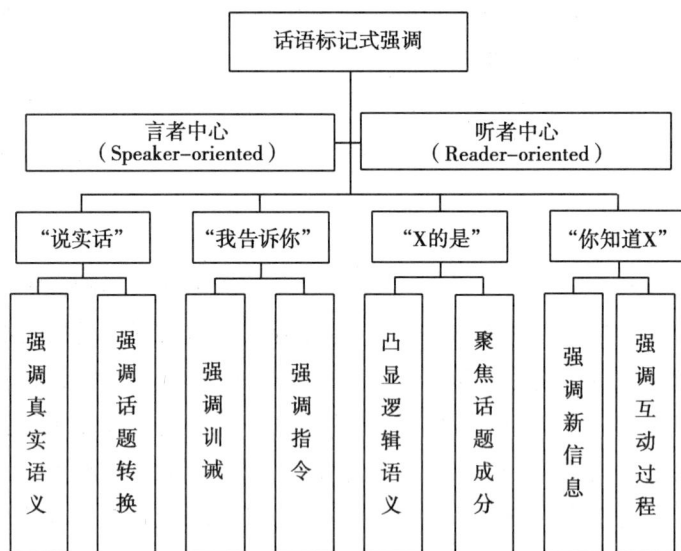

图表 3.5　话语标记式强调体系

第四章　句子的语序强调

张世禄（1940）"凭语序而建立范畴，集范畴而构成体系"的提法，使语序在语法研究中的地位提到了极高的位置。金立鑫（1988）认为语序研究与词语的选择限制研究构成了汉语语法的基础，是汉语语法的两条主线。刘丹青（1995）总结出人类语言的语用手段共有七种：语序、省略、指代成分、焦点重音、句调、语用虚词、式形态，汉语语序是最常用的语用手段。

语序是语言单位排列和出现的先后顺序，是一种重要的语法形式，语序（或称词序）的问题并不是某一种语言所特有的现象，每一种语言的语序都有其各自特点。印欧语系的语言由于有比较丰富的词的形态变化，很多语法意义不是通过语序而是通过形态变化来实现的，因此语序相对来说比较自由。而汉语由于缺乏印欧语系的语言那样的形态变化，很多语法意义要通过语序表示，汉语的句子类型往往通过语序来展现，汉语语法学界历来也很重视对语序的研究。

语序研究可以分为三个相关层次：语言类型的固定性语序、句法结构的习用性语序、语用表达的可变性语序，由此涉及多个语言层面的单位排列：构词层面的语素间的语序、句法层面单词短语间的语序、篇章层面的句子间的语序。由于汉语语序的组合不仅表现在抽象的结构上，而且也体现在具体的句子上，汉语语法学界历来多注重对汉语固定语序的研究。

本章研究表示强调意义的语序问题，强调是语用平面的语义范畴，在句法平面也有表现。在句子层面，语序强调是言者为了强调和突出某一句子成分而改换常规位置所造成的语序变化，如主语和宾语、状语和补语互换位置等。这些语序变化最终表现为一些固定的，或临时性的句法结构，从句法结构入手，我们试图找出语序变化如何凸显言者主观性，如何实现强调这一语用功能。

第一节 语序的性质与特征

语言是符号组成的系统，语言符号的特点之一就是具有线性（linearity）特征，语言单位是按照一定顺序排列的。范晓（2001）指出，语法现象里实际存在着两种线性序列：第一种序列是各种语法单位的排列词序，即"单位序"。语法单位体系中的语素、词、短语、分句等分别出现在比它们更大的语法结构体中时，都存在排列次序问题。第二种序列是语法结构体（主要指短语或句子）内部各种结构成分的排列次序，即"成分序"。张谊生（2013）将汉语线性排列语序分为两个大类：句法序和句子序，前者构成短语，后者构成句子；句法序可以自由进入句子，句子序不能随意转化为短语。两者是相对的、互补的：抽象的句法序可以用于交际，具体的句子序也会逐渐语法化。

在此基础上区分两组概念："语序与词序"及"三个平面的语序"。前一组是后一组概念的基础，即在哪一个层面上讨论语序；后一组概念界定了所讨论语序的范围。在确定"语序"内涵、范围的基础上探讨表示强调意义的语序形式，即什么样的语序变化反映言者的主观强调意图。

一 语序与词序

汉语语法研究的有关文献存在着"词序"和"语序"混用的情形，其实词序和语序不尽相同。具体表现在：

第一，从英文译名看，"词序"是"word order"，"语序"是"constituent order"。

第二，从内涵上区分，狭义的词序是指语法结构中词的排序。广义的词序是指语法结构中语素、词、短语、分句的排序，即"单位序"或"句法序"。"语序"则指的是语法结构内部结构成分的排序，即"成分序"或"句子序"。

第三，从性质上说，词序是语法单位（或词语）的序列，语序是结构成分的序列，两者属于不同层面。

两者之间既有区别，也有联系。两者间的区别表现在，词序改变，但语序不一定改变。举例来说：

1) 狗咬猫

　　猫咬狗

　　"狗"和"猫"的词序发生了变化，但是两个结构的语序是相同的：句法层面，其语序是主—动—宾；语义层面，其语序是施—动—受。

　　两者之间的联系表现在，语法结构中词序的变动往往会引起语序的变动，语序的变化也通过词序的变化来实现。例如：

2) 我喝过**这种汤**了

　　我**这种汤**喝过了

　　这种汤我喝过了

　　"这种汤"在结构中的位置发生变动，词序发生改变，直接导致了"这种汤"所充当的宾语成分位置的变化。句法层面上的语序分别表现为：主—动—宾，主—宾—动，宾—主—动。这一例中词序的变化导致了语序的变化。

　　本章讨论的语序是句子层面上的语序，即句子内部成分的顺序，主要以句法成分（主语、宾语、定语、状语、补语）为单位，不讨论句法结构中词的排序（即词语单位的序列）。句法成分虽然也可以由单个词直接充当，但更多场合是由若干词组成的短语充当。而且，句子层面的语序研究有时还涉及分句之间的顺序，这就是更大单位的顺序了。所以本文所讨论的语序是"成分序"，是句子成分与句子成分之间位置的变化所引起的语义、语用的主观性差异。

二　三个平面的语序

　　文炼、胡附（1984）认为，语序并不是一种语法手段，语序包括语法的、语义的和语用的，这三者既有区别，也有联系。句子以句法结构为基础，但句子并不等于句法结构。句子往往在句法结构的基础上有所增添（增添外位成分、独立成分），有所变化（如倒装或省略）。

　　具体来说，句法层面上的语序问题，是指不同的语序代表不同的句法结构，它包含了两层意思：一是语序是语言单位的序列，不是具体的词的序列，尽管在排列的时候是以具体的词出现的，但它们代表的是功能类别的序列。例如，"好心情"和"心情好"，前者是形+名的序列，表示偏正关系；后者是名+形序列，表示主谓关系。二是语法手段是用来表示语法意义的，例如，形+名序列常表示偏正关系，名+形序列常表示主谓关系，这些关系意义属于句法意义。

语义层面上的语序问题，是指不同的语序代表了不同的语义关系，这种关系不同于语法结构关系，句法结构关系是词语和词语之间的关系，即符号与符号之间的关系。而语义关系是词语和客观事物之间的关系，即符号与内容的关系。例如，"我找他"和"他找我"，"我"和"他"的语序变化，使前后两句的施受关系正好相反。施受关系是一种在结构中表现出来的意义，因为孤立的词不存在施事和受事的区分。

语用平面上的语序问题，是指不同的语序代表了不同的语用意义，即语序的变化不改变原有的句法和语义结构关系，只是带来了语用意义的变化。如"你来了?"和"来了，你?"的语序变化没有造成句法、语义结构的变化，也没有改变句子意义，只是带来了语用意义的变化，从不带感情色彩的一般性问话，通过主谓异位将谓语提到句首成为句义焦点，强调"来了"这一动作的发生。

综上所述，本章考查动态的、使用中的语序，即以句法和语义的语序为基础，描写汉语的语序在语用中发生的变化，探讨变化所凸显和强调的部分是如何反映言者的主观性，包括临时性的语用易位结构和发生语义异指的句法异位结构。

第二节　焦点位置和焦点成分

张国宪（2006：305）认为有两种诱因导致词语的句法异位[①]：一是语言的演变，二是言者的语用动机。这两个方面的原因都很重要。论及由于言者主观的强调意图而发生句法异位的情况，最根本的原因在于，句子内部各成分位置表义强度的不均衡性。这其中有两层含义：一方面，汉语句子结构中各句法成分表义的地位不一样。在句子内部，不同的句法成分表达的信息强度和受到关注的程度存在着很大差别。另一方面，句子虽然是语言单位线性顺序的排列，但如果每个句法成分位置的地位完全相等，

---

① 词语的句法异位是指在句子的真值语义不变的前提下，某词语可能实现的句法位置。

那么所有句子都是平铺直叙的，没有语义重点，也没有信息的强弱之差，根本无法满足人们不同的交际需求。

一　焦点句法位置

有的句法成分位置的信息强度高，受到的关注多；有的句法成分由于受句法位置影响，表达的信息强度低，受到的关注少。有的句法位置所表达的信息是语义焦点，有的句法位置所表达的信息是语义背景。所以，当言者有意要强调某个信息，而这个信息在句中的句法成分恰好处在信息值低、受关注度弱的句法位置，为了表达的需要，言者必须调整这个信息成分的句法位置，使其离开信息值、受关注度低的句法位置，移位到高信息度、强关注度的句法位置，实现语用意义和语言形式的一致性和协调性。

举例来说，相对于其他句法位置和句法成分来说，有一些句法位置和句法成分受到的关注度、表达信息的强度比较高，也往往成为强调语序结构产生的内在原因。我们把这些句法位置叫作焦点位置，焦点就是句子中的重要、突出、强调的部分，焦点位置就是句子内部信息值高、受关注度高、用以突出和强调语义或语用重点的句法位置。

一个句子的焦点是句子的语义重心，张伯江、方梅（1996）把句末成分称为常规焦点，刘丹青、徐烈炯（1998）将其称为自然焦点，指的都是同一个概念。句子的自然焦点是言者赋予信息强度最高的部分，它以小句的其余部分为背景。自然焦点没有专用的焦点标记，跟语序关系很密切，出现在某些位置的句法成分，在没有对比性焦点存在的前提下，会自然成为句子信息结构中重点突出的对象，同时也往往是句子自然重音的所在。在汉语中，句子末尾通常是句子自然焦点的所在。刘丹青、徐烈炯（1998）举过一组例子说明，在句子的命题意义（即真值义）完全没有改变的情况下，相同的句法成分处于句首和句末，句子的语义重点以及言者的态度和倾向发生了变化：

　　　　3）a. 屡败屡战。　　　　4）a. 事出有因，查无实据。
　　　　　　b. 屡战屡败。　　　　　　b. 查无实据，事出有因。

这两例中 a 句和 b 句真值意义相同，但言者的态度、语义重点完全不同，言者有意让自己想突出的成分占据句末位置：例 3）a 句突出"屡

战"，b 句突出"屡败"；例 4）a 句突出"查无实据"，b 句突出"事出
有因"。

这两组例子非常典型地反映出言者为了强调某部分信息，将要强调的
句法成分移到句末，使其成为句子的焦点信息，获得更高关注度。由此，
句法成分位置的变化造成语序的变换，基本不影响句子的命题意义，却完
全改变了话语的语义重点、语用重点，反映了不同句法位置表达的语义强
度强弱有别。

自然焦点虽然跟语序的关系较为密切，但并不具备专门的句法特性。
因为自然焦点都是在句末，成为自然焦点的成分可以是宾语、主语及其他
任何附加成分，并没有统一的句法特性。所以，自然焦点并不是一种句法
结构成分，确切地说，它是一种焦点句法位置。在许多语言里普遍存在着
句尾信息核心原则（the principle of end-focus）。任何句法成分只要占据
句尾成分位置，成为焦点的可能性往往高于其他句法位置。因此，当言者
要强调的信息正好处于句末位置时，就不需要变换语序，如下例中的
"托福"和"屋顶上"就是自然焦点：

  5）a. 他昨天考完了<u>托福</u>。

    b. 白雪纷纷落在<u>屋顶上</u>。

但当言者要强调的信息成分处于其他位置时，言者要凸显这一信息，
就必须通过一些句法手段来调整语序，使其落在自然焦点位置，例如：

  6）a. 一年的后宫生活改变了<u>蕙妃</u>，抑或我的深宠果真宠坏了
<u>蕙妃</u>。

    b. 一年的后宫生活把蕙妃<u>改变了</u>，抑或我的深宠果真把蕙妃
<u>宠坏了</u>。

  7）a. 你买了多少斤大米？

    b. 我买了<u>二十斤</u>大米。

    c. <u>二十斤</u>。

  8）a. 你们什么时候结婚？

    b. 我们准备在七一，<u>党的生日</u>那天结婚。

    c. 七一，<u>党的生日</u>。

例6）a 句的两个分句焦点都是"蕙妃"，b 句使用把字句，使句尾焦点"蕙妃"前移了，原焦点成分"蕙妃"换到句中，"改变了"、"宠坏了"成了新的句尾焦点。a 句言者的语义重点是"蕙妃"，b 句言者的语义重点是"改变了、宠坏了"；例7）和例8）是两组问答，a 是问句，b、c 是答句，b 答句的自然焦点"大米"、"结婚"不是信息焦点，而是问句中旧信息的重复，言者的信息焦点"二十斤"、"七一，党的生日"落在句中。c 答句反映出言者为了使信息焦点成为自然焦点，干脆省略其他句法成分，只保留信息焦点，使其处于句末，使信息焦点语义落在自然焦点位置上，将语言形式和语言意义统一起来。

徐烈炯、刘丹青（2007：81）认为，焦点本质上是一个话语功能的概念，它是言者最想让听者注意的部分。从理论上说，焦点可以存在于句子的任何部位，因此不是一个结构成分。同理，我们认为，话题本质上也是一个话语功能的概念①，它是言者有意引导听者注意的中心，可以由任何句子成分来充当，位置比较固定，一般位于句首。话语的话题可以统摄整段话语，篇章的标题可以统摄整个篇章，句子的话题则可以统摄整句。所以，当言者有意突出和强调某个信息成分，并围绕它作详细陈述时，一般倾向于将其移位到句首作为话题，以引起关注和重视。例如：

1. 方位成分前置成为话题成分：

9）a. <u>车厢里靠站台一面的窗子</u>已经挤满各校的知青，都探出身去说笑哭泣。（钟阿城《棋王》）

b. <u>一片静谧的院落里</u>，晾着许多带蓝色条纹的衣裤，有尖细的冰锥悬在衣物的最低点。（毕淑敏《预约死亡》）

2. 宾语前置成为话题成分：

10）a. 老朋友对我说："你呀，别费那么大劲儿了。**语言**，最好

---

① 徐烈炯、刘丹青（2007）认为，话题是一个句法结构的概念，话题在句子层次结构中占有一个特定位置，不与主语合一个位置，也不与宾语合一个位置。话题是一个与主语相区别的句法成分：话题位于 TP 之内，IP 之外，主语位于 IP 之内、VP 之外。话题不限于句首，有主话题、次话题、次次话题之分。

别修饰。至于**情节**，你就按着自传体写吧。"（曹桂林《北京人在纽约》）

　　　b. <u>一个黄而粘的毛茸茸的屎手印</u>，新鲜地扣在壁纸上，呼呼冒着热气。（毕淑敏《预约死亡》）

　　例10）a 句的正常语序应该是"最好别修饰语言，你就按着自传体写情节吧"，言者将宾语"语言"和"情节"前置，成为话题成分；b 句的正常语序应该是"壁纸上扣着一个黄而粘的毛茸茸的屎手印，呼呼地冒着热气"，言者将宾语"屎手印"前置成为话题，突出其动态性状"新鲜地扣在壁纸上、冒着热气"。

　　3. 分句或分句主语前置成为话题成分：

　　　（11）a. <u>因为痛苦</u>，她的嘴唇显出蓬勃的绯色，眼睛像深夜孤灯闪闪发亮。

　　　　b. <u>我</u>除了消耗别人的精力与财富以外，唯一的用处就是感受痛苦。（毕淑敏《预约死亡》）

　　综上所述，带话题焦点的句子的表达重点仍然落在话题后的成分上。话题焦点无论怎样也不能省略它后面的成分，因为话题焦点句的表达重点不在于话题本身，而在于话题后的某个成分上。这就是话题的本质——话语功能决定了话题焦点句的焦点不在于焦点本身，而在于焦点其后的语义内容。话题焦点句的重要作用就是提示听者后面有围绕话题展开的内容。话题提供话语的起点，并预示着它后面必须有后续成分（述题）。关于话题和述题，徐烈炯、刘丹青（2007：182）作了一个形象的比喻："很像马戏团的演出广告和马戏演出的关系。"

二　焦点句法成分

　　上一节我们讨论了不同句法位置表达语义强度的差异，这一节将分析不同句法成分表达语义强度的差别。改变句子的常规语序以凸显某一部分信息，有两种原因：主观原因是言者具有强调焦点信息、弱化次要信息的意图，改变语序是为了满足言语交际的语用需求；客观原因是句子内部不同的句法位置表义强度和信息值有强弱高低之别。所以，当言者要强调的焦点信息不在语义强度强、信息值高的焦点位置时，他就会移动焦点信息成分的句法位置，使之处于焦点位置，使强调的形式和意义达到一致。

那么，句子内部有哪些句法成分所表示的语义强度有差别呢？哪些句法成分的信息强度更高，更容易受关注呢？

1. 定语比中心语的焦点程度更高，定语的画面感强烈，容易引起受众的想象和联想，容易获得更高的关注度。例如：

12）**大大**的眼睛　　　**皑皑**的白雪　　　**奶酪一般柔滑**的前额
　　　古老而皲裂的青砖　　**苦行跋涉**的香客　　　**茂密**的大胡子

中心语的性状比中心语本身更具有话题性，更容易引起关注，给人留下深刻印象。如例 12）中的"大大的"、"皑皑的"、"古老而皲裂的"比"眼睛"、"白雪"、"青砖"更受关注，表义更强。

2. 状语比定语更能凸显言者的主观性，虽然表达同样的命题内容，定语重在客观性和描述性，状语重在主观性和使成性，体现出言者视角的不同。例如：

13）a. 他**面无表情地对着我**，淡漠得像一块旧床单。（毕淑敏《预约死亡》）

　　　b. **面无表情的他**对着我，淡漠得像一块旧床单。

14）a. 正叠被扫地洗衣服热奶喂孩子吃饭的安佳**一头蓬乱地回过头**来看我。（王朔《顽主》）

　　　b. 正叠被扫地洗衣服热奶喂孩子吃饭**一头蓬乱的安佳**回过头来看我。

15）a. 我把鸡汤面放在嘴边吹，**不凉不烫地送到**杜爷爷面前。（毕淑敏《预约死亡》）

　　　b. 我把鸡汤面放在嘴边吹，把**不凉不烫的鸡汤面**送到杜爷爷面前。

这三组例子中 a 句的状语成分凸显了句子主语主观上有意达成的性状，如"他面无表情地对着我"、"安佳一头蓬乱地回过头"、"我把鸡汤面吹得不凉不烫";b 句的定语成分则是言者对句子主语特征的客观描述,陈述其客观性状,例如"面无表情的他"、"一头蓬乱的安佳"、"不凉不烫的鸡汤面",这些性状是人物或事物本身具有的特性,不是他们有意达成的。所以,状语成分和定语成分的语义侧重不同,一个重在主观达成,是动态的;一个重在客观描述,是静态的。

3. 补语比状语有更大的强调作用,相比状语,补语更容易成为整句的语义焦点。例如:

16)a. 他打开山门,蓦见千万丛桃花**开得如火如荼**,宛如一片香火海。(《佛法修正心要》)

　　　b. 他打开山门,蓦见千万丛桃花**如火如荼地开着**,宛如一片香火海。

17)a. 法国海军进攻船厂的时候,张佩纶**逃得顶快**了。(《当代》)

　　　b. 法国海军进攻船厂的时候,张佩纶**顶快地逃**了。

18)a. 这一概念人们**使用得越来越频繁**,但含义似乎并不清楚。(《当代》)

　　　b. 这一概念人们**越来越频繁地使用**,但含义似乎并不清楚。

这三组例句的 a 句凸显了补语的语义"如火如荼"、"顶快"、"越来越频繁",b 句凸显了动词的语义"开着"、"逃"、"使用",状语作为谓语动词的修饰成分,语义强度不及谓语;补语作为谓语动词的补充成分,语义强度高于谓语。语义强度由强到弱为:补语>谓语>状语>定语。

综上所述,修饰成分相对于来说是语句的信息焦点,更容易受到关注。比如,定语成分描写性状,中心语表示指称,属性比对象给人的印象更深刻;状语成分突出了言者的有意达成义,凸显了言者的主观性;补语成分在谓语之后,自然成为一个句子或分句的句末焦点。其中,定语成分所描写的性状是事物客观具有的属性,补语成分自然处于句法焦点位置,只有状语成分凸显了言者的主观性。所以,我们从状语成分和话题焦点入手,讨论凸显主观强调义的语序。

第三节 强调的句法结构

上文讨论了句子的焦点句法位置和焦点句法成分，那么，如何使需要强调的句法成分处于焦点句法位置，使其成为焦点句法成分，使句法结构满足强调意义的需求，达到形义统一？

一 句法异位与语用易位

陆俭明、沈阳（2003：192）认为，说句法成分发生了"移位"，顾名思义当然是相对于某个"原型结构"中某些成分的"原始位置"而言的，没有原型结构的原始位置，也就无所谓移位。那么，"移位"就可以理解为，句子内部的句法成分离开了其原始位置出现在其他位置上。即句法成分的位置离开了原始位置，移动到了非原始位置的这种现象。而句法位置的原始与非原始，是由句法成分出现的频率决定的。某个句法成分在某一位置上出现的频率高，出现次数远远高于出现在其他位置上的次数，那么句法成分的原始位置就是这个高频多次的句法位置，其他的句法位置就是它的非原始位置。

基于此，本节讨论的两种强调语序（异位和易位）都是句法成分的"移位"。这两种"移位"都是言者为了凸显和强调移位的句法成分语义，采取了改变句子成分常规排序的方式，不过，两者存在语法性质和语义所指上的差别。

一方面，从语法性质上看，"易位"后的句法成分不能再分析为这个句子结构的句法成分，是一种语用平面上的成分移动；"异位"后的句法成分可以充当这个结构的句法成分，是一种句法平面上的成分移位。为了准确表示两者语法性质的不同，以"句法异位"和"语用易位"标示。

另一方面，从语义所指看，"异位"后句子结构形式和意义表现出语义异指现象，即句法上具有直接关系、但直接成分之间不发生语义联系的形义扭曲现象；"易位"后的句子结构发生了很大变化，新句式结构凸显了言者所要强调的句法成分，改变之后的句子形式和意义表现一致。也就是说，句法上具有直接成分关系，语义上也发生直接联系，是形义一致的语义同指现象。

在句法异位这一节，我们讨论了定语、状语和补语三种句法成分之间的移位情况。这三种句法成分的异位扭曲了结构形式与结构意义的对应，产生了句法结构与概念结构相悖的"形义扭曲构造"。换言之，言者为了强调某句法成分而改变其常规位置，句法成分的异位带来了语义价值的变动，产生了语义异指。语义异指是言者的强调主观意图在句法结构上的"标记"，反映了言语交际主体的主观性在句法结构上的外化。

在语用易位①这一节，我们讨论了主语、谓语、宾语、定语、状语五个句法成分之间的移位情况。这五种句法成分之间的位置移动导致了句式的变换，不同的句式形成截然不同的意象，尽管句子的命题意义没有改变，但言者通过不同的句式所凸显、强调的意象是不同的。

句法异位关注的是句法成分移位之后带来形式和意义的"相异性"，语用易位关注的是句法成分移位之后的新句式与原句式所凸显意象的"相异性"。句法异位是通过形式和意义的不对称来凸显和强调某一句法成分的意象，是句法成分的形义异位；语用易位使用新句式凸显句法成分，通过形式和意义的一致和对称凸显和强调某一句法成分的意象，是句法成分的语用移位。

二 异位的功能及分类

语言不仅要客观地表达命题，还要表达语言的主体的主观立场、态度和感情。状语是言者表现主观性（subjectivity）的句法手段之一，大部分状语异指的句子都能从主观性上获得解释。张国宪（1995）用"临时、有意、主观"② 概括状语易位的语用动机。何洪峰（2010）认为这三种语义性质不在同一平面上，主观性是上位语义性质，"临时、有意"是下位语义性质。指宾状语的语义功能是表达言者的主观性，"言者的主观性"与一般所说的"主观致使性"的"主观性"不同，前者是句外言者的主观性，后者是指句内施事的主观性。

表示强调义的异位语序，就是言者为了表示主观性中的强调意图，而对句子内部成分的正常语序所作出的调整。通过对句法成分与其常规位置

---

① 使用"异位和易位"这两个不同的名词来描述句子内部成分的位置变化而产生的不同语序，是因为本书认为它们处于语言的不同平面，是完全不同的两种语序变化手段。

② "有意"指句子主语的意愿，"主观"指言者主语的主观立场、态度、情感，两者的主体不同。

的非常规配置，使被强调的成分处于"非常规"的位置上，实现主观上强调命题内容、主观态度、个人情感等各方面的目的。表示强调义的异位语序的范围①限于三种，一是从言者的视角凸显强调意义，二是从言者的情感凸显强调意义，三是从言者的认知凸显强调意义。

一般说来，形容词充当定语、状语和补语这三种句法成分的频率高过其他词类。名词代表物体，动词代表行为，形容词则代表事物的性状。性状的语义异指在多数情况下是词语句法异位的产物。张国宪（2005）认为，与语义异指有关、产生性状异指现象的句法异位有四种情况：

1. "定语—状语"异位，例如：

19）a. **聪明的**乌鸦识破了狐狸的诡计。

　　b. 乌鸦**聪明地**识破了狐狸的诡计。

20）a. **谦恭的**新市长听着老人的申诉。

　　b. 新市长**谦恭地**听着老人的申诉。

2. "状语—补语"异位，例如：

21）a. 他**错娶**了媳妇。

　　b. 他**娶错**了媳妇。

22）a. 我**晚去**了一个小时。

　　b. 我**去晚**了一个小时。

3. "定语—补语"异位，例如：

23）a. 洗了一双**湿袜子**。

　　b. **洗湿**了一双袜子。

24）a. 烧了一条**破裤子**。

　　b. **烧破**了一条裤子。

---

① 沈家煊（2001）对 Finegan 主观性的三个方面进行了解释："视角"就是言者对客观情状的观察角度，或是对客观情状加以叙说的出发点；"情感"一词应作宽泛的理解，包括感情、情绪、意向、态度等；"认识"主要跟情态动词和情态副词有关。

4．"定语—状语—补语"的异位，例如：

　25）a. 下了一锅**稀稀的**面条。
　　　b. **稀稀地**下了一锅面条。
　　　c. 面条下**稀**了。
　26）a. 举着**高高的**棋子。
　　　b. **高高地**举着棋子。
　　　c. 棋子举**高**了。

前两种异位都是以状语表达主观性的结构，第三种异位改变了句子的命题意义，第四种异位是第一种情况的延伸，但状语移位成为补语以后，就成了对客观性状的陈述。所以，本文讨论前两种凸显言者主观性的异位情况，即"定语—状语"异位和"状语—补语"异位。

三　易位的功能及分类

陆俭明（1980）考查了汉语口语句法里的易位现象，在口语里，"你哥哥来了吗？""大概走了吧。"这两个句子的前后成分可以倒置过来，说成："来了吗，你哥哥？""走了吧，大概。"这种现象称为"易位现象"，并指出，口语里出现易位句的原因在于："凡易位句，前置部分总是言者急于要传递给听者的东西，因而往往带有被强调的色彩，后移部分则是稍带补充性的东西。"该文从四个方面概括了易位句的特征：

1. 易位句的语句重音一定在前置部分上，后移成分一定轻读；

2. 易位句的意义重心始终在前置成分上，后移成分永远不能成为强调的对象，只是稍带补充性的东西；

3. 易位句中被倒置的两个部分都可以复位，复位后句子意思不变；

4. 句末语气词绝不在后移部分之后出现，一定紧跟在前置部分之后。

朱德熙（1982：221）介绍了主语后置、修饰语后置、宾语前置、补语后置、连谓结构前后两个直接成分的顺序的颠倒，共五种情况。他认为："这种说法只见于口语。前置的那一部分是说话的人急于要说出来的，所以脱口而出，后一部分则带有补充的味道。特别值得注意的是后置的部分必须轻读，这是这种'倒装句'最明显的标志。"

朱德熙（1982）的倒装与陆俭明（1980）的易位，含义和范围基本相同，都是指语法学的狭义倒装或句子成分的狭义倒装，即口语中的易位句。从语体看，易位句一般仅指口语，但也有人认为应该包括书面语体，例如：

27) a. 巴渡船的一位听着，笑笑的，爱娇的，把自己两只在寒风中劳作冻得通红的手掌，反复交替摊着。(沈从文《新湘行记》)

　　　b. 我是这样怕与你灵魂接触，因为你太美丽了的缘故。(沈从文《月下》)

这种状语倒装的句子跟口语易位句不一样：第一，从语音上看，倒装的状语和分句不轻读，前边都有停顿；第二，倒装的状语一般都是并列的结构，而我们所说的后移状语都不是并列的结构；第三，这些倒装的状语和分句只会在书面语中看到，口语中从来不会出现。这种倒装称为语法学的广义倒装。

综上所述，我们讨论狭义倒装，即口语中的易位句，陆俭明（1987）将口语中的易位句分为四种：主语和谓语之间的易位，状语和中心语之间的易位，述语和宾语之间的易位，复谓结构①组成成分之间的易位。我们这里主要讨论主语和谓语、主语和宾语、定语和中心语、状语和中心语之间的易位情况。

第四节　异位式强调

汉语中有大量描写事物性状的形容词，这些形容词与事物名词有着自然的语义联系，因此它们大量充当定语成分，出现在定语位置上。但是，它们有时也会出现在状语位置上，例如：

28) 后来她懒懒地起来，对着镜子梳洗了一番。她看见自己的面容就像那片枯叶一样憔悴毫无生气。(苏童《妻妾成群》)

29) 我躲闪着，用短剑在他们二人腿上浅浅地刺了几道口子。

---

① 复谓结构包括连谓结构（又称"连动结构"）和递系结构（又称"兼语式"）。不是所有的复谓结构都能发生易位现象。详见陆俭明（1980）《汉语口语句法里的易位现象》。

（王朔《海水火焰》）

　　当这些描写事物性状的形容词充当句子的状语成分时，它们所描写的性状语义总是指向动词中心语以外的句法成分，例如"懒懒地"与"浅浅地"分别是动词"起来"和"刺"的状语，但是状语并不与动词产生语义联系，而是将性状义指向了句子的主语成分"她"和宾语成分"口子"。也就是说，句法结构上，状语（形容词）与后面的中心语（动词）具有直接成分关系，但它们之间并不发生语义联系，从而形成一种形义扭曲结构，这种形容词的语义指向非中心语的现象就是形容词的语义异指。

　　那么，如果将状语成分移位到定语位置，有什么不同呢？试比较：

　　28）a. 后来她懒懒地起来，对着镜子梳洗了一番。她看见自己的面容就像那片枯叶一样憔悴毫无生气。

　　　　 b. 后来懒懒的她起来，对着镜子梳洗了一番。她看见自己的面容就像那片枯叶一样憔悴毫无生气。

　　29）a. 我躲闪着，用短剑在他们二人腿上浅浅地刺了几道口子。

　　　　 b. 我躲闪着，用短剑在他们二人腿上刺了几道浅浅的口子。

　　这两例中 a 句中"懒懒""浅浅"充当状语，b 句中"懒懒""浅浅"充当定语。a 句带有言者的主观性，言者认定"懒懒"是句子主语"她"主观意愿上达成的状态，说也认定"浅浅"是句子主语"我"主观意愿上要达到的程度，这些都表现了言者主观上的"认识"；相对而言，b 句言者处在客观陈述的立场，"懒懒"客观描述了句子主语"她"的状态，即"她是懒懒的"；"浅浅"也是言者对"腿上刺的口子"的状态描述，即"腿上刺的口子是浅浅的"。这两句是言者对人物和事物的状态、特征作出的客观描述，没有体现主观性。所以，a 句的状语成分在主观性程度等级上明显高于 b 句的定语成分。

　　由此来看，性状形容词充当定语成分时，描述事物的客观性状，性状义附着在直接成分主语上；充当状语成分后，发生了语义异指，其语义指向的不是直接成分动词，而是句子的主语或者宾语。除此以外，性状义也由客观转向了主观，即由言者对主语性状的客观陈述，变成了言者对主语所要主观达成性状的主观评价，从而凸显了言者的主观视角、认识、情感，凸显也是一种强调，是比较隐含的强调手段。

一　定状异位

Lyons（1995：337）提出，言者主观性（locutionary subjectivity）就是言语施事（言者/作者/表达者）运用话语行为对他或她自身的表达，简单来说，言内行为主观性就是运用语言进行自我的表达，是融入了自身的主观表达。主观表达的部分越多，事物的客观性状就越少。当言者的主观表达完全遮盖了事物的客观性状，并且使自己的主观表达成为事物的性状特征时，言者的主观性程度最强，等级最高。

Traugott（1995）认为，言者要达到交流信息的目的，总要不断地借助一些表达实在意义或用作客观描述的词语，加上自己对客观情况的主观"识解"①（construal），从而把说话的目的和动机也传递给对方。这种从陈述的客观情态逐渐向主观情态演化的过程就是语法化范畴中的主观化。Traugott认为主观化表现在互相联系的多个方面，其中就谈到了"由句子主语变为言者主语"这一项的演化。也就是说，凸显言者主语的主观性的句子，其主观性程度要远远高于凸显句子主语主观性的句子。

定状异位结构从言者的主观视角、评价两方面凸显了其主观性，并且覆盖了其原有的客观性状，主观性程度很高。

（一）凸显主观视角

30）a. 一瓶纯白的液体悬挂在半空，好像猪板油。它们**凝重地滴进**老太婆骨瘦如柴的臂膀。（毕淑敏《预约死亡》）

b. 长街上路灯黯淡。远处**孤零零地**有几处霓虹灯寂寞地亮着。（刘心武《白牙》）

c. 他在床上仍然保持着窥探外界的姿势，只是脖子**软弱地挂在**肩膀上。（毕淑敏《预约死亡》）

d. 整个床面显出鼓面似的平坦。枕套也**可疑地膨隆**着，好像一张纸虚蒙在碟子上。（毕淑敏《预约死亡》）

---

① 识解，是指言者或听者对一个客观情景加以认识而形成的概念。主观的识解包括视角和意象。

e. 行路的人都夸道，"好把刀！"好得像一汪静止的秋水，**森森地进出**青白的寒光。（俞平伯《跋〈灰色马〉译本》）

f. 春风在他们面前**莽撞地吹**过来吹过去，怂恿柳絮和梧桐的刺毛粘他们的眼睫毛。（池莉《来来往往》）

g. 只有秀芝栽的两棵白杨树高耸在一片土房子的屋顶上面，静静的，一点也不摇曳，集体正对他**全神贯注地凝望**着一样。（张贤亮《灵与肉》）

例30）中状语的性状义与它们所指向的主语是不匹配的，这些性状是有生的人、物所具备的特征，无生事物不具备，也不能修饰无生事物。例如："液体"无法"凝重地滴"，"霓虹灯"不能"孤零零地亮着"，"枕套"不会"可疑地膨隆着"，"刀"不可能"森森地进出寒光"，"春风"不会"莽撞地吹过来吹过去"，"白杨树"不可能"集体对他全神贯注地凝望着"，客观事物的性状拟人化了，这些性状义反映了言者的移情，言者将主观视角投射到无生事物上去。

这种性状与被修饰事物的不匹配现象，体现了言者强烈的主观意识。言者主观上从自己的立场出发，把自己当作言语行为的中心（speaker-oriented），把自己对句子主语的感受当作主语本身的特征。状义都是言者的主观感受，不是主语的客观属性。言者从自我视角表达主观感受，以他所感受到的性状特征来描述主语的特征，是一种典型的主观陈述。

举例分析，从自我的感受出发，言者感到纯白的液体"凝重"，他就以这种个人的主观感受为液体的性状"凝重地滴"；言者感到霓虹灯"孤零零"，他就把这种主观感受附着之上，变成了"霓虹灯"的特征"孤零零地亮着"。同理，"刀的青白寒光"本身不会"阴森森"，是言者看见刀的寒光之后感到"阴森森"；"春风"也不可能莽撞，"莽撞"是言者对春风的个人观感；"白杨树"是不可能"全神贯注"的，"全神贯注"是言者对白杨树的主观感受。

总的来看，这些客观事物的性状特征都是从言者的视角出发，言者将自己认同于他用句子所描述的事件或状态中的一个参与者，以言者为叙述的主体，而不以句子的主语为叙述的主体。言者的主观性，就是句子外的言者的主观性，而不是句内施事的主观性，试比较①：

　　31）旅行者**跑上**那座山头。
　　32）公路从谷底**延伸到**山脊。

　　例31）是言者对旅行者在空间位置上由陆地移动到山头的客观描述，例32）不是公路真的"延伸"，而是言者在描述公路的客观情态时加上了自己的主观识解，是言者想象中公路在做空间的移动。那么例31）中的"跑上"是句子主语"旅行者"的主观性所达成的状态，凸显了句子主语的主观性；例32）中的"延伸"就是言者对句子主语"公路"的主观识解，凸显了言者的主观性。

　　综上所述，当状语所表示的性状义与所指向的主语成分不匹配时，可以认为是因为言者把自我认同于所叙述的事件或场景中的一部分，以自我为中心，将自我的感受作为识解客观事物的视角，并以自我识解的结果覆盖了客观事物的本来性状。又由于识解的结果指向的是主语或者宾语，附着在它们之上，成为它们的"代言人"，这种主观的代言和客观的实际情况产生了不匹配的现象。

　　（二）凸显主观评价
　　陆俭明（1997）指出，典型主语指向的状语成分大都是一些表示人的神情、表情、心理、态度以及对人做出评价的形容词。所以，当状语成分由表示人物的品质和情貌的形容词②充当时，就凸显了言者的主观评价。这是因为，评价品质的形容词一般表现言者的主观感情和态度；而表现情貌的形容词一般体现出言者对句子主语情状的主观认识。例如：

　　33）a. 假如你是一个平民，你多半是在没有医疗保护的情景下**寂寞地死去**。（毕淑敏《预约死亡》）
　　　　b. 宋妈**很古怪地打量**着颂莲，突然说，雁儿死了，死在医院里了。（苏童《妻妾成群》）

---

① 这是 Langacker（1990）在 *Subjectification* 中所论述的"心理扫描"（mental scanning）。
② 品质形容词主要用来对人物的思想、认识、品质和性格做出评价；情貌形容词主要用来表现人的感情、态度、神情和样貌。

c. 顾少爷**很含蓄地看着**颂莲说，这两种感情你都有吗？（苏童《妻妾成群》）

d. 它们**亲昵地聚在**他周围，用和善的大眼睛望着它们的牧人。（张贤亮《灵与肉》）

e. 蜷缩着身子，沉默了足足两分钟，他才**笨拙地辩解**说："我没有什么不革命的心理啊。"（刘心武《我爱每一片绿叶》）

f. 李大夫见康伟业这样，**善解人意地接过了他的话**，开了一个玩笑。（池莉《来来往往》）

例33）中的状语成分与动词中心语直接相连，但在语义上却没有直接联系，它们都分别指向了句子的主语，基本都是情貌形容词。比如，"寂寞"是言者对句子主语"你死去"这一动作状态的主观认识，"古怪"是言者对句子主语"宋妈"神态的认识，"含蓄"是言者对句子主语"顾少爷"神情的认识，"亲昵"是言者对句子主语"它们"的情貌的认识；"善解人意"和"笨拙"是言者对句子主语"李大夫接话"和"他辩解"动作情状的评价。

虽然这些状语成分在语义上指向句子主语，表现的却是言者对句子主语或主语动作状态的主观情感和评价。而且，由于它们与句子主语的语义相连，一旦回归到定语位置上，使语义所指与直接成分的形式相一致的时候，言者的主观性大大降低，试比较：

33'）a'. 假如你是一个平民，**寂寞的你**多半是在没有医疗保护的情景下死去。

b'. **很古怪的宋妈**打量着颂莲，突然说，雁儿死了，死在医院里了。

c'. **很含蓄的顾少爷**看着颂莲说，这两种感情你都有吗？

d'. **亲昵的它们**聚在他周围，用和善的大眼睛望着它们的牧人。

e'. 蜷缩着身子，沉默了足足两分钟，**笨拙的他**才辩解说："我没有什么……不革命的心理啊。

f'. **善解人意的李大夫**见康伟业这样，接过了他的话，开了一个玩笑。

例 33'）中的定语成分都是例 33）中的状语成分，我们可以看到，定语成分所表示的性状义表示的是言者对人物或动物品貌的客观陈述。即言者只是客观地描述了主语的品貌特征，不带有自己的情感态度。例如，"你"是"寂寞"的，"宋妈"这个人"很古怪"，"顾少爷"这个人"很含蓄"，"他"这个人"笨拙"，"李大夫"这个人"善解人意"。

这些性状都是人物或事物本身固有的属性，不是他们通过动作行为有意达成的。不同于状语成分的动态、临时、非稳定、有意，定语成分表示的性状是静态的、长久的、稳定的、无意的。所以，状语成分的性状义凸显了言者陈述的主观性，定语成分的性状义凸显的是言者陈述的客观性，或者说陈述了句子主语的客观特征。

综上所述，定状异位结构是一个句法结构位置和语义指向相异的句法结构。虽然状语与其后的动词核心在句法位置上是直接成分、紧密相连，但是状语语义却没有修饰和限制核心动词，而是指向句子的主语或宾语。这种形式和语义不一致的扭曲结构，凸显了言者的主观性强调意图。具体而言，分别从言者视角和言者评价两方面彰显言者主观性。

不过，定状异位结构对言者主观认识和评价的强调不及话语标记。原因在于，定状异位结构通过语义异指凸显言者主观性，比起标记这样直观而明显的词汇化强调而言，其强调的强度、方式是弱式、隐含的。所以，定状异位结构是一个隐式的（implicit）有标记的强调结构，其中，状语是言者最想强调的重点，是用来突出句子主语、宾语主观上有意达成某种性状义的动态化信息焦点。

二　状补异位

语言中存在这样的现象，不同结构形式的命题意义基本一致，例如：

34）a. 他多喝了点儿酒。

　　b. 他喝多了点儿酒。

35）a. 他能听懂汉语。

　　b. 他听得懂汉语。

张黎（2003）把这样的结构叫作"汉语的镜像表达"，如果句中核心动词为中心视点的话，那么 a 句核心动词前的成分与 b 句核心动词后的成

分呈现 "镜像" 分布①。造成镜像结构及其反映的是动作主体的意识结构②，即动作主体的有意识和无意识，反映在动作上是指动作的有意识和无意识。动作的有意和无意是指同一动作身兼两职，既可以通过 a 句这样的结构表示主体有意识，也可以通过 b 句这样的结构表示主体无意识。

张国宪 (2005) 举过一组例子，以说明类似的句法现象：

36) a. 我**晚去**了一个小时。
　　 b. 我**去晚**了一个小时。
37) a. 他**错娶**了媳妇。
　　 b. 他**娶错**了媳妇。

张文认为，36) a 句中的 "晚" 是句子主语所预期的一种目标，"晚去" 是一种主观有意达成的行为；b 句中的 "晚" 则不是句子主语所预期的状态，"晚" 只是言者客观陈述动作的结果，不带主观性。同理，37) a 句中的 "错" 不是句子主语所预期要达成的目标，凸显了言者的移情：言者将责任归咎于 "他"。b 句言者客观描述了句子主语 "他娶" 的结果 "错"，将责任归咎于客观原因。

如果动词前后的状语成分和补语成分能够互换、并形成镜像结构的话，那么状语成分凸显言者的有意性，补语成分凸显言者的无意性。那么，状语成分移位到补语位置上，凸显的是言者的无意性；补语成分移位到状语位置上，凸显的是言者的有意性。状补异位的语用功能就在于凸显言者主体的意识结构。

从这个角度解释，例 36) a 句的句子主语和言者主语重合为 "我"，那么 "晚去" 则体现了言者主语的主观评判，b 句的 "去晚" 则体现了言者主语对行为结果的客观陈述；例 37) a 句和 b 句并不是言者的移情，即将 "晚去"、"错娶" 责任归于主观原因，将 "去晚"、"娶错" 归于客观原因。a 句 "他错娶了媳妇"，"错" 并不是句子主语 "他" 有意达成

---

① "镜像" 的意思就是指，以动词为核心，前后的成分基本上完全相同，并且表示的命题意义也基本相同，唯一的区别是核心动词前后的词语担任了不同的句法成分角色。

② 张黎 (2003) 把 "有意" 和 "无意" 统称为主体的意识结构，认为镜像对应是汉语意识结构的重要形式特征。

的，而是句外的言者有意达成的。"错"这个状语成分凸显了言者对句子主语"他""娶媳妇"这一行为做出的主观评判。b 句"他娶错了媳妇"，"娶错"是言者超越了句子主语的主观意识、对行为事件结果的客观陈述，凸显的是客观命题意义。所以，"有意"和"无意"这对概念并非针对句子主语，而是针对言者，两者必须区分开来。

（一）强调客观情态

汉语句子的补语比状语有更大的强调作用。从句法角度分析，产生这种差异的原因在于，状语是谓语核心的附属信息，修饰和限制谓语动词的情状；而补语则通常处于句子内部的焦点位置，补语成分是句子的焦点所在。由此可见，状语和补语表义强度的不同是由两者句法地位的不同而造成的，谓语附属成分的强调语义程度不及句尾成分的强调语义程度。刘丹青（1995）认为"前状后补是汉语尾焦点发达的表现之一"。

张国宪（2006：310）认为句法位对言者主观意图的感受度不同，如图 4.4 所示：

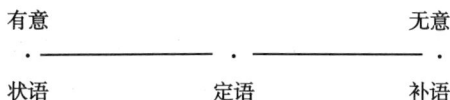

有意　　　　　　　　　　　　　　无意
　·　————————————·————————————·
状语　　　　　　　定语　　　　　　补语

图表 4.4　句法位表示的意图等级

状语位的性状带有较大的意愿性，补语位的性状意愿性最弱，定语位的性状则呈现出中性。这与张黎（2003）对状语和补语的分析是基本一致的，即相对于状语，补语所凸显的言者的有意性比较弱。例如：

38）a. 这一天颂莲**昏昏沉沉地睡着**，睡着也看见那口井。（苏童《妻妾成群》）

b. 颂莲**睡得昏昏沉沉**

39）a. 顾少爷持箫看着飞浦，**疑疑惑惑地问**，那这箫还教不教？（苏童《妻妾成群》）

b. 顾少爷**问得疑疑惑惑**

40）a. 爱默，他该做你的私人秘书，他一定**死心塌地听你使唤**。

b. 他一定**听你使唤得死心塌地**

41）a. 梅珊**咬牙切齿地骂**，她那一身贱肉反正是跟着老爷抖。

（苏童《妻妾成群》）

　　b. 梅珊骂得咬牙切齿

　　42）a. 她其实不听宋妈说话，光觉得老女佣黄白的嘴唇**像虫卵似地蠕动**。（苏童《妻妾成群》）

　　b. 老女佣黄白的嘴唇**蠕动得像虫卵似的**

　　43）a. 他**很认真地跟我说**："假如我们再生一个孩子，说不定比阿圆好。"（杨绛《钟书的痴气》）

　　b. 他**跟我说得很认真**

　　44）a. 孙喜定睛看着坐在椅子里的老板娘，她懒洋洋**极其舒服地坐着**。（余华《一个地主的死》）

　　b. 她懒洋洋地**坐得极其舒服**

　　45）a. "我跟你生什么气？没有这回事。"曼倩**强作安详地回答**。（钱钟书《纪念》）

　　b. 曼倩**回答得强作安详**

　　这些例子中 a 句的状语成分与 b 句的补语成分形成了镜像结构，命题意义也完全没有改变，感情色彩也基本相同。区别在于：

　　1. b 句所呈现的情态程度比 a 句中的情态程度更强，这与补语位于句末焦点而状语处于谓语附属地位的句法地位有关。状语作为对谓语动词的修饰和限制，表现了动作的情态，动作是核心，情态是附属特征；而补语位于句尾焦点，表现动作情态的语义强度已经超过了动作本身，是句子中受关注度最高、语义程度最强的成分。例如"昏昏沉沉地睡"→"睡得昏昏沉沉"，前者突出动作"睡"，后者突出情态"昏昏沉沉"；"嘴唇像虫卵似地蠕动"→"嘴唇蠕动得像虫卵似的"，前者突出动作"蠕动"，情态"像虫卵似的"只是动作的附属特征。后者凸显情态"像虫卵似的"，补语成分自然成为句尾焦点。

　　2. a 句状语描述的人物情态凸显了句子主语的主观性，强调了句子主语主观意愿达成的情态意；b 句补语所描述的人物情态凸显了言者主语的客观性，即以一种第三者的客观叙事视角呈现句子主语的客观状态。例如："很认真地说"→"说得很认真"，"认真"是句子主语"他说"的情态，作状语时表现"他"主观上有意达成的"认真"，凸显"他"的主观性；作补语时表现"说"这一动作的客观情态"很认真"，凸显言者作为第三者对"他说"这一动作情态的客观陈述。"极其舒服地坐着"→"坐得极其舒服","极其舒服"作状语表现句子主语"她"主观有意达成的状态,作补语表现言者主观对"她坐"这一动作情态的客观描述。

（二）强调客观性状

46）a. 屋外的树木没有一片树叶,雨水在粗糙的树干上<u>歪歪曲曲地流淌</u>。（余华《一个地主的死》）

　　b. 雨水在粗糙的树干上**流淌得歪歪曲曲**

47）a. 颂莲打开那只藤条箱子,箱子已有一点霉味,那些弃之不穿的学生时代的衣裙**整整齐齐地摞着**。（苏童《妻妾成群》）

　　b. 那些弃之不穿的学生时代的衣裙**摞得整整齐齐**

48）a. 春天,好像空袭的敌机,**毫无阻碍地进来了**。（钱钟书《纪念》）

　　b. **进来得毫无阻碍**。

49）a. 我听见狩猎者的响箭声和欢呼声在铜尺山山谷里<u>此起彼伏地回荡</u>。（苏童《我的帝王生涯》）

　　b. **回荡得此起彼伏**

50）a. 头儿好像西瓜,<u>丁零当郎滴溜扑落地直掉</u>。（俞平伯《燕知草》）

　　b. **直掉得丁零当郎滴溜扑落**

51）a. 连续不断的晴光明丽,使看惯天时反复的异乡人几乎不能相信天气会<u>这样浑成饱满地好</u>。（钱钟书《纪念》）

　　b. **天气会好得这样浑成饱满**

52）a. 那是腊八节前的某一天,天气**很奇怪地晴和而温暖**。（苏童《妻妾成群》）

　　b. **天气晴和而温暖得很奇怪**

例46）—例52）的状补成分都是对事物性状的描写,各例 a 句的状语成分和 b 句的补语成分以动词为核心形成镜像结构,句子的命题意义和感情色彩都是一致的,区别在于认知意义,具体表现在：

1. 客观事物的性状义充当补语时得到了凸显和强调。例如46）—例50）中 a 句的焦点位于谓语动词"流淌、进来、回荡、直掉"之上,即客观事物的动态；例51）—例52）中 a 句的焦点在于谓语形容词"好、晴和而温暖"，即客观事物的静态；而例46）—例52）中 b 句的句子焦点分别位于补语"歪歪曲曲、整整齐齐、毫无阻碍、此起彼伏、丁零当郎滴溜扑落、浑成饱满、很奇怪"上，即客观事物的性状义。

2. 客观事物的性状义充当状语时，凸显言者的主观感情；充当补语时，凸显言者的客观陈述。呈现了主观陈述和客观陈述的区别①。例如，a 句中的"歪歪曲曲地流淌"凸显言者把"雨水"当作有生事物的情感，"毫无阻碍地进来"凸显言者把"春风"当作有生事物的情感，用"浑成饱满地好"来表现"天气"是一个有生命力的事物，凸显言者的拟人化的主观倾向。所以，这些性状义作状语，突出了言者将客观事物拟人化、赋予主观感情的主观性。与此相对，b 句中事物的性状义不再负载言者的主观感情，而是纯粹客观的叙述。所以，补语描述的事物性状，凸显言者的客观陈述立场。

综上所述，补语具有［+无意性］［+强调客观］的特征，状语具有［+有意性］［+凸显主观］的特征。状语和补语都是对动作、性状、情态的描写，但句法位置不同，陈述角度不同，导致了句子结构认知意义的差异。差异性表现在两个方面：第一，状语是核心谓语的附属特征，凸显谓语动词本身；补语是句子的自然焦点，凸显核心谓语的性状义，后者比前者的强调程度更高。第二，状语凸显言者的主观性，是主观陈述；补语凸显言者的客观视角，是客观陈述。

第五节　易位式强调

一　谓、宾易位

（一）主谓易位

句子的结构成分一般有常规位置：主语在谓语前，定语、状语在中心语前、主语在前、宾语在后。在实际运用中，为了强调和凸显句子某一成分的需要，言者改变了句法结构内部的常规位置，但没有影响句子的命题

---

① 主观陈述与客观陈述的区分，本文在第三章第二节论述过，详情请参见周国光、张林林（2003：111）6.4.4 节"陈述的质和量"。

意义，这就会造成句子成分的易位。主谓易位是句子成分易位的一种，为了与句法异位相区别，把这类语序手段称为"语用易位"。例如：

　　53）a. "怎么了，虞姬？有人来劫营了么？"（张爱玲《霸王别姬》）

　　　　b. "我们那里有钱呢，大王。"叔齐很客气的说。（鲁迅《采薇》）

　　　　c. 潆珠道："像个鬼，这张照片！"（张爱玲《创世纪》）

　　　　d. 哥儿达先生吃了早饭出去办公，临走的时候照例在房门口柔媚地叫唤一声："再会呀，阿妈！"（张爱玲《桂花蒸阿小悲秋》）

　　　　e. 多好啊，生活！多美啊，爱情！（谌容《人到中年》）

　　　　f. 阿小说："还要点什么呢？"他说："珍珠米，也许？"（张爱玲《桂花蒸阿小悲秋》）

　　例53）是口语中常见的主谓易位句，谓语前移占据主语的位置，易位之后的谓语不能再分析为句子成分，a 句—d 句是动词或动词短语做谓语，e 句是形容词做谓语，f 句是名词做谓语。易位成分就是句子要突出和强调的部分，例如例 53）中的动词性谓语"怎么了"、"我们哪里有钱"、"像个鬼"、"再会呀"，形容词性谓语"多好啊、多美啊"，名词性谓语"珍珠米"。

　　主谓易位句主要突出和强调谓语，一般多见于口语。这种易位句的作用一般都是言者为了先说出自己最想要表达和关注的信息，并将相对次要和不急着表达的信息往后甩；并且，句子的语义重点都是在前置的谓语成分之上，后移的主语一般轻读，并且在谓语后面一般都有逗号，使谓语与主语之间有一个停顿。停顿表示言者优先和重点表达了自己想说的话之后，开始意识到用追加信息把主语补充进来，保持语义表达的完整性。

　　（二）主宾易位

　　汉语中的动宾结构，是动词在前、宾语在后，顺序是固定的，但在实际言语交际中会发生变化，宾语有时会出现在动词之前。这种宾语前移到主语位置的易位情况，常见于一些固定句式之中，如下所示：

　　1. 宾语是由"一"组成的数量短语，后面跟副词"都/也"配合，构成"一……都/也……不/没"句式，例如：

54）a. 他就这样，<u>一点都不让我</u>。人家心情本来就不好，从他那儿一句好话也听不着。（王朔《一点正经没有》）

　　b. 大胖子问瘦高挑他们，<u>一个个竟都不表态</u>。（王朔《一点正经没有》）

2. 宾语是表任指的疑问代词，后面跟副词"都/也"配合，构成"疑问代词……也/都……不/没"的句式，例如：

55）a. <u>我谁也不怕</u>，谁想害我都是痴心妄想！（苏童《妻妾成群》）

　　b. 陈佐千挥挥手，不耐烦地说，<u>你们谁也不好惹</u>，我现在见了你们头就疼。（苏童《妻妾成群》）

　　c. 别跟我说这个，<u>我什么都不听什么都不信</u>。（王朔《一点正经没有》）

3. 宾语成分全部前移，表示列举或者极性对比，例如：

56）a. 新媳妇哭了一天一夜，<u>头</u>也不梳，<u>脸</u>也不洗，<u>饭</u>也不吃，<u>躺</u>在炕上，谁也叫不起来。（赵树理《小二黑结婚》）

　　b. 我<u>上海</u>也去过，<u>北京</u>也去过，<u>天津</u>也去过。

　　c. 我<u>饭</u>可以不吃，<u>酒</u>可以不喝，<u>歌</u>可一定得唱。

但是，主宾易位结构没有主谓易位结构自由。宾语前移到主语位置之后，有一些限制条件。比如，例54）—例55）中前移的宾语成分都是强调周遍义；例56）中前移的宾语成分必须处在两种或两种以上事物对比的环境中，强调和凸显对比焦点。

总的来说，主宾易位结构的作用在于：

1. 句法地位上，宾语成分由述题内部成分变成话题成分；

2. 在语义所指上，由无定成分变为有定成分；

3. 信息结构上，由新信息变成旧信息；

4. 语用功能上, 凸显和强调宾语成分, 凸显其周遍性和对比性。

二　定、状易位

（一）定中易位

定语与中心语的常规位置是, 定语在前, 中心语在后。言者要突出强调定语成分, 就会改换常规语序, 把定语放在中心语后面, 例如：

57) a. 十二三岁了, 母亲让我佩这刀, <u>还带着古旧的鞘</u>。（俞平伯《跋〈灰色马〉译本》）

b. 洋梧桐巴掌大的秋叶, <u>黄翠透明</u>, 就在玻璃窗外。（张爱玲《创世纪》）

c. 他的脑子就像核桃仁, <u>甜的, 滋润的</u>, 可是没有多大意思。（张爱玲《封锁》）

d. 大红细金花的"汤杯", <u>高高的, 圆筒式</u>, 里面嵌着小酒盏。（张爱玲《创世纪》）

e. 大致一看, 屋子里还是空虚；但偶然看到地面, 却盘旋着一匹小小的动物, <u>瘦弱的, 半死的, 满身灰土的</u>……（鲁迅《伤逝》）

f. 他穿了毛边的白衣出见, 神色也还是那样, <u>冷冷的</u>。（鲁迅《孤独者》）

例 57) 中的定语成分描述了事物的性状（古旧的鞘）、颜色（黄翠透明）、状态（甜的、滋润的）、样式（高高的、圆筒式）, 动物的外貌（瘦弱的、半死的、满身灰土）或人物的神态（冷冷的）, 移位到主语之后, 凸显和强调了定语所表达的性状义、情态义。

后置的定语可以自然复位, 但是复位之后, 强调的成分就自然落在小句或句子末尾的中心语上。例如：

57') a. 十二三岁了, 母亲让我佩着这把还带着古旧的鞘的*刀*。

b. 洋梧桐巴掌大的黄翠透明的**秋叶**, 就在玻璃窗外。

c. 他的脑子就像甜的, 滋润的**核桃仁**, 可是没有多大意思。

d. 大红细金花的、高高的、圆筒式"**汤杯**", 里面嵌着小酒盏。

　　　　　　e. 大致一看，屋子里还是空虚；但偶然看到地面，却盘旋着一匹小小的瘦弱的，半死的，满身灰土的**动物**。

　　　　　　f. 他穿了毛边的白衣出见，也还是那样冷冷的**神色**。

例57′）中的定语都复位到中心语之前，定语是中心语的附属成分，中心语自然处于一个句子或分句的句尾，成为句尾焦点（刀、秋叶、核桃仁、汤杯、动物、神色）。由此，定语复位以后，语义焦点从定语转移到了中心语。所以，定语后置到中心语之后，是一种突出和强调定语成分的语用易位手段。

（二）状中易位

状语和中心语的常规位置是，状语在前，中心语在后，言者强调突出状语时，会将状语移位到中心语之后，或将状语移位到主语之前。例如：

1. 状语后置

　　58）a. 我觉得标语总还是时髦的，咱们不妨也来个两张，区区想贴在东西牌楼的有八个大字，"说自己的话，<u>老实地</u>。"（俞平伯《"标语"》）

　　　　　　b. 我只愿随随便便的，活活泼泼的，借当代的语言，去表现出自我，<u>在人类中间的我，为爱而活着的我</u>。（俞平伯《〈冬夜〉自序》）

　　　　　　c. 然而现在呢，只有寂静和空虚依旧，子君却决不再来了，而且永远，<u>永远地</u>！（鲁迅《伤逝》）

　　　　　　d. 你可知道魏大人自从交运之后，人就和先前两样了，脸也抬高起来，**气昂昂地**。（鲁迅《孤独者》）

例58）的状语成分都移位到中心语之后了，状语处于句尾，自然成为句尾焦点。这四例分别突出了"老实地"、"在人类中间、为爱而活着"、"永远地"、"气昂昂地"。移位之前，这些状语是核心谓语动词的附属特征；移位之后，状语成分与前句断开、自然停顿，处于句尾，更容易受关注，得以突出和强调。

2. 状语前置

一般来说，状语本应在中心语之前，所以"状语前置"这一说法会让人产生疑惑：状语不是本来就该置于中心语之前的吗？此处的"状语前置"是指状语离开了中心语之前的常规位置，移位到了句子主语之前，使其成为一个话题性成分，制约了后续句子的信息领域，即后续句子必须是与话题成分相关或范围之内的内容。

59）a. **杂乱地**，斜坡上堆满了砍下来的树根，木椿，沙袋，石块，黏土。（张爱玲《霸王别姬》）

b. **扑地一声**，灯笼和蜡烛都被风吹熄了。（张爱玲《霸王别姬》）

c. **永远**，你关在我心里，从此无法开门。　（钱钟书《围城》）

d. **这样乱糟糟地**，她生了一男一女两个孩子。（张爱玲《创世纪》）

例59）的话题成分分别是"杂乱地"、"扑地一声"、"永远"、"这样乱糟糟地"，这些话题成分从状语成分移位而来，不能再分析为句子的成分，从谓词的附属特征变成句子话题焦点，得以凸显、强调、受关注程度更高，强调作用很明显。

小结

陈平（1994）提出了主语和宾语、主题与各种语义成分的配位规律，认为不符合配位原则的句子要么不合格，要么有标记性的特殊功能。本章讨论的不符合常规配位语序原则的句法结构，正是言者为强调和凸显某句法成分而改变语序的标记性结构：句法异位和语用易位，它们都是句法成分移位造成的，通过成分移位造成语序改变强调移位成分，或者形成形义不一致的语义异指结构。

强调易位成分的语用易位结构与凸显言者主观性的句法异位结构有些区别：首先，语法性质上，前者无法再分析为句子的结构成分，而后者依然是句子的结构成分，尽管不是同样的句法成分；其次，语义价值上，前者的形式和意义是一致的，易位成分就是言者要强调和突出的成分，这是一种语义同指。在句法成分移位之后，后者形成了结构形式和意义不一致的形义异位结构，是一种语义异指。

两者也有共同点：第一，都是言者为了强调和凸显某一句法成分而改变句法成分的常规语序的一种句法手段。凸显不同于客观的语义规律，它是言者借助对语言单位的选择和使用，以突出和强化某种意义的方式。句法异位和语用易位就是言者主观性的凸显与强调。第二，句法成分的移位基本没有改变句子的命题义，变化的是语用意义及语义价值。两者的联系及区别可以用下图表示：

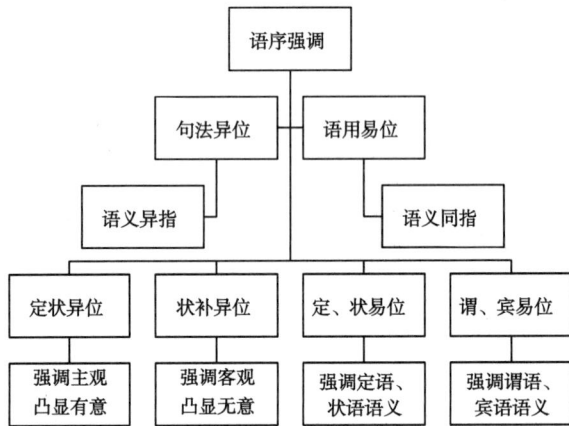

图表 4.5　语序式强调体系

第五章　句法构式的强调

　　构式的概念可以说是"古已有之"的。但是，把绝大部分甚至全部语法现象都看作是构式，并且相信构式具有完全的解释力，是最近这二十年间的事情。Fillmore（1988）对英语习语"let alone"的考查让人们对习语现象有了新认识：习语在一定程度上都是可分析的，但分析程度在一定程度上是受限的，即不能完全用规则推导，这个时候构式的研究实例仅仅关注特殊句式。Goldberg（1995）已不满足于一些习语的个案分析，开始研究基本的论元结构，并明确提出构式是语言的基本单位。至此，构式语法（construction grammar）以一个成熟的理论体系呈现出来。

　　构式语法引进汉语学界的初期大多译为"句式语法"，但考虑到Goldgerg（2003）新的论述，"construction"的所指不仅仅限于与基本论元结构式相关的句式，还可以推广到短语、复合词等，那么用"句式语法"就有些不太合适。最重要的是，构式与句式是有区别的：构式是一个沉淀和凝固的抽象句式，而句式是具体使用中的句子，意义在不同语境中千变万化，不具有抽象性，也没有固化下来。所以，本章探讨的也是具有固定、抽象句式义的"构式"，而非具体意义随着语境变化的"句式"。

　　Goldberg（1995）认为构式就是形式和意义的配对结构，小至语素，大至句子，至于词、短语、固定词组、属于、小句等也都包括在内。Goldberg定义"构式"为"C是一个构式当且仅当C是一个形式——意义的配对<Fi，Si>，且C的形式（Fi）或意义（Si）的某些方面不能从C的构成成分或其他先前已有的构式中得到完全预测"，并于后来（2003）做了适当调整："任何语言构式只要在形式或功能的某个方面不能从其组成成分，或不能从其他已存构式中推导或预测出来，就是构式。"

　　沈家煊（1999）提出：一个句式是一个完形（Gestalt），即一个整体结构。心理学中的"完形"就是一个整体的心理意象。完形心理学的一个重要原理是：整体大于部分之和，整体的某些属性无法从组成部分的分析中推断出来，也不能通过对各部分的分析来认识整体的全部性质。一个结构式就是一个形义结合的"完形"，句式的整体意义不等于各组成部分的简单相加，也不能从各部分的意义中推导出来。

Goldberg（1995［2007：159］）认为构式的整体意义不能从词项的意义推导出来，与任何一个组成的词项意义都没有关系，例如：动词 kick 和 sneeze 本身意义只表示"踢"和"打喷嚏"，没有"使役"义，可是当它们用在以下句式中时，句式的整体意义发生了变化：

1）Joe kicked the dog into the bathroom.（Joe 把狗踢入浴室。）
→ Joe caused the dog to move into the bathroom.（Joe 致使狗进入浴室。）
2）Frank sneezed the napkin off the table.（Frank 打喷嚏把纸巾喷到桌下。）
→ Frank caused the napkin to move below the table.（Frank 打喷嚏时使纸巾移动到桌下。）

例 1）、例 2）中的谓语动词"kick""sneeze"独立时并没有"使役——移动"义，但是用于这两个句式中，句式义就包含了"致使物体 A 移动到处所 B"的意义，而该句式中没有任何词项含有此意义。所以，Goldberg 认为，这是一个"致使——移动"构式，构式义是"致使者论元使主题论元沿着方向短语指定的路径移动"，即"X 致使 Y 移向 Z"，且此构式的整体意义具有不可推导性。

Goldberg（1995）研究了双及物构式、致使移动构式、动结构式、非及物移动构式和意动构式等五种论元结构构式的意义表现。

张伯江（2000）运用构式理论分析"把"字句句式的整体意义是，"A 把 BVC"，即"由 A 作为起因的、针对选定对象 B 的、以 V 的方式进行、使 B 完全实现了完全变化 C 的一种行为"。

陆俭明（2004）运用构式理论分析了"十个人吃了一锅饭/一锅饭吃了十个人"句式的整体义是"容纳量——容纳方式——被容纳量"。

由上文说明、举例可以知道，构式的核心精神在于其整体意义不是该构式各组成成分意义的简单相加，也无法将各组成成分意义综合推导出来，构式义是结构式所独立具有的整体意义。基于此，本章的研究对象就是表示"强调"这一整体意义的构式。强调构式应该是形式和意义的配对，强调义不能从该句式的构成成分的语义推导出来，它是固定的、无法转移的、抽象化的。任何符合句法关系的成分进入强调构式后，该句式就能整体表示强调义。

要说明的是，Goldberg（1995，2003）把构式看作是语言的基本单位，他所说的构式不仅是句式或固定格式，也包括词汇、语素。限于篇幅，本节不探讨具有整体构式义的语素或词汇，只探讨具有整体构式义的句式：具有"强调"整体意义的句式。强调构式必须满足下列条件：

一、是一个固定句式；

二、句式的整体意义为"强调"；

三、句式的整体意义是独立的，无法从成分义综合推导出来。

满足以上三个条件的句式有："再……也/都……"句、"连……也/都"以及"是……的"句。

第一节　"再……也/都……"构式

"再……也……"和"再……都……"是现代汉语的两个常见句式，吕叔湘（1980［2001：642］）将"再"的义项分为五类，第一类"表示一个动作或者一种状态的重复或继续，多指未实现的动作或经常性的动作"，第一类的第四个小类是"再……也"句式中"再"的具体语义，即含有"即使"或"无论怎么"的意思，后面常用"也、还是"呼应，用于让步假设句。例如：

3）再等也是这几个人，还是别等了吧。（吕叔湘，1980：569）

"再"也可用在形容词前，表示程度增加，有时等于"无论多"，用于让步的假设。例如：

4）情况再严重，我们也能想法对付。（吕叔湘，1980：570）

鲍克怡（1988：285）将"再 X 也 Y"与"连……也……"并举，

认为两者都"说明在达到极限的程度时会有什么结果"。例如：

> 5）珠兰、茉莉、玉兰、玖玖，再香也是浊的，多闻一会就觉得腻。（鲍克怡，1988）

邢福义（1997）把"再 X 也 Y"、"越 X 越 Y"这一类称为加标凝合紧缩句，"再"、"也"、"越"等是标记。"再 X 也 Y"的语义相当于"即使……也……"。

毛哲诗（2006）认为，形容词前的"再"语义可以分为三类——状态重复义、状态持续义、程度加深义。其中，以"再……也……"为核心，以"再……都……"和"再……还……"为变体的假设让步句式中，"再"表示程度加深。假设让步句一般都是先假设某种状况出现，但是结果仍然不会发生改变。通过让步句足够大的退让限度和结果句的始终不变，形成较大反差，来达到对比效果。所以在假设让步句中，"再+形容词"光杆形式都是表示形容词程度量达到很高，而且人们都倾向于向形容词量的最高层级理解——极量。

古川裕（2009）认为，"再"字 NP 作主语时一定要求副词"也"共现，是因为在形式上是单句，但本质上是一种临时性的偏正词组，底层隐含着主谓词组，其功能相当于复句中的条件分句，NP 整体用来陈述某种转折性的条件。

李凰（2009）认为，"再 X 也 Y"表示让步假设，X 的性状、行为的程度加深到顶点、极点，即"无论怎么、不管多么"的意思，也不能改变后面的结果 Y。从而使其产生强调结果不容更改的意味，表达反预期的语用功能。

李文浩（2010）认为，"再 XP 也 VP"构式假设 XP 处于量级顶端，也可以达到 VP 的极性让步，强调无条件实施 VP，"再 XP 也 VP"是对"即使再 XP 也 VP"的承继。

董秀芳（2010：328）认为，表示极大量和极小量的成分很容易发展为加强对命题真实性确认的强调成分，表量成分的强调用法是极大量成分与强调的自然关联造成的。

李会荣（2012）认为"再 A 也 B"包含两种不同的构式：当语块 A

是有界成分时，增效构式 C_1 各项结合紧密，构式义大于组合义；当 A 是无界成分时，非增效构式 C_2 结合得不很紧密，各个成分可以相互替换，构式义等于组合义①。

　　6) a. 她说，"我就看上你了，赖上你了，你毛病**再多**我**也**不嫌，别人**再好**我**也**看不上。"（王朔《过把瘾死》）

　　　　b. 于是在各个模特、广告公司之间跑，希望他们能收下我，哪怕**再低**的工资**都**愿意在那儿待下去。（王朔《过把瘾死》）

　　例6）a 句表示无论你的毛病怎么多，我都不嫌你；无论别人怎么好，我都看不上。也可以说，即使你毛病达到"多"这个量级的顶级，我也不嫌弃；即使别人达到"好"这个量级的顶级，我也看不上。对比两个极性量的条件和两种极端情况下的反应，强调结论："我就看上你了，赖上你了"；b 句表示无论工资低到什么程度，我都愿意在那儿待下去。也可以说，即使工资低到量级的最小量最低级，我也愿意待下去。以极性量的条件强调结论："希望他们收下我，我愿意在那儿待下去"。

　　"再……都"句式出现的频率远远低过"再……也"的频率②，但两者用法和意义基本相同，所以我们将其综合看作一个句式"再……也/都……"假设该句式的整体意义表示强调，综合各构成成分的语义都推导不出强调义，那么就可以证明"再……也/都……"句式是一个强调构式。所以，我们首先分析构成成分"再"、"也"、"都"的语义，再综合分析句式的整体意义。

---

　　①　沈家煊（1995）指出，事物在空间上、动作在时间上、性状在量或程度上都有"有界"和"无界"的对立；有界名词的本质是所指事物的个体性和可数性，无界名词的本质是所指事物的非个体性和不可数性；有界动作在时间轴上有起始点和终止点，无界动作则没有起始点或终止点，或只有起始点没有终止点；性状的"有界"和"无界"在汉语语法中的表现就是形容词有性质和状态之分，后者总是表示一定的量段或量点。

　　②　李文浩（2010）以北大语料库中的王朔作品为例，让步假设类"再 XP 也 VP"有 53 例，而"再 XP 都 VP"只有 2 例。"再 XP 也 VP"与"再 XP 都 VP"的用频不对称，前者明显高于后者。

一　构件分析

(一)"再"的句法语义

史锡尧(1996)分析了"再"的历时演变过程,指出"再"在古汉语中表示"两次、第二次",是数词,属于实词范畴;在现代汉语中语义传承下来,作为语素与其他语素组合成词时有的还保留了这一语义,如"再版"表示"第二版"的意思;但它作为一个独立的词时,一般用来修饰动词和形容词,词性转为副词,属于虚词范畴,词义虚化了。"再"的几个义项之间的联系如下图①:

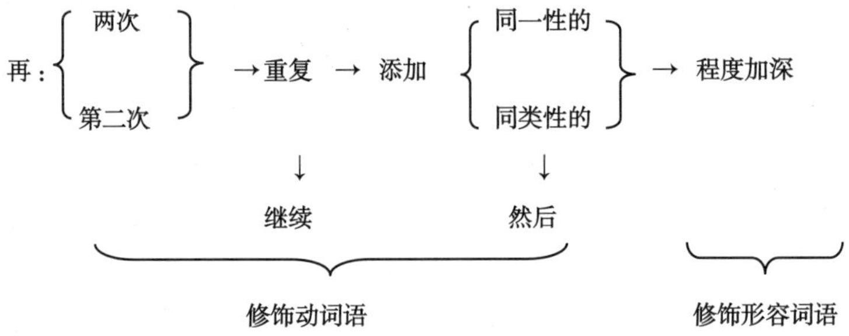

图表 5.1　"再"的义项联系

具体来说,"再"表示动作的"重复",是"第二次"义的引申;表示动作的"继续",是"重复"义的引申;表示"添加"义,是"重复"义的引申;表示"程度加深",是"添加"义的引申。在"再……也"句式中,"再"表示程度加深的意思。

刘月华(2001)列举了"再"与"也"连用的情况,认为"再"用在形容词短语前表示程度加深、范围扩大。例如:

7)a. 事情**再多**,她也不嫌多,不叫苦。

　　b. 在高原上,有好的食物也不能多吃,**再饿**也只能吃六七成饱。

刘文认为,a 句的意思是"她的事情已经很多了,但是即使再多一

---

① 关于"再"词义从古至今的历时演变过程,详情请参见史锡尧(1996)。

些，她也不嫌多，这里的'再'意义上有些像'更'"。

其实，在"再……也/都……"的句式中，"再"表示程度加深到最高级的意思，是一种极性程度量的表示。例如：

> 8) a. "躲着您还不容易？可您的丧气事**再多也**赖不着我！"（刘心武《四牌楼》）
>
> b. 不管怎么样，过去了就是过去了，**再哭再闹**也都回不去了。《当代》）

例 8) 中"再"后的成分是形容词和动词，这代表了"再"后句法成分的两种语法类型："再 AP"与"再 VP"。a 句中 AP 前的"再"表示程度量最高级别，"再多"并不是"很多、非常多"的意思，而是到达"最多"的程度，句式义是"丧气事达到最多也赖不着我"；b 句中 VP 前的"再"表示动作量最大级别，"再哭再闹"的意思是"哭、闹"的动作行为达到最大量最强量，强调句式义"回不去了"。"再"表示程度加深到极性量，最大化满足前提条件。

（二）"也"的句法语义

吕叔湘（1980：595）解释"也"时将其义项分为四类，其中第二类义项是"表示无论假设成立与否，后果都相同"，并认为表示这一语义时，除了与"再"搭配成为"再……也/都……"句式，还可以与"最、顶、至"等搭配。

马真（1982，2014）认为，"也"的基本意义是"表示类同"，这是就 A 和 B 的关系说的，至于 A 和 B 作为"也"引出的语义要素，可以是不同的人、事物、事件、时间、处所、条件①。"无论/不论/不管……，也……"这样的句子，是一个表示无条件的复句句式，强调在任何情况下都这样（或都不这样），"也"强调在任何条件下其结果都类同。

史锡尧（1988）认为，"也"的基本语义是表示同一、强调同一。"再……也"句式中的"也"表示"仍然"义，强调"同一"。例如：

---

① 马真（2014）认为，确定"也"的基本意义不应该看"也"所引出的是什么语义要素，而应该看不同语义要素之间的关系是否有类同关系。

9) a. 那时咱们也德高望重了，也大大小小满视野了，**再痞也没人敢管咱们叫痞子**了。(王朔《一点正经没有》)

b. 他就是对孩子特别有耐心，孩子**再怎么戏弄他他都不生气**。

例9) 中，"再痞"是指达到了最痞的程度，"再怎么戏弄他"是指戏弄他达到了极致的程度。在"最痞"的情况下，也"没人敢管咱们叫痞子"；在"戏弄他到了极致"的情况下，都"不生气"。"也"和"都"都表示事物到了最坏的程度，人们的反应仍然和原来一样，表示的是一种最好和最坏的同一性、一致性，以此来强调事物的程度对人们的反应来说，没有任何影响。

(三) "都" 的句法语义

吕叔湘（1980 [2001: 177]）在解释"都"时将其分为三类，依次分别表示"总括"、"甚至"、"已经"。

李宗江（1998）指出，"都"由表"聚集"的动词虚化而来，但在演变前后做动词并不多见。

袁毓林（2005）比较了"都"和"也"的区别，指出"都"加合操作的对象是一组具有相同性质的个体，而"也"加合操作的对象是一组具有相似意义的命题①。"都"的语义功能②，从外延逻辑的角度说，是把 NP_{pl} 所指的集合中各个元素总括起来，使他们成为 VP 的所指的一个子集。从内涵逻辑的角度说，它表示 NP_{pl} 所指的集合中的不同个体具有相同的属性。也就是说，"都"把 VP 所表示的属性分配给了 NP_{pl} 所指集合中的每一个元素。

董秀芳（2010）认为"都"的语义发展路线比较复杂，表示全称量化与表示强调的用法在不同时期地位不同。在产生初期，主要表示对程度的完全量化，以及在否定句中加强语气。后来，"都"在否定句中加强否

---

① 袁毓林（2005）指出，"都"要求它所连接的不同命题的论元不同，但谓词必须相同。如果不同命题的论元相同，但谓词不同，就无法用"都"连接；但相比起来，"也"的要求比"都"的要求松，论元或谓词相同的命题甚至论元或谓词都不同，但意义相关和相近的命题，它都可以连接。详情请参见袁毓林（2005）《"都"的加合性语义性功能及其分配性效应》。

② 这里"都"的语义功能是在"都"字句的范围下讨论的，"都"字句记作"NP_{pl} + 都 VP"。

定语气的用法有所衰落，新的用在肯定句中的强调用法出现。

我们认为，"都"在进入"再……都……"句式之后，语义表示同一，即"假设一种极致情况出现，结果还是同以前一样"，强调结果的同一性。例如：

10) a. **再差劲的电影都**不必担心没有观众，这使得制片公司和电影院老板笑逐颜开。（张剑《世界 100 位富豪发迹史》）

　　b. 不符合消费者需求的产品，**再加强推销与促销都**是无效的。（《当代》）

例 10) 中的例句代表"再……也/都……"句式的两种基本句法成分类型：a 句中"再"字后是光杆形容词"差劲"，b 句中"再"字后是动宾短语"加强推销与促销"。"再"放在形容词前表示程度量，放在动词结构前表示动作量，强调性质和动作在极性量（最差劲、推销与促销最大量），情况和结果仍然不变："不必担心没有观众"、"无效的"。

二　句法构成

按照进入"再……也/都……"句式的句法成分来分析，"再"字后面的成分基本上分为动词结构和形容词结构。动词结构一般是光杆动词或者动词短语充当，形容词结构由光杆形容词或者形容词短语充当。例如：

（一）再+VP+也/都+VP

11) a. 她说："不不，我不是那个意思。**再谈也**是没用的。我只是忘不了他，你懂吗?"（王朔《空中小姐》）

　　b. 你那个教授儿子是博士、博士后，圣诞节一张卡片，管什么事啊? 你**再哭都**没有人理你。

　　c. 那我们学了半天哲学，原来一直是跟在西方的后头跑，这样**再跑也**跑不过他们。（《当代》）

12) a. 玉娥也两只小眼睛一瞪，分毫不让地说："你们算是什么? 倒跑回娘家来跟二哥二嫂争! **再怎么争**你也争不过我们那口子去。"（刘心武《小墩子》）

　　b. 他要见太后，就让他去见吧，见过了就给我送回和州来，

这个疯子**再怎么闹**都是斩首的下场。（苏童《才人武照》）

　　c. 不肯负责任的人，**再如何虚张声势**，也只是弱者；肯负责任的人才有被尊敬的资格。（《传媒大亨与佛教宗师的对话：包容的智慧》）

13）a. 真古怪，她在这么个店铺里，当着他，流眼泪。**再没有好奇心**也生出了好奇心。（刘心武《多梳的帆船》）

　　b. 我去扛回四十斤。别看走路都打晃，**再给四十斤**也能扛回来。（张正隆《雪白血红》）

　　c. 从下午 5 点起，我们吃了一顿好饭，看了一场好电影，又在这个冷饮店里坐了几个小时，吃遍了这家店所有品种的冰激凌，花光了我们俩身上的所有钱，**再要一瓶汽水**也要不起了。（王朔《过把瘾死》）

14）a. 但话说回来，一个人再豁达，**再想得开**，也不愿意一天到晚被人议论，被人查来查去吧！（《1994 年当代报刊精选》）

　　b. 我要告诉朋友们，这样的事情，我们会妥善处理的。即使**再闹得大一些**，也影响不了我们的根本，影响不了我们既定的政策。（《邓小平文选·第三卷》）

　　c. 这就肯定中国球员**再打得多么好**，也最多只能有 3 人进入 4 强，甚至可能仅有两人跻身 4 强。（《当代报刊》）

　　例 11）—例 14）都是动词结构充当"再"后成分，其中例 11）是光杆动词"谈、哭、跑"；例 12）是状中结构"怎么争、怎么闹、如何虚张声势"；例 13）是动宾结构"没有好奇心、给四十斤、要一瓶汽水"；例 14）是动补结构"再想得开、再闹得大一些、再打得多么好"。这些动词性成分的动作量有重复和加深的意义。

　　（二）再+AP+也/都+VP

　　15）a. 油灯**再好**也有个耗尽的时候，就怕续不上那一壶油呐。（苏童《妻妾成群》）

　　b. 若能很快结束战斗，伤亡**再大**也值得。（张正隆《雪白血红》）

　　c. 有庆可怜，包了件衣服就埋了。家珍可不能再这样，家

里**再穷**也要给她打一口棺材，要不我良心上交待不过去。（余华
《活着》）

16）a. 沂蒙山区的春节风习之一是，哪怕离家**再远**也要在农历
除夕赶回家，一家人上过年坟，吃顿团圆饭。（《当代报刊》）

b. 其他动物界中母体哺育幼仔的活动，哪怕表现得**再复杂**，
也只是一种程序化了的动作反射系列。（《当代》）

c. 花毕竟不能常好，开得**再鲜艳夺目**，也终究会凋谢的。
（《佛法修正心要》）

17）a. 南方女孩子从小就拎着篮子上街买菜，都有一手讨价还
价看秤的绝活，北方**再精明的农民**也坑不了她们。（王朔《浮出
海面》）

b. 那么，久而久之，神经**再健全的人**也没法不渐渐混淆现
在的真实和过去的真实。（王朔《海水火焰》）

c. 毓如说了好几次，夜里不关灯？**再厚的家底**都会败光的。
（苏童《妻妾成群》）

例15）—例17）都是形容词结构充当"再"后成分，其中例15）中
光杆形容词"好、大、穷"充当谓语"油灯好、伤亡大、家里穷"，
"再"是对主语程度量的强调；例16）中光杆形容词"远、复杂、鲜艳
夺目"充当补语"离家远、表现得复杂、开得鲜艳夺目"，"再"是对谓
语状态量的强调；例17）中光杆形容词"精明、健全、厚"充当定语
"再精明的农民、再健全的人、再厚的家底"，"再"是对中心语程度量的
强调。

由此看来，"再"后的成分一般是由形容词或形容词结构、动词或动
词结构充当，表示事物的程度量或谓语的状态量，进入"再……也/
都……"句式之后，肯定极性程度量或谓语状态量，强调事物不以程度
或状态的变化而发生变化。

三　强调意义

（一）"再VP+也/都+VP"构式义

动词的量性特征主要体现在动量的大小和时量的长短上。比如，例
11）a句中"再"后的光杆动词"谈"具有行为的可延续性，"谈一次"、

"谈两次"……"谈一个小时"、"谈两个小时"……这两种程度量分别是"进行谈话的次数"和"谈话持续的时间"，它们各自构成一个量幅。

11）a. 她说："不不，我不是那个意思。**再谈也是没用的**。我只是忘不了他，你懂吗？"

命题意义是：在忘不了他的前提下，谈最次、谈最长时间都没用。
预设意义是：跟他谈话有次数的多少和持续时间的长短之分。
综合命题义和预设义，可以作出推理1：如果在忘不了他的前提下，谈话达到最多次、最长时间都没用；那么，在同样的前提下，谈话达到最少次、最短时间就更没用了。又由于预设义：谈话的次数是一个从少到多的连续等级序列，谈话的时间也是一个由短到长的连续等级序列，将序列离散化表现为：

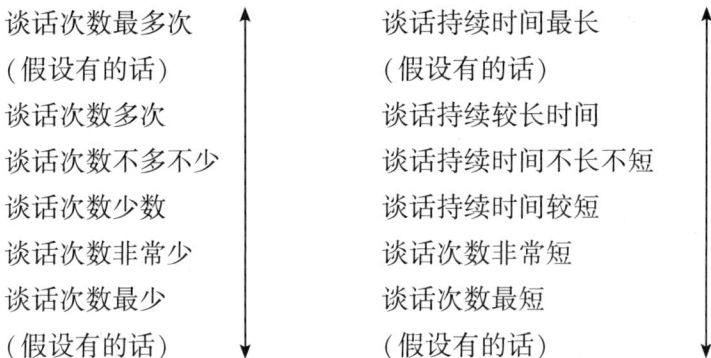

谈话次数最多次（假设有的话）	↑	谈话持续时间最长（假设有的话）	↑
谈话次数多次		谈话持续较长时间	
谈话次数不多不少		谈话持续时间不长不短	
谈话次数少数		谈话持续时间较短	
谈话次数非常少		谈话次数非常短	
谈话次数最少（假设有的话）	↓	谈话次数最短（假设有的话）	↓

结合预设义和推理1，可以作出推理2：如果在忘不了他的前提下，谈话次数达到最多次和最少次都没有用，谈话持续时间达到最长和最短时都没有用；即，如果忘不了他，谈话次数和持续时间分别在少——多、短——长这两个量幅的任何一个程度量上，都是没有用的。

由此，我们得出结论：谈话次数和持续时间这两个程度量，对"没有用"这个结论的作出没有任何影响。只要满足"忘不了他"的前提，结论就不会变。例11）a句的句式义强调了"没用"这个结论完全不受谈话的程度量影响，也强调只要满足大前提"忘不了他"，"没用"这个结论的评估就一定会作出。

例12）的"争"、"闹"、"虚张声势"都是动词，都借助疑问代词

"怎么"、"如何"来表示动量的可伸缩性，"再"后"怎么闹、怎么争、如何虚张声势"表示动作量处在量幅最顶端，即"往最大程度争也争不过我家那口子"、"往最大程度闹也要斩首"、"虚张声势到最大程度也只是弱者"；而不可能是"往最低程度争也争不过我家那口子"、"往最低程度闹也要斩首"、"虚张声势到最低程度也只是弱者"。否则，就不合乎人们的认知原则，因为只有否认最高级，才等于否认全量。否认了全量对结果的制约条件，就意味着程度量不是影响结果的因素，也不是制约条件，"争不过"、"斩首"、"是弱者"这样的结果一定会出现。同理可知，例12）的句式义分别为：

a 句强调"争"这一动作量对结果"争不争得过"不产生任何影响；并且只要符合句式的大前提"他是她哥"，"争不过"这一结果就一定会发生。

b 句强调"闹"这一动作量对"是否斩首"不产生任何影响；并且只要符合句式的大前提"这是个疯子"，"斩首"这一结果就一定会发生。

c 句强调"虚张声势"这一动作量对"是否是弱者"不产生任何影响；并且只要符合句式的大前提"不肯负责任"，就会得到"是弱者"的评价。

例13）a 句的"再"之后是动宾结构"没有好奇心"，这个动量是确定的，不存在程度量的强弱之差，强调了"他之前没有好奇心"这一事件，对"生出好奇心"这一事件不造成任何影响。不论事件 A 是否表示程度量的差别，只要能满足句式的大前提条件 C，事件 B 就一定会发生。

b 句的"再"之后是动宾结构"再给四十斤"，动词"给"的程度量对我而言是一个承受的极限，因为"走路都打晃"，所以"四十斤"构成了"给"的最顶端程度量，从高到低可能分别构成一个类似"再给四十斤"、"再给三十斤"、"再给二十斤"、"再给十斤"等的程度量幅。肯定最高量，就意味着肯定全量，即以"四十斤"为程度最高量的这一量幅范围内，所有的程度量都能承受。所以句式义是：只要前提"我去扛回四十斤"成立，那么"再给四十斤也能扛回来"这个结果也成立。

c 句的"再"之后的成分"要一瓶汽水"是动宾结构，购买量是最低的，最低的程度量都满足不了，那么所有的程度量都满足不了，也等于否定了全量，即所有的商品都买不起。也就是说，在"一瓶汽水也买不起"这个量点上，要购买商品的程度量的高低对购买行为来说不具意义。所以句式义是：强调"所有东西都买不起了"，通过否定"买东西"的最低程度量，否定了"买东西"的所有程度量。但是该句的大前提（事件C）"我们把所有钱都花光了"，这个程度量包含"一瓶汽水也买不起"（事件A）的程度量。只要满足了事件C的程度量，就能满足事件A的程度量。所以这里还是强调，只要满足事件C表示的程度量，那么事件B就会一定发生。

在这里，要说明的是，"争"、"闹"、"虚张声势"这些行为的程度量从最弱到最强，最强的程度都达不到效果，就意味着全量达不到效果。在这里，否定最高量等于否定全量。与此相反的是，"购买"这一行为虽然是最低到最高，但程度最低的东西都购买不了，那么全量也购买不了。在这里，否定最低量等于否定全量。这是不同行为类型所造成的程度量顺序的差别。从整体的句式意义上来说还是一致的：表示事件A的程度量不影响事件B的发生，即事件B的发生并不以事件A的程度量为条件。

例14）的"再"之后是动补结构"闹得大一些"，动量由补语的程度量表示："再闹得大一些"可以构成"闹得有点大"、"很大"、"非常大"、"最大"这样离散的程度量序列。表面上动量由于不确定性在量幅上具有伸缩性，实际上，动量仍处在量幅最顶端，即"闹到最大程度也影响不了我们的根本和既定政策"。

其句式义强调"闹"的程度对"是否影响我们的根本和既定政策"没有任何影响，只要符合句式的大前提"这样的事情，我们会妥善处理"，那么"不会影响我们的根本和既定政策"这件事就会发生。

综上所述，"再VP+也/都+VP"句式也涉及三个事件：句式的大前提事件C，动词或动词结构表示事件A的程度量，动词结构表示事件B。那么，"再VP+也/都+VP"表示的事件图式是"再A也/都B"。"再A也/都B"的句式义是：

1. 当事件A表示程度量时，程度量对事件B的发生完全没有影响。只要满足了该句式的大前提C，那么事件B就一定会发生。该句式强调了事件B的发生完全不受事件A的程度量影响。

2. 当事件A不表示程度量时，事件A对事件B的发生完全没有影响。只要能满足句式的大前提条件C，那么事件B就一定会发生。该句式强调了事件B的发生完全不受事件A的影响。

3. 事件A表示程度量，且程度量在大前提C所表示的范围之内，只要满足句式的大前提 C，事件 B 就一定能发生。事件 B 的发生虽然受事件 A 所表示的程度量影响，但是事件 A 的程度量被包含在前提 C 的程度量，所以该句式强调只要满足句式的大前提 C，事件 B 就一定会发生。

（二）"再 AP+也／都+VP" 构式义

15）a. 油灯**再好**也有个耗尽的时候，就怕续不上那一壶油呐。

命题意义：如果油灯是最好的，而且也续得上油，也有要耗尽的时候，更不用说续不上油的时候，油灯就更会耗尽了。

预设意义：油灯有好坏之分。

综合命题义和预设义，可以作出推理 1：如果油灯是最好的，也有要耗尽的时候。那么如果油灯是最差的，耗尽可能更快。又由于预设义：油灯从好到差是一个连续的程度量序列，将其离散化表现为：

油灯是最好的　↑
油灯挺好的
油灯是好的
油灯不好
油灯很差
油灯是最差的　↓

结合预设义和推理 1，可以作出推理 2：如果是最好或最差的油灯，都有耗尽的时候，那么在从好到差这个量幅的任何一个程度量上，油灯都有可能耗尽。

由此，我们得出结论：油灯好坏的程度量，对油灯耗尽这一事情的发生没有任何影响。只要油灯能续上油，它就一定会耗尽。句式义：强调油灯一定会耗尽，耗尽的发生完全不受油灯好赖的程度量影响，也强调只要满足隐含的大前提 "续得上油"，"油灯耗尽" 这件事就一定会发生。

17）a. 南方女孩子从小就拎着篮子上街买菜，都有一手讨价还价看秤的绝活，北方**再精明的农民**也坑不了她们。

命题意义：南方女孩子上街买菜特别会讨价还价，北方农民坑不了她们。

预设意义：北方的农民在精明程度上有差别。

综合命题义和预设义，可以作出推理1：如果在南方女孩子都会讨价还价看秤，北方最精明的农民也坑不了她们。那么，北方最不精明最愚笨的农民就更坑不了她们了。又由于预设义：北方农民精明的程度是一个连续等级序列，将序列离散化表现为：

北方最精明的农民
北方一般精明的农民
北方不精明的农民
北方最不精明、最愚笨的农民

结合预设义和推理1，可以作出推理2：如果南方女孩特别会讨价还价的前提下，北方农民精明或不精明，都骗不了她们。那么，如果北方农民在精明这个性质义量幅的任何一个程度量上，都骗不了她们。

由此，我们得出结论：北方农民的精明程度，对南方女孩买菜被坑这件事情的评估没有任何影响。该句式义强调南方女孩子买菜从不被坑，北方农民的精明程度对南方女孩子买菜是否被坑不产生任何影响；也强调了只要满足大前提"南方女孩子去买菜"，"不被坑"这件事就一定会发生。

同理可证：

15）b 句式义：强调了"值得"这个评估的作出完全不受伤亡程度的影响；也强调了只要满足大前提"很快结束战斗"，"值得"这个评估就一定会作出。

15）c 句式义：强调了一定要给家珍打棺材，家穷的程度不会影响"打棺材"这件事的发生；该句的大前提是隐含的"家珍死了"，强调了只要满足大前提"家珍死了"，"打棺材"这件事就一定会发生。

16）a 句式义：强调（沂蒙山区的人）一定要除夕回家过年，离家距离的远近程度对"回家过年"这件事不产生任何影响；强调只要满足大前提"沂蒙山区的人"，"除夕回家"这件事就一定会发生。

16）b 句式义：强调动物界中母体哺育幼仔的活动的复杂程度，不会改变其本质：只是一种程序化了的动作反射系列。强调只要是动物界母体哺育幼仔，就一定是程序化的动作反射。

16）c 句式义：强调花的鲜艳夺目程度不会改变"凋谢"这一结果，强调花不能常好，只要是花，就一定会凋谢。

17) b 句式义：强调了人会渐渐混淆现在与过去的真实，在神经健全的这个范围之内，神经健全的程度不会对人混淆现实这件事情造成任何影响；也强调了只要满足大前提"久而久之"，"混淆现实"这件事就一定会发生。

17) c 句式义：强调了家底一定会败光，家底的厚薄程度对家底是否会败光不产生任何影响；也强调了只要满足大前提"夜里不关灯"，"家底败光"这件事就一定会发生。

综上所述，"再 AP+也/都+VP"句式，涉及三个事件：句式的大前提事件 C，形容词表示事件 A 的程度量，动词表示事件 B。"再 A+也/都+VP"表示的事件图式是"再 A 也/都 B"。"再 A 也/都 B"的构式义是：强调事件 B 的发生完全不受事件 A 的程度量影响，并且强调只要满足该句式的大前提 C，事件 B 就一定会发生，是一种双重强调。

（三）"再……也/都……"的构式意义

将句式"再……也/都……"所涉及的三个事件代入，就变成了"只要 C，再 A 也/都 B"。形容词或动词、形容词结构或动词结构分别充当"再"后的成分时，该句式义分别为：

1. 强调了事件 B 的发生完全不受事件 A 或事件 A 的程度量影响，并且强调只要满足了该句式的大前提 C，事件 B 就一定会发生。

2. 强调了事件 B 的发生会受到事件 A 的程度量的影响，但是 A 的程度量被包含在 C 的大范围之内，C 的程度量大于 A 的程度量，只要满足了 C，就一定会导致 B 的发生。所以仍然可以将该句式义看作，强调只要满足了大前提 C，事件 B 就一定会发生。

综合起来，"再……也/都……"的事件框架是"只要 C，再 A 也/都 B"，句式意义是，强调了事件 B 的发生不受事件 A 或事件 A 的程度量影响，并且强调只要满足了该句式的大前提 C，事件 B 就一定会发生，这是一种双重强调。

基于此，因为该句式的强调意义无法从句式任何一个成分语义（"再"表示程度加深到极性，"也"、"都"表示同一）推导出来，所以我们认为这是一个构式，并且构式义是表示强调事件 B 的发生不以事件 A 的程度量为条件，而是以句式前提 C 为条件。并且，任何符合语法条件和句子语境的成分进入该句式，都能表示同一种强调的意义。由此，"再……也/都……"是一个强调构式。

第二节 "连……也/都……"构式

关于"连……也/都……"句式，有很多文章从不同角度探讨它的语义表现、语用功能，研究成果非常丰富。简要说来，研究角度主要集中在三个方面：

1. "连"字的词性；

2. "连……也/都……"句式的句法结构；

3. "连……也/都……"句式的语法功能。

关于"连……也/都……"句式的语法功能，主要观点有：

1. 表示比较。单句中的"连……也……"结构表示一种隐含的比较，它能表现出一种言外之意。而所谓"强调、夸张、加强语势"等等说法，都是由这种隐含比较产生出来的（宋玉柱，1979）。"连……也/都……"句里"连"后的成分是一个对比性话题，用于表现极性对比（方梅，1996）。

2. 表示分级序列。"连"的作用是把一个或数个最不可能具有某种特性 P 的成分给予某一类具有某种特性 P 为谓语的成分。就句子的使用场合而言，使用连字句的目的在于指出，存在一个语用分级序列（Marie-Claude Paris，1979）；连字句表达的是一个以量范畴（量级）为基础的语义范畴系统。人们在量级概念基础上，根据情理值的大小对外部事物进行序位化，然后依次实现对名词的空间序位化和对动词的时间序位化[①]（张旺熹，2005）。

3. 标举极端事例。"连字句在表达上有两种作用：一是说明某种性质的程度很深，二是证明另一件事发生的可能性。"（崔永华，1984）；以预设通过并列结构测试，其预设兼有涵括话题和表陈极性两项功能（蔡维天，2004）；"连标记集合中的一个极端成员，通过对该极端成员的肯定或否定达到对整个集合的肯定或否定的目的"（曹秀玲，2005）。

4. 表达多重信息。"连……也/都……"句式表达多重语言信息，包

---

① "序位化"包含两层意思：一、以某一情理为关联线索的一组成员所构成的序列，因为任何一个值都必须存在于一个量级序列之中；二、把其中的某一成员确定为该序列的端点，有了若干成员所构成的序列，并确立了其中某一成员的端点地位，序位化就实现了。（张旺熹，2005）

括明码信息和暗码信息。具体来说，至少可以表达以下四重信息：基本信息，附带信息，预设信息，推断信息（崔希亮，1990）。

5. 前项 X 和后项 VP 之间存在逆反关系，或显于语表，或隐于语里。显性逆反句，前后互为反义，或构成因果逆转，可以用逆转词"却"连接；隐性逆反句，前后在意义上无关联，不用逆转词连接（丁雪欢，1994；张旺熹，2005）。

6. 表示强调。对于"连……也/都……"句式表示强调这一观点的论述最为丰富、最为细致，强调的视角可以概括分为四大类：

第一类，连字句强调句内成分，即"连"之后的成分。"连"强调"X 都/也"（倪宝元、林士明，1979）；"连"常常跟"都，也"配合起来使用，强调已经说到的事物和其他事物之间的一致性（朱德熙，1982）；"连"强调它后面的词或词组，含有"甚而至于"的意思（尹绪熙，1982）；"连"字强调的对象常常是主语，常常是紧接在后的名词性句法成分（沈开木，1999）；"连"标记的是词焦点和语素焦点（胡德明，2002）。

第二类，连字句强调句外信息，包括周遍性（朱德熙，1982，洪波，2001）；程度量（龚千炎，1987；石毓智、李讷，2001）；高信息话题（屈承熹，2006）。

第三类，连字句是一种焦点表达方式，连字句的焦点是话题焦点（刘丹青、徐烈炯，1998）；连字句的焦点是语义焦点（袁毓林，2006）；连字句的焦点是对比焦点（彭增安、陈光磊，2006）。

第四类，连字句是一种强调格式。连字句处于分级语义序列的顶端而受到强调（周小兵，1990）；连字句是硬性强调格式，在任何时候都表示强调，强调的程度是最强的（李宇明，2000）；非典型连字句的强调义来自整个构式的表义作用（刘丹青，2005）。

本节赞同第四类观点，即"连……也/都……"句式应该是一个整体表示强调意义的固定构式。本节的研究步骤同对"再……也/都……"构式的分析：首先，分别对该句式的构件成分作语义分析；其次，对构成成分作句法描写和归类；再次，描写不同成分构成的句式整体语义并加以分类，综合得出该句式的整体意义；最后，如果这个句式的整体意义无法从该句式各构成成分的语义中推导出来，并且，句式的强调义不因句子成分的改变而改变，任何符合句法关系和语用环境的成分进入了该构式，都表示强调意义，那么，我们就能证明，"连……也/都……"句式是一个表示强调义的句法构式。

一　构件分析

（一）"连"的句法语义

宋玉柱（1979）认为，将"连……也……"结构称为"连字句"是不合适的。因为，"连"字本身不能单独起语法作用，它必须与"也/都"相配合，才能表示某种语法意义。而且有时"连"字有时可以省去不说，而句子语法意义不变。例如：

18）中国人∨死都不怕，还怕困难吗？

19）后来我打过几十次入党报告，他们∨理都不理。（宋玉柱，1979）

宋文认为，"连……也……"结构的语法意义在于和其他分句相呼应，表示递进或递降的关系，派生出一种隐含比较义，"连"字所附着的成分就是比较的对象，所谓"强调"、"夸张"、"加强语势"等说法都是由"隐含比较"产生出来的。

崔永华（1984）认为，"连"字的意义有两方面：一是表示"加合"，只说出添加项，不说被添加项；二是标举极端事例，"连"后的成分所标示的事物带有一种极端性。与之相类似的看法是，曹秀玲（2005）认为，"连"是由实义动词虚化而来的一个语义标记，标记某集合中的极端成员，通过肯定或否定极端成员，达到对整个集合肯定或否定的目的。

周小兵（1990）认为，"连"本身表递进义，跟"甚至"意义相近。而《现代汉语八百词》将复句中的"甚至"看作副词，所以"连"应看作副词。它在完整句中是表示递进的关联词语，在隐含句中同样具有关联作用。强调意义不是由单个"连"表达的，而是由"连……也……"格式和它的对比前件共同表达的，尽管有时这一对比前件是个零形式。

刘丹青、徐烈炯（1998）指出，在"连"字句中，"连"引出的 NP 与预设中的成分构成对比，预设和推理含义又都有比较级的意义成分。对比、全量、比较等因素使"连 NP 都/也 VP"句整体上有较大的信息强度，这是它被公认为汉语中的一种强调句式的原因。但把这种强调意义归结为"连"对 NP 的强调，认为这个 NP 是对比焦点、最突出成分、可以排在"焦点选择序列"第二位等，是一种误解。在句子内部"连"所标记的成分本身是话题性的，在小句中的信息强度不但低于对比焦点，还低于自然焦点。

《现代汉语八百词》（1980：364）指出，"连"是副词，也是介词。在"连……也/都"句式中，"连"是介词，表示强调，"连"前还可加"甚至"。"连"后可以是名词、动词、小句、数量词。

《实用现代汉语语法》（2001：303）指出，"连"是动词，也是介词。在"连……也/都"句式中，"连"是介词，意思与"甚至"相似，其后为名词或名词短语、代词、动词或动词短语，组合成介宾短语，与"……也/都"配合使用。"连"字的功能在于引进话题对比焦点，"连"字的宾语是话题对比焦点，表示一个突出的事例，比如最好的或最坏的，最大的或最小的，最应该的或最不应该的等，后边的句子说出一般的情况及结论。

韩玉国（2003）认为，"连"是一个焦点指示成分，而"也"、"都"则是焦点算子（focusing operator）。在这个过程中，"连"与"也/都"的分工是不同的，真正起激活作用并指派焦点的是"都/也"，"连"只能起引领和明示焦点的作用。

袁毓林（2006）指出，在连字句中，"连"具有双重标记功能，既标志其后的成分是一个小句内的话题性成分，同时又标志这个成分是加合算子"都、也"所约束的语义焦点。但是"连"本身不是算子之类的操作成分，所以它的出现与否并不影响语义结构，例如：

20）a. 我们四百多人的工程队，连坐过飞机的都没有……
　　 b. 我［连］学都学不来。

例 20）a 句中的"连"可以去掉而不影响句子表达，b 句加上"连"以后也不因此改变原句的意思。

邢志群（2008）分析了"连"的语义演化过程，认为"连"从单一表示"连接"这个具体动作发展到表示"强调"这种抽象概念，主观化（Subjectification）在"连"的语义演变过程中起决定性的作用。

熊仲儒（2017）认为，"连"字后的焦点要取极值，不能取全量。所以，由疑问代词做主语的任指格式虽然跟连字句相似，但不能变换为连字句。例如：

　　21）a. 他什么都懂。
　　　　　b. ＊他连什么都懂。（熊仲儒 2017）

　　综上所述，汉语学界大部分认可"连"字不表示强调语义，原因体现在两个方面：

　　一、"连"是一个介词，在单独使用时没有表示强调的语义，只有在与"也/都"组合成"连……也/都……"句式时，才表示强调义，所以，即使有强调义，其来源也不应该是"连"字本身；

　　二、"连"在"连……也/都……"句式中的作用表现为引入其后的成分，"连"其后的成分多为有指的名词结构或无指的动词结构，在"也/都"分句之前，"连……"分句中"连"字并没有强调其后成分，只是对其后成分的一个列举，表示实例列举。至于这个列举成分是否是一个是话题对比焦点，表示一个突出事例，比如最好的或最坏的、最大的或最小的、最应该的或最不应该的等等；是否标举极端事例，列举它是否就意味着强调，这是成分进入句式之后与其他分句对举并列所产生的语用序列，而不是"连"字本身的语义所带来的。

　　所以，本文认为在"连……也/都……"句式中，"连"字是一个介词，作用在于引入其后的列举性成分，不表示强调语义。

　　（二）"都"和"也"的句法语义

　　宋玉柱（1979）认为，"连……也/都……"句式有一种整体意义，表示隐含比较，但句式义不是由"连"字带来的，来源于"也，都"。在'连……也/都……'中，与其说是"连"字起主要作用，不如说是"也，都"起主要作用。

　　吕叔湘（1980：177）认为，"都"是副词，在"连……也/都……"句式中表示"甚至"义，与"连"字同用，有强调语气的作用；"也"是副词，在"连……也/都……"句式中表示"甚至"，加强语气，多用于否定句。

　　Marie-Claude Paris（1981）提出，"也"表示"增加"，是把几个命题连接起来的表层形式；"都"是一个范围过程的表层形式。

朱德熙（1982：191）指出，"连……都……"式里的动词如果是否定形式的，"都"能换成"也"；如果是肯定形式的，"连……都……"式似乎比"连……也……"式占优势。

刘月华（2001：217）描述"都"常与介词"连"搭配使用，出现于句子的话题对比焦点后；"也"起关联作用，整个句子的作用是用最极端的例子来说明一个事实、一个道理、一种情况等。

崔希亮（2001：37）统计了大量语料，发现虽然"也"和"都"是两个不同的词，但在"连"字句中使用频率大体相同，两者是相通的，大致没有分别。

韩玉国（2003）认为，"连"字句中的"也"、"都"是焦点算子（focusing operator）。焦点副词"也"通过比较不同层级的论元来强调值的恒定性，"都"通过凸显位于最高层的端点论元来强调值的恒定性。所以，在语感上，"连……都……"的语势强于"连……也……"

袁毓林（2006）认为，"连"所引导的 NP 是语义焦点，但是约束这个焦点的算子性成分不是"连"，而是后面的加合算子"都/也"。加合算子"都/也"通过约束焦点成分 NP，使其跟焦点域中的其他成分进行对比，从而表示一种反预期的句式意义。"都、也"的语义作用是把"连"所引导的 NP 所指（即某个语用尺度上的最低点），跟"连"所引进的语用标尺上的其他元素加合起来，形成一个周延性的集合，跟后面的 VP 建立起陈述关系，说明它们都同样周延性地具有 VP 所指谓的属性。

巴丹（2012）比较了连字句中"也"和"都"的差异，认为，"连……也……"和"连……都……"由两个不同的语法结构演化而成，成为一个构式中的两个变式。"都"式重在主观、静态的事件，常常充当背景信息；"也"式侧重客观、动态的事件，多充当前景信息。

我们认为，"也"和"都"的语义趋同，都是表示"同一"。

二　句法构成

崔永华（1984）按照"连"后成分的语义角色将其划分为五类：施事性成分或形容词成分的说明对象，广义的受事，修饰动词的成分，补充说明性成分，主要动词性成分。其中，根据受事形式的不同，"广义的受事"可以分为三类：名词性成分、"一+量+（名）"结构、动词性成分，且这三类句式语法差别不大。

我们在对"连……也/都……"句式的考察中发现，"连"后成分涉及的语义角色和语用预设比较复杂，但其构成成分的语法表现相对简单。"连"后成分主要分为两类：名词结构和动词结构，其中又以名词短语为大多数。就崔永华（1984）"连"后成分的语义角色类别来看，也只有最后一类是动词性成分，前四类都是名词结构。

基于此，"连"后句法成分的语法结构可以分为两大类：名词结构和动词结构。在语料搜集过程中我们发现，以名词或名词结构充当"连"后成分的占绝大多数（名词结构占 1314 例，动词结构占 78 例）。虽然名词结构的语法性质和句法功能具有一致性，但是概念义和指称义的差别很大，影响句式的整体表现。名词的概念义进入句子以前就有，指称义进入句子以后才有。概念义千差万别，在这里不予讨论，指称义对句子语义的表达有重要影响，对句法结构也有一定制约。所以，在讨论"连"后名词结构内部差异前，需要区分其指称的类别。

（一）连 NP+也/都+VP

名词的指称（reference）对句子语义的表达有重要影响，对句法结构也有一定的制约作用。具体来说，如果名词性成分的表现对象是话语中的某个实体（entity），则该名词性成分为有指成分，否则就是无指成分。有指成分侧重表现实体性事物，无指成分侧重表现抽象的属性；有指再分为虚指和实指，虚指解释为可能存在的实体，实指解释为指称语境中的实体，这又包括定指和不定指；言者使用某个名词性成分时，如果预料到听者能够将所指对象与语境中某个特定事物等同起来，或者将其与同一语境中其他同类实体区分开，则该名词性成分为定指成分。相反，如果预料听者无法将所指对象与语境中其他同类成分区分开，则称为不定指成分①。我们按照这种分类标准区分"连"后的名词性成分，可以分为六类。

1. 专名或定指人物成分

22）a. 赵道生居然出卖了我，我要找到他一定要扒下他的人皮。**连赵道生都会出卖我**，世上还有什么忠义恩情可言？（苏童《才人武照》）

---

① 定指与不定指这一对概念，更多解释请参见陈平（1987）《释汉语中名词性成分相关的四组概念》。

　　b. 当我们最终走进作沙龙状的小厨房时那模样儿十分悲壮，**连马青**都没认出我们，冲我们嚷，"你们哪儿的？"（王朔《一点正经没有》）

　　c. 这顿饭我吃得很压抑。**连许立宇**都注意到了这一点，他指着我说："你怎么不爱说话了？你过去不是挺能说的么？"（王朔《许爷》）

　　23）a. 您想我学习也不好，每门功课都不及格。**连我爷我奶也发愁**：这孩子长大能干什么呀？除了嘴甜任嘛不懂。（王朔《一点正经没有》）

　　b. 那帮坏蛋蜂拥而上，对马锐拳打脚踢，**连在台球桌旁玩的几个也**扔下球杆围过来，气冲冲地参与殴打。（王朔《我是你爸爸》）

　　例22）、例23）都是专有名词充当"连"后成分，是表示定指意义的名词。例22）"连"后成分都是专名，例23）"连"后成分是语境中具体的人，言者所指人物是听者知道、了解的。这一类"连"后成分表示对具体人物的定指。

　　2. "人称代词+反身代词"定指人物成分

　　24）a. 她是哪里人我也不知道，**连她自己**也不知道。（苏童《妻妾成群》）

　　b. "跳舞的。"我也不知道为什么这样说，**连我自己**也觉得煞有介事，"就那么认识的"。（王朔《浮出海面》）

　　c. 即或你自以为有许多事尚好好保留在心上，可是，那个时间在你不大注意时，却把你的心变硬了，变钝了，**变得连你自己**也不大认识自己了。（沈从文《水云》）

　　d. 而且还不容易找到称职的教师，**就连我本人**也教不了，因为我是学化学出身的。（《从普通女孩到银行家》）

　　例24）中，"连"后的名词结构是"人称代词+反身代词"结构，所表示的定指义更为确定，表示对人物的特指，出现频率比较低。

3. 无指人物成分

25）a. 颂莲想**连个小丫环**也知道靠那一把壮自己的胆，女人就是这种东西。（苏童《妻妾成群》）

　　b. 说起太平公主，**连街头乞丐**也知道那是女皇的至爱。（苏童《才人武照》）

　　c. "准是，你们同年的都有当处长的，你**连个主任科员**都还没混上。"（王朔《过把瘾死》）

　　d. "你得算臭棋篓子了吧？连**女的**都赢不了。"（王朔《过把瘾死》）

例25）中"连"后的名词和名词结构是无指成分，"小丫环"、"街头乞丐"、"主任科员"、"女的"等表示一种身份或者性别，不是一个具体性实体，我们无法把这些名词同语境中具体的人等同起来。

4. 定指领属成分

陈平（1987）提出，当名词的所指对象与其他人物之间存在着不可分离的从属与连带关系，一旦某个事物的身份在话语中确定以后，与它有这种从属或连带关系的其他事物也借此与语境中同类的其他事物区别开来，获得定指性身份。下例中的"连"后成分就是这种情况，名词或名词结构是句子主语的一部分，通过强调部分的特征来强调主语的整体特征，例如：

26）a. 彩萍也穿同样的短褂子，露着半截肚皮。**连露出的那半截肚皮**都是一样的洁白细腻。（王小波《寻找无双》）

　　b. 这个姑娘圆脸，眼睛不瞪就很大，瞪了以后，**连眼眶**都快没有了。（王小波《万寿寺》）

　　c. 她从后面追上来，眼睛红红的，**连鼻尖**也是红的，一把揪住我，质问我："你干吗没事老挤兑我？你什么意思？"（王朔《动物凶猛》）

　　d. 她对我一贯持友爱、亲热的态度，**连笑容**都是那么始终如一的甜蜜。（王朔《动物凶猛》）

　　e. 在山坡上走着走着，忽然觉得天低了下来，**连蓝天带白云**都从天顶扣下来，天地之间因而变得扁平。（王小波《万寿寺》）

例26）中，a 句"半截肚皮"是"彩萍"的一部分；b 句"眼眶"是"眼睛"的一部分；c 句"鼻尖"是"她"的一部分；e 句"笑容"是"她的态度"的一种；f 句"蓝天白云"是"天"的一部分。"连"后这些名词结构都是表示定指的，与句子主语是部分—整体的领属关系。

5. 不定指事物成分

27）a. "他没事。"吴姗温和地对石静说，"我为他检查过了，**连小外伤**都没有。"（王朔《永失我爱》）

b. 那天夜里我们翻江倒海地吵了一夜，激烈地互相指责，把所有陈芝麻烂谷子都抖落了出来，**连平时开玩笑的话**也说出来用以攻击对方，唯恐话语不恶毒，不能刺伤对方。（王朔《过把瘾死》）

c. 燕郎每天用车前草的汁液替我涂抹患处。这是上苍的安排，现在**连跳蚤**也来欺侮我了。我不无辛酸地自嘲道。（苏童《我的帝王生涯》）

d. 对，一概反着，**连红绿灯都是反着的**。上街您看见红灯就往前走，见着绿灯就赶紧停下来。（王朔《一点正经没有》）

例27）这组例句的"连"后成分表示的事物都是不定指的，即所指称的是个体事物，但言者仅仅是虚指该成分所代表的事物，在语境中并没有具体所指。比如，a 句"小外伤"、b 句"平时开玩笑的话"、c 句"跳蚤"、d 句"红绿灯"都不是实指具体语境中某一处小外伤、开玩笑的某句话、某只跳蚤、某处的红绿灯。它们都指称实体，可是在语境中并没有实体的对应物。

6. 不定指成分话题化

28）a. 一屁股坐她床上就问："怎么回事？我这病怎么**连饭都不能吃了**？**连筷子都捏不住**，汤喝进嘴里就往外流，这也不像感冒呀。"（王朔《永失我爱》）

b. 我也把匙伸进她的汤碗里舀了一匙喝，评论道："这纯粹是刷锅水。""是刷锅水，毫不掩饰的刷锅水，**连盐都不屑一放**。"（王朔《永失我爱》）

c. 刘美萍手托脸着迷地盯着杨重，**连酸奶也忘了喝**，"你是

不是平时特爱思考?"(王朔《一点正经没有》)

　　d. 马林生闭眼咽下一个涌上来的酒嗝儿,不耐烦地说,"**连个玩笑都不能开了**? 你也忒不经一逗了。"(王朔《我是你爸爸》)

　　e. "这人穷呵就是志短。" 我说,"**连革命的精神都打不起来**——除非能靠这吃饭。"(王朔《一点正经没有》)

　　f. "柔"呵,领导写的这字是"柔"呵。**连"柔"都不认得**? 还主编呐? 虽说领导的笔乱了点,大模样儿没走呵。(王朔《一点正经没有》)

例28) 例句中"连"后成分仍是对个体事物的不定指,是提前到主语位置的宾语,使其话题化,成为话题焦点,引起听者的注意,表示强调。话题化,这里是指动宾结构中的宾语提前。比如,对比正常语序应该是:a 句"不能吃饭"、"捏不住筷子";b 句的"放盐";c 句"喝酸奶";d 句"开玩笑";e 句"打不起革命精神";f 句"认得柔字"。这七例全都是通过"连……也/都……"句式将宾语话题化后、提前到句首成为话题成分,引出述题。

(二) 连 VP+也/都+VP

在"连……也/都……"句式中,"连"后成分由动词或动词结构充当的语例很少,并且句法构成及语义表现也没有"主力军"名词结构复杂。"连"后的动词性成分主要由光杆动词或动词性结构充当。例如:

29) a. 那位少女的父母是一对身心交瘁、勤劳奉仁的中年知识分子,老实得**连客气、寒暄都很慌张**。(王朔《许爷》)

　　b. 宣阳坊里的坊吏王安老爹只有一只眼,但是他这一只眼**连睡觉都睁着半边**。这是因为他怕把眼睛完全闭上了就会有人来找麻烦。(王小波《寻找无双》)

　　c. 她又跟了过来:"瞅着我烦是么? **连吵架都不爱跟我吵**了。留着精神跟别人使去。"(王朔《过把瘾死》)

30) a. 谁也没注意他,**就连科长大声宣布**"这是咱们科新来的同志"后,大家也只是略抬了一下头,继续埋头吃饭、聊天、打牌。(王朔《痴人》)

　　b. 昨天,我看见你们了,谈得那么亲密,**连我和阮琳从你**

们面前走过也看不见。(王朔《痴人》)

c. 业主强迫雇员签订的合同却不让员工自己保留,甚至**连**合同上写的是什么也不让员工知道,是明显的霸王条款。(《当代》)

例29)中的"连"后成分都是光杆动词,如"客气、寒暄"、"睡觉"、"吵架";例30)中的"连"后成分都是动词性结构,如"科长大声宣布这是咱们科新来的同志"、"我和阮琳从你们面前走过"、"合同上写的是什么"是主谓结构。

三 强调意义

(一)"连 NP+也/都+VP"构式义

1. 列举典型人物的行为以强调命题义

在"连……也/都……"句式中,"连"后的名词或名词结构主要是对人物专名定指、特指定指、无指通指,例如:

(1)专有名词表示对人物的定指

专有名词所定指的人物是句子具体语境中的一个典型人物,典型人物是群体人物的代表。典型人物所做出的行为,群体人物会做出同样的行为。正是这种群体性的行为强调了句式的命题意义。比如,例22)中,"赵道生"是"世上的人"的典型代表;"马青"是"所有人"的典型代表;"许立宇"是"饭局上其他所有在座的人"的典型代表。

那么,例22)的命题意义分别是:a 句如果"赵道生"这个典型人物出卖"太子贤"的话,那么群体人物都会出卖"太子贤",由此强调了命题意义"世上没有忠义恩情可言";b 句中的"马青"是作者预设语境中一个典型代表人物,她是最能认出我们的人。如果她认不出我们,其他所有人都不会认出我们,由此来强调"我们的模样悲壮到所有人都认不出来的地步";同理可证,c 句通过列举典型人物"许立宇"的行为"注意到了我很压抑",来强调群体人物"在座的人"都"注意到了我很压抑",以此强调命题意义"这顿饭我吃得很压抑"。

"连 NP 也/都 VP"通过列举语句预设语境中典型人物的行为,在群体人物中推而广之,证明群体人物也会做出相同行为,以群体人物行为强化命题义。

（2）特指成分表示对人物的定指

例23）中"连"后的名词成分不是专有名词，但 a 句的"我爷我奶"是特指"我的"爷爷奶奶，在语境中有具体人物对应；b 句通过具体描述，特指"在台球桌旁玩"的那几个人，它们都是表示对语境中的个体人物的定指，也是句子语境中的典型人物。

例24）中"连"后的名词成分是人称代词+反身代词结构，是对人称代词的一种强调性指称，使定指性质更为确定，也是典型人物代表。比如，a 句中的"她"在"其他人"这样的群体人物之中是"典型人物"，这个典型与群体是由命题意义预设的语境：因为人们的认知心理会以"本人"为前台人物，"其他人"为后台人物，其他人可能知道也可能不知道，但是"自己"一定会知道。那么"连……都/也……"就是通过列举典型人物的行为"她不知道"，来强调"其他人就更不知道"，以群体行为来强化命题义"没人知道她是哪里人"。

由专名、特指、人称代词+反身代词表示对人物定指的这些例子，可以发现，在句子命题意义的前提下，人们会有一个预设的语境，这个预设决定了语境中的人物有典型和群体之分，是"前景"与"背景"的关系，典型人物是群体人物的代表。那么，定指性名词成分一般是语境中的"前景"人物，"连……也/都……"句式描述"前景"人物的动作行为，由于其具有典型代表性，所以"背景"人物也会做出相同行为，以此来强化句子的命题意义。

（3）无指成分表示对人物身份的通指

例25）中的"连"后成分不再是定指成分，而是对人物类名的通指①成分，根据陈平（1987）和张伯江（1999）对"有指与无指"的定义，我们认为这一类名词成分指称的不是话语中某个实体，而是由某个身份、职业、性别代表的某一类人或群体，我们不能把这些名词同语境中某个具体人物等同起来，所以它们是无指性名词成分。

由无指性名词成分充当"连"后成分时，"连……也/都……"的句式意义与定指成分相似，都是以典型行为的列举来强调句子的命题意义。

---

①　陈平（1987）认为，通指与无指有交叉的地方。一方面，通指成分并不指称语境中任何以个体形式出现的人物，从这个角度上看，它与无指成分有相同之处；另一方面，通指成分代表语境中一个确定的类，从这个角度上看，它与定指成分有相同之处。

但是区别在于：这一类无指性名词成分指称的不是某个具体人物，而是抽象身份。抽象身份是一个典型身份，人们对它们都有其固定的社会认知，都有符合该身份的人物行为准则。"小丫环"也知道"靠那一把壮胆"，那么其他人也知道"靠那一把壮胆"；当"街头乞丐"知道"太平公主是女皇的至爱"，那么其他人也该知道；当"主任科员"都没混上，"处长"就更没混上；"女的"都赢不了，男的就更赢不了。这些身份都含有人们的认知预设，即此身份的人物本不应该做此事，假若一旦这些身份的人物做了此事，那么其他所有人都会做出此事。在这里，"前景"是这些身份的人物所做出的行为，"背景"是所有人做出的行为，前景和背景具有一致性，以背景的群体行为来强调命题义。

总之，无论是对句子语境的具体人物的定指，还是对抽象的人物身份的通指，只要是表示人物的名词成分进入"连……也/都……"句式，都表示名词成分表示的典型人物的典型行为具有代表性，对群体人物的行为具有一致性的影响，以群体人物的行为来强化句子的命题意义。

2. 列举整体中部分的特征以强调命题义

人们对于整体和部分的关系，存在一个普遍和共有的认知心理：部分与部分组合成整体，部分的所有特征不一定会为整体所有，但是整体的所有特征一定会在每个部分表现出来。例26）中"连"后名词成分与句子主语是部分与整体的领属关系。句子的命题意义是陈述句子主语的整体特征，"连……也/都……"句式的功能，就是通过列举整体中某个部分的特征，来强调事物的整体特征。

比如，例26）e句命题意义是"天低了下来"，通过句子主语"天"的一部分"蓝天"和"白云"的特征"从天顶扣下来"，以强调句子主语"天"的特征"低了下来"，句子的命题意义就是描述句子主语的特征。

3. 列举典型事物以强调命题义

（1）对事物的不定指成分

例27）"连"后成分是由表示对事物的不定指成分充当。这些名词性成分的表现对象是话语中的实体事物，并且听者无法将所指对象与语境中其他同类成分区分开来。具体来说，"小外伤"、"开玩笑的话"、"跳蚤"、"红绿灯"都是不定指的成分，它们指称的是前景事物，即典型事物。由于人们对典型事物和一般事物的认知心理，典型事物所具有的特征，一般事物也理应具有。这些典型事物进入"连……也/都……"句式之后，典型事物的特征扩大到一般事物之上，这样，整体事物的特征强化了句子的命题意义。

（2）不定指成分的话题化

这一类"连"后句法成分与上一类有重合的地方，上一类包含了这一类中不定指事物的话题化成分，并不是所有对事物的不定指成分都能话题化，那要看动词和宾语结合的紧密程度。把不定指成分话题化的句子独立出来，是因为话题是言者有意引导听者注意的中心。

例28）"连"后成分表示对事物的不定指，这一类名词性成分与"也/都"之后的动词直接结合构成动宾结构，中间不能插入任何成分。

综合不定指名词成分的语义特征，可以得出结论：表示对事物不定指的名词性成分进入"连……也/都……"句式，名词成分所表示的典型事物特征具有代表性，与群体事物存在一致性，以群体事物的特征强化句子的命题意义。

综上所述，名词性结构进入"连……也/都……"句式之后，其句式意义是：

1. 无论是对典型人物的定指，或是对典型身份的通指，都是列举典型人物的典型行为，强调群体行为的一致性，强调句子的命题意义。

2. 如果名词结构与句子主语存在从属或连带关系，列举整体中部分的特征，就是强调部分特征与整体特征的一致性，以整体特征强调句子的命题意义。

3. 如果名词结构表示对典型事物的不定指，那么列举典型事物的特征，就是强调群体事物的特征的一致性，以群体事物的特征强调命题义。

综合起来，"连NP+也/都+VP"的构式意义是：在句子语境预设中，人们的认知共识下，列举典型事物或人物、部分事物或人物的特征或行为，通过与群体事物或人物、整体事物或人物特征、行为的一致表现，强调句子的命题义。

（二）"连VP+也/都+VP"构式义

一般来说，"连"后的动词和动词性结构是列举一种典型事件，来说明并强调题意义。所列举的事件不是标举极端事物，而是在命题义的语境范围中的一个典型行为。如，例29）a句"客气和寒暄"是典型的与人打交道、应酬的礼节，b句"睡觉"是典型的日常生活，c句"吵架"是夫妻相处的日常行为。所以，a句以典型行为特征"客气、寒暄很慌张"来证明

"其他任何与人打交道的应酬都会很慌张"这一群体行为特征，用以强调句子的命题意义"少女的父母很老实"；b 句以典型行为"睡觉"的特征"都睁着半边眼"来证明群体行为特征"日常生活中任何时候都睁着眼"，用以强调句子的命题意义"坊吏王安老爹为人谨慎小心"；c 句以典型行为特征"你吵架都不爱跟我吵"来证明"其他任何事情都不想跟我做"这一群体行为特征，用以强调句子的命题意义"你嫌我烦"。

　　所以，"连 VP+也/都+VP"中的动词和动词结构描述了一个典型行为特征，这种典型行为的典型特征是群体行为特征的典型代表，群体行为特征与典型行为特征存在一致性，以群体行为特征来强调命题意义。

　　另外，典型行为特征违反了人们的认知预期，如 a 句的"客气、寒暄很慌张"违反了社会常识预期，因为人们共有拥有的社会常识应该是，客气、寒暄是最简单的社会交往行为，不太可能、不应该出现慌张、失措的行为状态；b 句"睡觉睁着半边眼"违反了人们的普遍认知常识"睡觉是应该完全闭上眼睛的"；c 句嫌烦应该吵架，不吵架应该是感情好的表现，但是言者解读为"连吵架都不爱跟我吵了，留着精神跟别人使去"，违反了听者的预期；d 句"科长宣布有新来的同事"的预期应该是同事们都很重视并表示礼貌欢迎，但是"大家也只是略抬了一下头，继续埋头吃饭、聊天、打牌"；e 句言者的预期是路遇熟人就应该彼此看得见，但是"我和阮琳从你们面前走过也看不见"违反了言者的预期；f 句签合同的预期应该是双方都知道合同内容，但是"合同上写的是什么都不让知道"明显违反了社会共有预期。

　　综上所述，"连"后的动词和动词性结构所描述的典型行为特征，违反了社会共有常识预期，违反了人们最普遍的认知特征，其典型性、代表性，以及与其他行为的一致性表现，构成了对命题意义的强调。

　　（三）"连……也/都……"的强调义

　　在对"连……也/都……"句式的大量研究中，有一些文章（周小兵，1990；李宇明，2000；李泰洙，2004；刘丹青，2005）讨论了这个句式的整体意义，认为这个句式本身表达一种强调义，至于强调什么方面的内容，则各有各的见解。这些见解都一致反映出了一种倾向，认为"连……也/都……"句式具有固定的句式意义，并且这种意义并不是由其中的句法成分所带来的。本节对"连……也/都……"句式的分析也证明了一点，因为，"连……也/都……"句式中每一个构成成分都不表示强调意义，但是整体构式却往往强调了命题义。所以，它是一个具有固定语法意义的构式。这个构式意义经过大量具体句子的使用逐渐沉淀、固化、抽象化，任何符合语法规则的句法成分进入此句式之后，都能获得一致的强调意义，也是构式意义。

另外，"连……也/都……"这个构式虽然表示强调意义，但强调的内容并不具有普遍性语义特征。例如，下面的句子无法证明"连……也/都……"是反预期的强调，也无法证明强调义是由"连"后成分与它的对比前件共同表达的：

31）假如马在街上屙了粪，不但小孩子会马上扑上去，用衣服把它兜起来，就**连**下了班的公务员见到了，**也**会拿出中午带饭的饭盒，用筷子把粪蛋一个个夹进去。（王小波《寻找无双》）

32）我急忙上前分开了他和吴建新，他的手臂软得像面条，似乎**连**烟缸**都**抓不牢了。（王朔《许爷》）

又如，下面的句子也无法证明"连……也/都……"整个句式构成一个全称否定或肯定，从而产生强调义：

33）首先她对薛嵩用篾条来捆她就相当不满，说道：你难道**连**条正经绳子**都**没有吗？（王小波《万寿寺》）

34）后来我得了很严重的内斜视，**连**眼镜**都**配不上。（王小波《未来世界》）

这四例中"连"后的名词性成分表示不定指，都是对典型事物特征的列举。人们普遍共有的认知心理是典型事物是群体人物、事物、事件的代表，典型特征与群体事物的特征存在一致性。而"连"后的动词和动词性结构往往会违反社会共有常识预期，其典型性、代表性，以及与其他行为的一致性表现，构成了对命题意义强调的来源。

所以，由典型事物的典型特征扩大到群体性事物特征，以群体性事物特征来强化句子的命题意义，这就是"连……也/都……"构式的意义，构式义无法从任何句内成分推导出来，是其本身固有的抽象意义。

第三节　　"是……的"构式

宋玉柱（1979）、刘月华（2001：762）区分了两种"是……的"结构：表判断的和表强调的。"是"分别是判断词和副词，"的"分别是结构助词和语气词。吕必松（1982）指出，"是……的"结构有两种语法表现与功能：表示过去时①，以及表示肯定或确信的语气。在此基础上区分了三种句子类型："的"字结构作宾语的"是"字句，表示语气的"是……的"句，表示过去时的"是……的"句。区分如下：

　　　　①"是+N/P/NP+的"＝的字结构作宾语的"是"字句

　　　　②"是+A/AP+的"＝是字句&表示语气的"是……的"句

　　　　③"是+V/VP+的"＝是字句&"是……的"句（肯定语气&过去时）

①和②的鉴别方法是，看看去掉"是"和"的"以后句子能否成立，或句意是否发生变化。如果不能成立，或虽然成立但句意发生了变化，就属于"的"字结构作宾语的"是"字句。

②和③的鉴别方法是，看看去掉"是……的"以后句子能否成立、句意是否变化、是否发生"时"的变化。如果不成立或者意思变化了，属于"的"字结构作宾语的"是"字句；如果意思不变，语气变化了，则属于表示语气的"是……的"结构的动词谓语句；如果发生了"时"的变化，属于表示过去时的"是……的"结构的动词谓语句。辅助鉴别方法还有，检查句子的否定式，改变"是……的"中间动词宾语位置。

袁毓林（2003：368）将句尾带"的"的句子称为事态句（state of affairs sentences），记作"S+Ad+V+O+的"，并列举了十类派生句式，以下四类句式是其中与本节相关的"是……的"句式，例如：

---

① 吕必松（1982）认为，"这类句子固然有强调作用，但起强调作用或指出意思里的重点的不是'是……的'，而是表示时间、地点、方式等等的词语和说话时的语调。如果不用'是……的'，句子所要强调的内容和表达的重点也是很清楚的"。

S$_{21}$：是+S+Ad+V+O+的

S$_{22}$：S+是+Ad+V+O+的

袁毓林（2003：372）指出，各种事态句在结构形式上的差别，是为了实现不同的焦点标记（focus marking）功能：当主语成为焦点，整个句式就是"对施事的确认"（朱德熙，1978），或"断定现实事件的责任者"（李讷，1998）；当状语性成分成为焦点，就有"强调现实事件的条件"的语义特点；当状语性成分是表示可能、必要等模态成分时，就是对非现实事件的肯定。

一　判断标准

"是……的"是一个歧义结构，在这个结构形式下至少包含了两种以上的语法结构。其中，"是"既可以是系动词表示判断关系，也可以是副词，表现为一个强调成分；"的"既可以是结构助词，与前面成分构成"的"字结构，也可以是语气词，附着在句尾表示肯定语气。例如：

35）a. 尽管地是他的，苗是他的，但村长让他拔苗助长，他也无可奈何。（《当代》）

b. 有的业主就认为这个墙是我的，我想挂个什么招牌就挂个什么招牌，想挂什么广告就挂什么广告。（《物权法》）

c. 梁思成献上了一个小花圈，那是他和徽因连夜做成的。（张清平《林徽因传》）

d. 这一盗印本，究竟是北京印的，还是湖南印的，或是其他地方印的，尚不得而知。

36）a. 十年二十年以后的这个市场，我觉得是你们今天想不到的，所以一定要抱着一个开放的心。（《百家讲坛》2003 年）

b. 提法虽有差别，但基本精神是一致的。（《中华茶文化的社会功能》）

c. 列宁说："文盲是站在政治之外的，必须先教他们识字。"（丁锦宏《教育学讲义》）

例 35）和例 36）中两组句子都是"是……的"句，但它们是同形异义句：例35）是"的"字结构充当"是"字宾语的是字句，例36）的"是……的"句都表示强调意义。区分是字句和表强调意义的"是……的"句，标准如下：

首先，看"是……的"这个结构能不能去掉，如果去掉句子不成立，就是"的"字结构充当"是"字宾语的是字句；如果去掉之后句子成立，不改变句子基本意义，就是表示强调意义的"是……的"句。如例35的a句不能变为"尽管地他，苗他"，b句不能变为"有的业主就认为这个墙我"，c句不能变成"那他和徽因连夜做成"，d句不能变成"究竟北京印，还上海印，或其他地方印"；例36）去掉"是……的"之后完全不影响句法结构和命题意义，如a句"我觉得你们今天想不到"、b句"但基本精神一致"、c句"文盲站在政治之外"。

其次，看"的"后是否能补出被省略的名词。如果能够补出，那就表明句子有隐含的宾语，"的"字与补出的名词构成"的"字结构，充当"是"字宾语。如例35）的一组句子中"的"后都可以补出被省略的名词：a句"地是他的地，苗是他的苗"，b句的"有的业主就认为这个墙是我的墙"，c句的"那是他和徽因连夜做成的花圈"，d句"究竟是北京印的道印本，还是上海印的道印本，或其他地方印的道印本"；如果"的"后不能补出词语，说明句子没有隐藏的宾语，"是……的"是一个完整的句法结构，如例36）的所有句子的句尾都无法补出词语，"是……的"是完整的、自足的。

由此，为了区分表示强调意义的"是……的"结构与其他同形结构，我们得出判别表达强调意义的"是……的"结构的五条标准。

第一，"是"的句法语义。

吕叔湘（1980：497）指出，"是"是动词，起肯定和联系的作用，并可以表示多种关系。谓语的主要部分在"是"后边，只能用"不"否定。

席嘉（2013）认为"是"用作指示代词表示复指时，产生了判断和强调的语用意义。当其前后两项同一或者类属时，"是"为判断词；当后续VP和小句与"是"前面的一项不具同一或类属关系时，语用意义固化为语法意义，变成一个强调成分。

我们认为，如果表示判断关系，且"是……的"无法去掉，那么"是……的"就与其他句法成分紧密结合、充当句法成分，无法称为构式，也不能在表示判断关系时以整体句式结构表示强调意义。只有当前后不是判断关系也可以自由去掉"是……的"结构时，才是一个表示强调意义的整体结构。所以，当"是……的"表示强调意义时，"是"不是系动词，是强调其后句法成分的副词。

第二，"的"的句法语义。

赵元任（1968）指出："（是）……的"中的"的"表示整个的情况，意思是"事情就是这样，就是这样的情形"，并指出，这种"的"字后面说不出该补出或是可以补出哪一个名词。因此这个"的"是跟前面的整个小句相结合的，是句末语助词（sentence particle）。

朱德熙（1978、1983）指出，"的"是名词化（nominalization）标记，其语法功能是加在谓词性成分 VP 之后，造成一个名词性的形式"VP 的"，其语义功能有自指（self-designation）和专指（transferred-designation）两种。其中，自指的"VP 的"不能独立做主语、宾语，转指的"VP 的"可以独立做主语、宾语。朱先生所指出的是"VP 的"（例 1 的 c 句），和例 1）中的"NP 的"（a 句、b 句），都是表示转指的，"的"字是结构助词，与 VP 和 NP 结合紧密变成"的"字结构，充当句法成分，不能去掉。

李讷（1998：99）认为这种"的"表示主观的确认态度，属于认识范畴；它作用于一个命题，反映的是句子的情态类型，是一种情态助词，可以归入句末语气词；袁毓林（2003：380）指出，如果表示确认功能，就应该排斥疑问这种不确定的语气，但是"是……的"有疑问形式。如："你们是怎么谈的恋爱？"而且，从分布上看，根据语气词在句子出现的顺序[①]，"的"如果是语气词，应该出现在最后，可是它往往位于最前。如："这也是再明白不过**的**了"，"我在上面几次讲到新意，新意是从哪里来**的呢**？"[②] 所以，从表达功能上看，句尾"的"是传信标记；但从分布上看，这种"的"仍是结构助词，不是语气词。其句法功能是把一个动词性成分 VP 转变为名词性成分"VP 的"，是自

---

① 胡明扬（1981）和朱德熙（1982）的研究认为，语气词在句子里出现的顺序是固定的，表现为表示时态的在最前边（了，呢$_1$，来着），表示祈使和疑问的次之（呢$_2$，吗，吧$_1$，吧$_2$），表示说话人情感和态度的在最后（啊，呕，呢$_3$）。

② 转引自袁毓林（2003：385—386）。

指性的名词化标记。名词化标记"（是）……的"就是一种焦点化助词（focusing particle），当它处于谓语位置上时引出一种焦点结构，赋予句子一种确认性的强调语气。

我们认为，首先，"你们是怎么谈的恋爱?"不是本文所讨论的"是……的"句；其次，当"是……的"结构整体表示强调意义时，并且当"是……的"结构都可以整体去掉也不影响命题意义时，很难仍旧把"的"看作结构助词。所以，当"的"不与前面成分构成的字结构时，它应该是语气助词。

第三，"是……的"的语音形式。

"是"字在语音上一定是重读的，在节奏上与"是"后的成分之间一定有停顿。如例2) a句"我觉得是/你们今天想不到的"，b句"有的业主就认为基本精神是/一致的"，c句"文盲是/站在政治之外的"。

第四，充当"是……的"的句法成分。

"是……的"之间的句法成分可以是名词、代词、动词、形容词等，但一般不是名词或代词，当名词、代词充当其句法成分时，往往与"的"字构成"的"字结构，前后构成判断的类属关系，"是……的"不表示强调意义；当谓词性成分充任其句法成分时，"是……的"作为一个完整的结构式，强调谓词性成分的命题语义。谓词性成分，包括形容词、形容词短语、动词、动词短语、主谓短语等。

第五，整体句式意义。

吕必松（1982）的看法就有构式的意思在里面，吕先生认为"是……的"结构作为一个整体，活动比较自由，好比一个可以移动的框子，需要时就用，不需要时就不用。用不用"是……的"，句子的基本结构可以不变，基本意思也不变。只有语气或"时"的区别。带"是……的"结构的句子在本质上仍然是一般的动词谓语句、形容词谓语句、主谓谓语句等，"是……的"结构只相当于一种形态变化，"是"常常可以省略不用。

袁毓林（2003：384—393）更细致地论证了该句式的实体特征和句式意义，以焦点算子（focusing operators）的理论引入预设概念进行解释。他指出，"（是）……的"是焦点结构的标记，其抽象的句式意义表示强调，强调意义的无标记实现就是确认义，有标记实现是确信义（确实相信会发生某件事情）或确询义（希望得到明确回答的询问）①。

我们一以贯之使用构式概念探讨"是……的"的句式意义。"是……的"句式的强调意义如果不从句式各个构件意义综合推导出来，那就是这个整体句式结构带来的；同时这个句式结构去除以后又不会影响命题意义，失去的只是句式的确认、肯定等强调语气，那么我们可以假定"是……的"是一个表示强调意义的构式，这个构式就像一个移动的语气框。

二 句法构成

"是……的"中间的句法成分是谓词性成分，具体分为形容词性和动词性成分。当形容词或形容词结构充当核心谓语时，该句式结构是"S+是+AP+的"，强调 AP 的语义；当动词或动词结构充当核心谓语时，该句式结构既可以是"S+是+VP+的"，也可以是"是+S+VP+的"（强调已发生动作的施事）。

（一）"S+是+AP+的"的句法语义

AP 充当"是……的"中间的成分，AP 可以是光杆形容词，可以是形容词结构（"副词+形容词"），也可以是固定格式（成语），例如：

37) a. 即使像"人"这样的词义，尽管所指的范围**是明确的**，但究竟应该包含哪些内容，每个人的回答也绝不会完全一样。（叶蜚声《语言学纲要》）

b. 它同宗教**是分离的**，反对宗教对教育的干预。（丁锦宏《教育学讲义》）

c. 构词的材料**是非常稳固的**，这就保证了交际的连续进行。（叶蜚声《语言学纲要》）

d. 在法国，执行义务教育法**是很严格的**，但允许农村儿童经督学批准，每年可有三个月不到校。（丁锦宏《教育学讲义》）

① 无标记是"是（VP）的"形式，有标记实现是指 VP 之前出现了跟确认意义相冲突的助动词"会、要、可以、应该"或"谁、怎么"等疑问形式。在这种情况下，表示已然义的句式意义就会与助动词的非现实性和意愿性特征相冲突。详见袁毓林（2003：393）。

38) a. 可见，实用主义与人文主义在哲学基础上<u>是针锋相对的</u>，属于科学主义性质。（丁锦宏《教育学讲义》）

b. 在人类世代交替的过程中，它<u>是不可或缺的</u>，无论是对整个人类，还是任何个体。（丁锦宏《教育学讲义》）

c. 他通过对科学历史实例的分析，力图说明在某种理论统治下的科学<u>是停滞不前的</u>。（《当代》）

d. 事实上，批判功能和辩护功能<u>是密不可分的</u>，关键在你为谁辩护。（王威孚、宋哲《马克思主义哲学》）

39) a. 但和青年比较，少年评价别人和自己的品质的能力<u>还是不高的</u>，而且<u>是不稳定的</u>。 （朱国玉《初中学生的年级特征与教育》）

b. 在广州，外人也<u>是不自由的</u>，夏秋两季是买卖季，他们可以住在广州的十三行，买卖完了，他们必须到澳门去过冬。（蒋廷黻《中国近代史》）

c. 与此相应，个人之间的发展机会或受教育机会<u>是不均等的</u>。（《当代》）

d. 以销量来判断一本学术著作的优劣当然<u>是不合适的</u>。（孔飞力《叫魂——1768 年中国妖术大恐慌》）

例 37)、例 38)、例 39) 中的 AP 分别是形容词及形容词结构、固定结构（成语）、形容词的否定式（不 A）。

（二）"是+VP+的"的句法语义

"是+VP+的"结构主要表达两种情况下的强调意义，一种是已然义，一种是未然义。如果 VP 陈述的是过去发生的、完成的动作行为，那么该结构用于强调与 VP 相关的各个论元；如果 VP 表达的是惯常行为、一般规律，那么该结构用于强调整个 VP 的命题语义。

一、强调已经完成的动作的各个论元，如时间、地点、方式、目的、条件、施受事等。

1. 强调动作发生的时间（"S+是+VP+的"），例如：

40) a. "又在扯谎，不是早就丢了，<u>是中午才丢的</u>，是不是?"（李文澄《努尔哈赤》）

　　　b. 日本客人<u>是昨天到达北京的</u>，还将前往上海参观游览。
（《人民日报》1993 年）

　　　c. 四平村长说：“永生的房子<u>是去年春天才盖的</u>，再要建房
证，不可能。”（张继《村长与鱼》）

2. 强调动作完成的地点（“S+是+VP+的”），例如：

　　41）a. 按规定我们结婚的手续应该<u>是在这里办的</u>，为什么非要
回去办？（黄晔《不速之客》）

　　　b. 有一天的上午他<u>是在城里度过的</u>，他是去大英博物馆了。
（柯南道尔《最后致意》）

　　　c. 父亲<u>是在美国生活过的</u>，中国旧式的不人道的理学观念
应该是很少的，怎么突然变得像个封建卫道士一样了呢？（程广、叶
思《宋氏宗族全传》）

3. 强调动作完成的方式（“S+是+VP+的”），例如：

　　42）a. 父亲虽然肤色和儿子一样黝黑，但那一定<u>是在洛杉矶或
是香港的海滨浴场上晒出来的</u>，一点也不憔悴。　（张贤亮《灵
与肉》）

　　　b. 真主<u>是你们更应当畏惧的</u>，如果你们确是信士。（《古
兰经》）

4. 强调动作的目的（“S+是+VP+的”），例如：

　　43）a. 盛格布禄抢先说道：“俺是他外甥，<u>是来看舅父的</u>，怎么
是刺客哩！”（李文澄《努尔哈赤》）

　　　b. 美国警察常讲的一句话就是：我<u>是你们出钱雇佣来冒险
的</u>，所以如果有危险，请告诉我们，千万不要自己去冒险。（《美国
法律之奇观现状》）

5. 强调动作发生或完成的条件（“S+是+VP+的”），例如：

44）a. 我儿子马特威，在工厂里压死了，<u>是你们都知道的</u>。（高尔基《母亲》）

b. 八路军是子弟兵，<u>是从老百姓里来的</u>，没有你们一天也活不下去。（冯德英《苦菜花》）

6. 强调动作的参与者，包括施事、受事等（"是+S+VP+的"），例如：

45）a. 我有个朋友说过，有时你得恭维父母。在家里，<u>是他们抚养你成人的</u>，当然你要尊敬他们。（姚明《我的世界我的梦》）

b. 霜霜大声说："<u>是解放军叫我来送被子的</u>，怎么没许可?"（新凤霞《怀念我的四合院》）

c. 荣毅仁说："<u>是你们请我来的</u>，不让我讲话我可以一声不响。"（《报刊精选》1994 年）

二、当 VP 陈述的是惯常行为或者一般规律时，"是……的"用来强调整个谓语结构的命题语义。其中 VP 主要由主谓结构、状中结构、述宾结构、述补结构等谓词性结构组成，例如：

1. 主谓结构（"S+是+VP+的"）

46）a. 基本词汇里面的词<u>是一个民族的人民日常都在使用</u>的，不容易起变化，比较稳固。（叶蜚声《语言学纲要》）

b. 声音<u>是每个人都能发出来的</u>，本身没有任何"重量"，便于携带。（叶蜚声《语言学纲要》）

c. 以这样的方式建立范畴之间的联系，<u>是分析语言的结构时必不可少的</u>。（叶蜚声《语言学纲要》）

d. 国际音标所代表的音<u>是全世界一致的</u>。（叶蜚声《语言学纲要》）

2. 状中结构（"S+是+VP+的"）

47）a. 一个人<u>是通过共同生活的过程来教育自己的</u>，而"不是

被别人所教育的"。(胡德海《教育学原理》)

　　b. 科研<u>是靠教育输送人才的</u>。(丁锦宏《教育学讲义》)

　　c. 义务教育法虽然<u>是由国家制定和实施的</u>，但是它反映了生产力的发展和人们的社会、经济生活变化的要求。(丁锦宏《教育学讲义》)

　　d. 但历史发展的规律<u>是不以人们的意志为转移的</u>。(《当代》)

3. 述宾结构（"S+是+VP+的"）

48) a. 我国原有的政府管理体制<u>是建立在计划经济基础之上的</u>。(黎明《公共管理学》)

　　b. 所以说这个制度<u>是偏袒性格静的人的</u>，他们在先天上就更胜一筹。(《当代》)

　　c. 在此之前，教育与心理学界普遍认为"教学<u>是充当发展的尾巴的</u>，发展总<u>是走到教学的前面的</u>"。(《当代》)

　　d. 劳心的士宦一般<u>是不参加生产过程的</u>，参加主要生产过程（农业生产）的是劳力的农民。(王亚南《中国官僚政治研究》)

4. 述补结构（"S+是+VP+的"）

49) a. 像这种混杂有不同语言的结构特点的土汉语，汉族人<u>是听不懂的</u>，但在当地却有一定的生命力。(叶蜚声《语言学纲要》)

　　b. 对于一个学生来说，拿出10元钱吃上一盒盒饭也<u>是舍不得的</u>。(《人民日报》1996年)

　　c. 看来他倒也<u>是用得起的</u>。(高阳《红顶商人胡雪岩》)

三　强调意义

无论是 AP 还是 VP 充当"是……的"的核心谓语，它们都能去掉"是……的"结构，基本不影响其命题语义。试比较：

50）a. 仅从生产力和政治、经济制度的发展来说明<u>是不够的</u>。（丁锦宏《教育学讲义》）

　　b. 这四个特征对教育的制约作用<u>是无可否认的</u>。（丁锦宏《教育学讲义》）

　　c. 基础教育是奠基工程，对人的一生都<u>是很重要的</u>。（丁锦宏《教育学讲义》）

50）' a. 仅从生产力和政治、经济制度的发展来说明不够。

　　b. 这四个特征对教育的制约作用无可否认。

　　c. 基础教育是奠基工程，对人的一生都很重要。

例50）和例50）'的区别就在于有没有"是……的"，例50）去掉"是……的"以后，例50）'的命题语义没有任何改变，改变的是"不够"、"无可否认"、"很重要"失去了"是……的"的聚焦，其结果就是去焦点化（defocusation），其语义已经不再是句子焦点，原来的语义焦点从这三个词扩展到了整个句子。

51）a. 一位合格的中学教师必须深入掌握所教学科的专业知识，否则<u>是难以完成教学任务的</u>。（丁锦宏《教育学讲义》）

　　b. 资产阶级的教育，<u>是由资产阶级社会关系决定的</u>，受资产阶级影响并为之服务。（丁锦宏《教育学讲义》）

　　c. 她比丈夫小七八岁，<u>是前年跟父亲从莱阳逃难来到山区的</u>。（冯德英《苦菜花》）

51）' a. 一位合格的中学教师必须深入掌握所教学科的专业知识，否则难以完成教学任务。

　　b. 资产阶级的教育，由资产阶级社会关系决定，受资产阶级影响并为之服务。

　　c. 她比丈夫小七八岁，前年跟父亲从莱阳逃难来到山区。

例51）'去掉了例51）中的"是……的"结构，也仍然没有改变结构的命题语义。发生改变的是，例51）的每个句子都有一个分句是全句的语义焦点，如a句的"难以完成教学任务"、b句的"由资产阶级社会关系决定"、c句的"前年"（当"是……的"中的VP表示过去的动作时，该句式整体强调跟 VP 相关的一个论元);而例 51)' 的每个句子中各个分句的语义地位都比较平均,没有明显的分句或者相关动作论元表现为句子的焦点。

所以,在前贤的基础上,本节认为,"是……的"是一个表示强调意义的构式,表现在三个方面:

第一,作为一个句式结构,其存在与否都不影响句子的命题语义,影响的只是句子成分的焦点是否存在,那么,它表现的就不应该是客观范畴的概念,而是言者对客观事物的主观认识、态度、情感等主观范畴。

第二,从客观语义分析,"是"和"的"本身并没有强调语义,构成句式"是……的"之后却能对句子中某个成分聚焦,使其成为语义焦点。如果去掉"是……的",又能使焦点成分去除焦点,实现其去焦点化的结果。这一聚焦又去焦的句子结构,就好像是一束聚光灯,照亮言者视角下最值得关注的角色,呈现给读者。

第三,"是……的"结构的强调意义分为已然义和惯常义。当强调已然义、即命题表现的动作行为已然发生时,句式强调的是与动作行为相关联的一个论元的语义;当强调惯常义、即命题表现的动作行为是惯常发生或者一般规律时,句式强调的是整个命题语义。

第四节　周遍性主语句

除了上文讨论的三种强调构式以外,还有一些句式的整体意义表示强调,任何符合句法和语义条件的成分一进入,其整体句式意义都表示强调;从这些成分的语义来看,也无法综合、推导出强调意义,本书没有详细予以论证,但这是一个值得继续探讨的领域。

陆俭明(1986)指出,周遍性主语句是指主语以一定形式强调其所指、具有周遍意义的一种主谓句,可以通过词汇手段和语法手段形成。根据所运用语法手段的不同,周遍性主语句分为三小类:主语是任指性疑问代词的名词性成分;主语是数词为"一"的数量短语;主语是量词重叠式的名词性成分。例如:

52) a. 什么人都可以进去看看。

    b. 一个人也不休息。

    c. 家家都用上了煤气炉。(陆俭明 1986)

一 疑问代词……也/都+不……

陆俭明（1986）指出，这类格式由表示任指用法的疑问代词充任主语形成，即指某范围内的任何一个、任何一种，强调没有例外。其主语有三种类型：表任指的疑问代词、定语包含有表任指的疑问代词的名词性偏正结构、包含有表任指的疑问代词"的"字结构。例如：

53）a. 我惩治端文端武兄弟的计划没有实现，因为刑吏们**谁也**不敢对他们下手。（苏童《我的帝王生涯》）

b. A："那你们玩什么？"

B："**什么也**不玩，见玩就跑。"（王朔《一点正经没有》）

c. 以为他总是崇拜偶像，**什么时候都**不忘却。 （鲁迅《故乡》）

d. 我**什么事都**不懂，也没有一个人可以商量，只怕做错了事。（钱钟书《围城》）

e. **怎么解释她也**不听，非说有人看见了，问是谁又不说。（王朔《永失我爱》）

f. 你**哪儿也**别去！我**哪儿也**不让你去，今天你是我的！（王朔《永失我爱》）

二 一量……也/都不……

陆俭明（1968）指出，作为周遍性主语句的一种子类，这类格式有一个明显特点：只有否定形式，没有肯定形式。例如"一个人也不休息"，没有相应的肯定形式"＊一个人都休息"。

李宇明（1998）认为"一量+否定"格式是一种弱性强调格式①，分为往大处强调和往小处强调。"一量+否定"的强调程度大于"否定+一

---

① 弱性强调格式是相对硬性强调格式而言的，硬性强调格式在任何情况下都表示强调，强调程度也是最强的，例如"连……都/也……"格式；弱性强调格式是未必任何情况下都表示强调，而且强调程度也弱于硬性强调格式，更多解释请参看李宇明（1998）《"一量+否定"格式及有关强调的问题》。

量"，这种强调程度的差异是由"一量"的位置决定的，"一量"在动词之前的强调程度大于"一量"在动词之后的强调程度。

"一量……也/都不……"的主语有两种：数量名结构和数量结构。例如：

> 54) a. 这笑里有清香，我**一点**都不奇怪，本来你笑时是有种比清香还能沁人心脾的东西！（沈从文《月下》）
>
> b. 辛楣道："我跟鸿渐**一个**都不参加，随他们编派我们什么。（钱钟书《围城》）
>
> c. 我不告诉她们，好在她们**一家子**都不懂得算账！（老舍《四世同堂》）
>
> d. 你为什么做科长，假若你连**一句话**也不能给我说！（老舍《四世同堂》）

三　量词重叠式……都……

关于量词重叠的语法意义的研究很多，对于"量词重叠+都"这一句式中的语法意义，虽然研究角度、研究方法各异，但汉语学界基本上赞同"每一"的周遍义看法。比如：

赵元任（1968［1979］：107）指出，量词重叠是遍称重叠式，表示"每个"，语法特点是，因为它们指一类事物的全体，因而是有定的，所以必须占据句子里较前而不是较后的位置。

朱德熙（1982：26）指出，重叠式量词就是单音节量词的重叠式，包含"每"的意思。重叠式量词可以修饰名词也可以离开名词，单独充任句子的主语，不能作宾语。

李宇明（1999）认为，处于主语及其定语位置上的量词复叠式，受"都"总括，"都"的总括必须有一个域，表示域中成员皆如此。"都"的总括域就是叠复式表示周遍性的域。而周遍性的意义包括"所有的"和"每一"，"所有的"是总而言之，"每一"是分而析之。

郭继懋（1999）认为，量词重叠是有总语法意义的，这个总语法意义可以概括为：表达一种主观感受到的物体（名量词）或事件（动量词）重复存在的状态，即表达物体或事件重复存在。当量词重叠出现在包含范围副词"都"的谓语前时，上述总语法意义体现为"周遍"意义变体，即"每一"意义。

杨雪梅（2002）通过大量语料考察了使用最广泛的量词"个"，证明"个个"一般作主语，修饰名词的能力很弱，表示周遍意义。

杨凯荣（2003）对"量词+（都）+VP"的句式语义及动因进行了探讨，认为它的主要功能是通过对某一集合里的所有成员进行逐一扫描，描写或评价每一成员的状态，而不是报告事件的发生。另外，还比较了同样具有周遍性语义的"疑问代词+都+ VP"格式，认为两者在功能上有很大差异。量词重叠式是对有定的某一集合里每个成员逐一扫描并核实其特征，但"疑问代词+都+ VP"中的疑问代词却可以是无定的对象，还未发生的事件，一般是言者对事件发生的可能性或具有的某种属性的推断，涉及的往往是一个可能世界（possible world），所以无法像量词重叠式那样对已经能观察到的状态逐一扫描和特征核实，多用于未然事件，不太用于已然事件。

李文浩（2010）认为量词重叠式具有基本词汇义（某个空间或时间范围内的相同物体或事件）和句位义，进入不同的句法位置后，基本义中不同成分或关系分别被凸显，获得不同的语法意义。分布于主语（或主语中心语定语）位的量词重叠表示"每"或"周遍"义。

张恒悦（2012）认为，量词重叠对应"离散型认知"模式，言者对集合中多数个体以微观视角逐一聚焦观察，随着视线移动，相关个体被独立前景化，集合以离散方式被认知。与"一量一量"相比，在认知速度上有相对加快之感，即"快速离散型认知"。

其主语有两种类型：量词重叠式和"量词重叠式+名词"的偏正结构。例如：

55）a. 一排皓齿露一露，个个都像珍珠作成的。（老舍《赵子曰》）

　　b. 你们家里的人一个个都是混蛋，小人，没见过钱的，第一你那个大嫂！（老舍《北京人》）

　　c. 旧小说里提起"二十万禁军教头"，总说他"十八般武艺，件件都精"。（钱钟书《围城》）

　　d. 高松年身为校长，对学校里三院十系的学问，样样都通。

（钱钟书《围城》）

      e. 即使**事事人人都**很顺心，他所坐的椅子，或头上戴的帽子，或做试验用的器具，总会跟他捣乱。（老舍《赶集》）

小结

图表 5. 4　　　　　　　　　　　**构式强调体系**

构式强调	再……也/都……	连……也/都……	是……的	周遍性主语句
强调内容	事物程度量	典型事物	核心谓语	个体对象
强调方式	否定极性量	肯定典型特征	聚焦核心谓语	否定个体
强调意义	强调事件发生的必然性	强调事物群体性特征	强调命题语义本身	强调对象的整体性

第六章 话语的修辞强调

刘丹青（1995）指出，"语法中事实存在着三种意义，相应地有三类语法形式手段：1. 在认知义或传通义基础上抽象而来的高度模式化的结构关系，用句法手段表示；2. 较为具体的认知意义，用语义形式手段表达；3. 较为具体的传通意义，用语用形式手段表达。"本章节讨论语言中较为具体的传通意义——强调，以修辞学中的辞格为对象，研究在句子与句子组成的话语片段之中，表示强调意义的语用手段。

第一节 话语与修辞

语法研究语言的结构规律，逻辑研究思维形式和思维规律，修辞研究提高语言表达效果的规律。同样的语句，从结构规律着眼，是语法的事；从表达的思维方法着眼，是逻辑的事；从表达效果着眼，是修辞的事。

语音、词汇、语法是以语言的某一组成部分为研究对象，修辞研究的不是语言的某一个组成部分，而是综合研究语言所有组成部分的运用。在话语单位研究强调的表现形式，关注的是语段和篇章，也就是句子与句子之间的强调。修辞格作为语言表达、接受和阐释的重要工具，其中一部分凸显和表达强调意义的手段也被纳入强调形式的研究中。

唐钺（1923）提出："凡语文中因为要增大或者确定词句所有的效力，不用通常语气而用变格的语法，这种地方叫作修辞格。"由此可见，修辞是根据使用者的需要、适应特定的情境题旨、选择表达手段以取得最佳表达效果的活动。那么，言者为了表达强调意义，会选择哪些辞格手段增大言语效力以获得较好的表达效果？

一 话语意义与句子意义

句子是一个语法单位，但当句子用于实际交际时，句子便成了话语。

句子意义通常被认为是句子本身的、抽象的、内在的性质，句子意义是不依赖语境存在的，属语义学研究的范畴。话语既可以指过程（言语行为），又可以指产物（文本）。话语意义是指言者通过使用该话语想要表达的意义，属于语用学研究范畴。句子意义与话语意义的核心差异在于：句子意义是抽象的、内在的、不受语境制约的，是句子的语义内容；话语意义是具体的，基于句子意义与语境的结合，是句子意义在特定语境中的具体化，体现了言者的意图和目的。

话语意义比句子意义要丰富得多，它会随着语境的变化而不同。我们可以说：话语意义=句子意义+语境。举例来说：

1) 但是，曾芒芒不可以对她的父母说不可以。（池莉《水与火的缠绵》）

如果从语义角度来分析这个句子，我们可以得出：曾芒芒不可以反抗和拒绝她的父母。若从语用的角度去分析，就要考虑言者的目的和意图，此句的话语意义可以有以下多种不同理解：

a. 曾芒芒认为他们是自己的父母，不该反抗。

b. 曾芒芒认为他们是父母，更是权威，无法反抗。

c. 曾芒芒的父母是领导干部，自己不能反抗。

d. 曾芒芒的父母比她本人更富有宝贵的人生经验，反抗不对。

e. 曾芒芒认为父母也是在为女儿谋幸福，不好反抗。

f. 曾芒芒认为自己可以沉默，但不可以对父母说不可以。

g. 曾芒芒从来就没有对父母说过不可以。

h. 曾芒芒从来就没有对父母说过不可以，并且她认为以后也是如此。

如例1) 所示，分析句子意义，可以得出"曾芒芒不会拒绝父母的要求，不会反抗父母"的结论；若论话语意义，可以得出以上 a 句—h 句八种不同的语用意义，这八种语用意义都是在强调"曾芒芒不论从哪一方面来讲都不会拒绝父母的要求、反抗父母的意志"，都是在强调"曾芒芒对父母的服从"，强调"父母对她的绝对主导和权威地位"。这种句子语义传达的丰富的语用意义比句子客观语义内容本身更受人关注，更能吸引听者/读者的注意，因为它反映了言者/作者说这一句话的最终目的，表达了言者/作者想要传达的最重要信息。

我们常说，意在言外，言就是句子意义，是客观的命题内容；意就是话语意义，是主观的意图和态度。意比言更为重要，因为话语是主观的行为，人们说话并不仅仅为了客观陈述语义，也为了在陈述客观内容的同时表达自己的意愿、想法和态度。

由此可见，话语意义才是表达言者/作者的说话意图和目的的终极意义，我们研究话语强调，也就是研究话语意义的强调。撇开句子的客观内容和语义内容不谈，其所传递的意图和目的才是我们研究的重点。话语所要传递的信息和表达的意图有很多种：请求、命令、怀疑、否定、赞扬、憎恶等，我们研究其中一种：强调。

二 强调形式的层级及分类

强调现象十分普遍，涉及语言单位的各个层级——词汇、短语或结构式、句子、段落，那么，强调在每一级语言单位的表现形式都是一致的吗？其内涵和外延是否完全相同？下面用一组例子说明不同语言单位上强调形式的差异：

2）a. 唐朝。中国人的唐朝。一个繁荣富强美丽动人的神话。千年过去，诗歌**还在那里闪光**，女人低胸裙装里露出的半个酥胸，**还在那儿闪光**，唐玄宗和杨贵妃的旷古之恋，**还在那里闪光**。回眸一笑百媚生，六宫粉黛无颜色——**谁还能**美过这个女人？芙蓉帐暖度春宵，从此君王不早朝——皇帝不上班了。皇帝被爱情融化了——中国的男人，**谁还能**这般潇洒和沉迷？唐朝是中国古老天空的星星，将永远闪烁和炫耀，照亮后代的悲哀。（池莉《水与火的缠绵》）

b. 他无数次来往于广州深圳和武汉之间，**什么生意都做**，只要能赚钱。（池莉《你是一条河》）

c. 陆武桥觉得这是他有生以来生活得**最**有激情**最**有活力**最**有目标**最**有意思的时刻。（池莉《你以为你是谁》）

例2）中a句是一个句群，是句子与句子的组合体，也是一段话语。这是当代白话文小说中的一个完整段落，包含六个陈述句、两个反问句，通过"……还在那里闪光"的三次重复，强调唐朝辉煌历史闪耀至今；通过"谁还能……"两次排比反问，强调唐朝的动人爱情历史不可重复；

排比、反复、对比、反问四种修辞手段综合运用，强调"唐朝是一个繁荣富强美丽动人的神话"。修辞手段层层套叠使用，强调了唐朝的独一无二、不可复制、无法超越的辉煌历史；b 句使用"什么……都……"句式结构，强调周遍义"赚钱的生意他都做"；c 句连续排比使用程度副词"最"来强调"这一时刻"的特征。

对比上例的段落 a 与句子 b、c，可以发现，对于段落来说，人们关注句子与句子、句式与句式之间的强调，比如段落 a 使用夸张、反复、对比、排比等修辞手法综合强调，以及陈述与反问两种句式交替强调，这些强调形式属于语用平面；对于句子而言，人们关注句子内部的强调，如句子 b 使用周遍主语句式来强调语义，句子 c 使用程度副词来强调语义，句法结构和词汇都是句法手段，属于句法平面。

因此，不同的语言单位，强调的表现手段不同，所属语法平面也相异。而且，即使都是排比，c 句的排比是句子与句子的语义排比，而 b 句的排比是句子成分的结构排比，所以，同样的强调形式也可以运用于不同语言单位上。

不同修辞格表达强调意义的方式不同。比如，有的修辞手段是通过句法结构相似的句子连贯列举加强整体语势，达到强调整体的效果；有的是通过排除与强调事物相似的其他事物来加强要强调事物的特征；还有的是通过夸大所要强调事物的特征，使之远远超过一般事物的情状来造成深刻印象，等等不一而足。总之，表达强调意义的修辞旨趣各异，侧重点不同，形成了各类修辞手段，也造成了强调方式的差异。

根据凸显和强调意象的方式差异，本章划分了表示强调义的修辞次范畴，它们分别是均衡强调、重复强调、变化强调、凸显强调和侧重强调。顾名思义，这些修辞次范畴主要是通过形义的均衡、形式的重复、结构的改变、意象的凸显、事物的侧重来表达强调意义，凸显言者的重点语义内容和情感。

第二节　均衡强调

词语或句子并列，词性、句式相同或相近，是形式的均衡；词语或句子排列，语义表达整齐、富有层次，是意义的均衡。利用均衡原则，达到语言的形式上或意义上的统一，追求整体效果的突出，以达到强调的目的，我们称这种强调的方式为"形义的均衡"。这类强调修辞次范畴具体包括以下两种修辞格：

一　排比式强调

使三个以上结构相同或相似、意义相关、语气一致的词组或句子排列成串，形成一个整体，用以增强语势，加重感情。

　　3）①正如夜总会的这些男人，除了怀里揣着大把钞票之外，他们**没有了**挺直的脊梁，**没有了**堂堂正正的仪表和风骨，**没有了**对女性最基本的爱惜，尊重和礼貌，**没有了**责任感，**没有了**承诺和豪气。②他们**既没有**传统男子的勇猛，忠诚，淳朴和强劲的生命力；**也没有**现代男子的文化，优雅，含蓄和永不消失的青春感。（池莉《不谈爱情》）

例3）是两个长复句的排比，复句②"既没有……也没有……"是复句①"没有了……"的变体。复句①中，五个小句均以"没有了"作谓词主要核心，之后是宾语成分的排列，五个述宾结构排比陈述，格式整齐。复句②以一个并列复句"既没有……也没有……"作为"没有了……"的变体排比格式，变换了排比格式，显得结构更丰富。

总的说来，上例两个复句七个小句以述宾结构分项排列，结构相同、意义相似、感情色彩一致，这种通过分项特征的列举丰富了言者所要强调的"夜总会的这些男人"的内涵，大大增强了表达力度和表达效果。我们认为，排比虽然是修辞格的一种，但在言语交际中，言者通过形式上的分项列举达成语言结构的均衡，以均衡的形式达到整体突出的语言效果，抒情浓厚，状物细致，叙事清楚，说理透彻。总的来说，排比通过列举事物的分项特征强化事物的内涵特征，从而凸显事物的总体特征，而强调就是言者对所述事物特征的强化和凸显。言者使用排比以达到凸显言语表达的整体语势和效果，是排比强调式。

根据结构，排比强调式可以分为两类：总排和分排。总排是句子成分的排比，分排是几个分句或句子并列而构成的排比，如下所示：

　　4）a. 汛期的长江，①**是**沸腾的火焰，②**是**奔腾的骏马，③**是**巨大的漩涡，④**是**最诡秘的陷阱，⑤**是**地球之巅的那纵情的呼啸。（池

莉《水与火的缠绵》)

　　　　b. 于是——①洗手的时候，日子从水盆里过去；②吃饭的时候，日子从饭碗里过去；③默默时，便从凝然的双眼前过去。④我觉察他去的匆匆了，伸出手遮挽时，他又从遮挽着的手边过去；⑤天黑时，我躺在床上，他便伶伶俐俐地从我身上跨过，从我脚边飞去了。(朱自清《匆匆》)

　　例4) a 句是谓语成分的排比，从①到⑤，分别是五个偏正结构"沸腾的火焰"、"奔腾的骏马"、"巨大的漩涡"、"最诡秘的陷阱"、"地球之巅的那纵情的呼啸"，它们分别与谓语核心动词"是"构成五项述宾结构，陈述主语"汛期的长江"的特性，丰富了主体事物"汛期的长江"的内涵，强调了"汛期长江"的总体特征"不可控制、令人畏惧"，是为总排强调；例4) b 句是五个句子的并列排比，从①到⑤，分别是五个分句"……的时候，……从……过去"的排列，凸显了主体事物"时间"的总体特征"飞逝"，强调了言者对时间飞逝的痛惜之情，是为分排强调。前例状物，后例抒情，排比使事物特征更加凸显，使言者情感表达得更加充分，能够达到很好的强调效果。

　　总排和分排综合使用，显得事物形象非常饱满、生动，例如：

　　5) ①如果以一天中的时间**来对应四季**，当然春天是早晨，夏天是中午，秋天是黄昏，冬天是夜晚。②如果以乐器**来对应四季**，我想春天应该是小号，夏天是定音鼓，秋天是大提琴，冬天是圆号和长笛。③**要是以**这园子里的声响**来对应四季**呢？那么，春天是祭坛上空漂浮着的鸽子的哨音，夏天是冗长的蝉歌和杨树叶子哗啦啦地对蝉歌的取笑，秋天是古殿檐头的风铃响，冬天是啄木鸟随意而空旷的啄木声。(史铁生《我与地坛》)

　　例5) 以三个长句"如果以……来对应四季"进行了三层排比，其中"要是以……来对应四季"是变体形式；同时，在每一层长句内部，都嵌套了一个"春天是……，夏天是……，秋天是……，冬天是……"的分句，形成了三重排比。长短句形式相结合使用，总排嵌套分排，显得句子错落有致、内涵丰富。

二　层递式强调

用三个或三个以上的句子按事物性质地深浅、高低、大小、轻重等线性顺序依次连续排列，表达层层递进的语义和感情。运用层递，可以逐步强化言者所要表达的思想、感情，增强语言的说服力和感染力，层层递进是表达语义重点的一个好办法。例如：

6）a. 本来，一个女人上了男人的当，就该死；女人给当给男人上，那更是淫妇；如果一个女人想给当给男人上而失败了，反而上了人家的当，那是双料的淫恶，杀了她也还污了刀。（张爱玲《倾城之恋》）

　　b. 今有一人，入人园圃，窃其桃李，众闻则非之，上为政者得则罚之。此何也？以亏人自利也。至攘人犬豕鸡豚者，其不义又甚入人园圃窃桃李。是何故也？以亏人愈多。苟亏人愈多，其不仁兹甚，罪益厚。至入人栏厩，取人马牛者，其不仁义又甚攘人犬豕鸡豚。此何故也？以其亏人愈多。苟亏人愈多，其不仁兹甚，罪益厚。至杀不辜人也，扡其衣裘、取戈剑者，其不义又甚入人栏厩取人马牛。此何故也？以其亏人愈多。苟亏人愈多，其不仁兹甚矣，罪益厚。当此天下之君子，皆知而非之，谓之不义。今至大为不义，攻国，则弗知非，从而誉之，谓之义。此可谓知义与不义之别乎？（墨子《非攻》）

　　c. 看，火那么壮大，水却熄灭它。

水那么壮大，土却掩藏它。

土那么壮大，风却吹散它。

风那么壮大，山却阻挡它。

山那么壮大，人却铲移它。

人那么壮大，权位、生死、爱恨、名利……却动摇它。

权位、生死、爱恨、名利……那么壮大，时间却消磨它。

——时间最壮大么？

不，是"心"。当心空无一物，它便无边无涯。

（李碧华《诱僧》）

例6）a 句是条件和结果的双重递进："女人上了男人的当"——"女人给当男人上"——"女人想给当给男人上反而上了人家的当"三种情形层层递进，"该死"——"淫妇"——"双料的罪恶，杀了她还污了刀"三种结果层层递进，最后一项正是作者的语义重点，强调其所作所为是万恶不赦的罪行。

例6）b 句前四项是铺陈，是引言，最后一项才是作者想要表达的最终目的，是正文。"偷窃别人的桃子、李子（不义）"——"偷窃别人的鸡、狗、猪（更不义）"——"牵走别人的牛、马（更不义）"——"滥杀无辜平民，剥下他们的衣服皮袄，拿走他们的剑戈（更不义）"——"进攻别国（最不义）"，由小事的不义，逐层说到大事的不义，语义由浅及深，语势由弱至强，最后一项才是作者想要强调的重点"最不义的事情在于攻打别人的国家"。层层铺垫、层层递进，不仅强调了言者要表达的主题，更造就了一种磅礴和严整的语势，最后的结论具有无可反驳的说服力。

例6）c 句用"水、火、土、风、山"等自然现象生物链的克制与消解凸显"人"，后继又以"权位、生死、爱恨、名利、时间"等世间的事物链逐项消解"人"，最后又以链条顶端的上位事物"时间"来凸显、强调"心"可以消解"时间"，末项意义是话语重心——"心最壮大"。

层层铺垫使语言形式十分整齐，层层深化使语言意义非常均衡，铺垫为的是在均衡之后突出语末重点，通过语义的不断累积、叠加，造成对句尾语义内容的冲击和凸显，达到强调的语言效果，通过意义的均衡达到强调的修辞方式，是层递强调式。

三　小结

排比强调式与层递强调式有相同之处：都包含若干项句法结构整齐、语义内容一致、感情色彩或语气相同的短语、分句或句子；都通过语言形式或意义的均衡来呈现整体的强调效果。

但两者也存在明显区别，即排比表达的是结构形式的强调，层递表达的是意义关系的强调。具体来说，差别表现在三个方面。

一、强调的内容不同。排比着眼于形式上的并列性，其构成式在内容上是平列的几个问题，或是一个问题的几个方面；层递着眼于意义上的极差性，构成式的各项在语义、语势、语气等方面排成等级序列，逐项呈现递升或者递降的序列趋势。

二、强调的表现不同。排比要求句法结构、语义内容必须相同或相似，追求语言形式的均衡；层递则要求语义内容必须递升或递降，并不限制句法结构形式，侧重语言意义的均衡。

三、强调的目的不同。排比和层递虽然都追求均衡，但均衡的目的并不相同。排比是通过形式均衡突出整体意义，层递则是通过意义均衡突出末项意义。

另外，排比与层递也可以兼用，综合表达强调意义。如果某一段话，从语义内容上看有层级性，从形式上看，结构相同或相似，既有层递的特点，也有排比的特点，那么就可以看作是排比与层递的兼用，例如：

> 7）少年读书，如隙中窥月；中年读书，如庭中望月；老年读书，如台上玩月。皆以阅历之深浅，为所得之深浅耳。（张潮的《幽梦影》）

例7）是意义与形式的综合：从句子前提看，"少年——中年——老年"是时间的层递，"隙中窥月——庭中望月——台上玩月"是场景的层递；从句子结论看，"隙中窥月——庭中望月——台上玩月"是人生阅历与读书所得的层递，是意义的层递；从语言的形式上看，三个复句结构完全相同、整齐排列，语势磅礴，这又是排比。排比与层递两种辞格的套用兼顾了语言表达在形式和意义的均衡，强调了语段整体的意，既壮文势，又广文义，使强调效果更为突出，是为形义均衡强调。

第三节　凸显强调

在言语交际中，言者除了借助语言形式和意义的均衡组织来突出表达语义重点和感情之外，还可以通过语言的夸张和衬托来营造意象场景，使需要强调的事物性状得以彰显突出，成为前景；使其他事物和事物的其余部分淡化，作为背景。凸显式强调主要有夸张和映衬两种修辞方法。

一　夸张式强调

陈望道（1932［1997：128］）认为，"说话上所以有这种夸张辞，大抵由于说者当时，重在主观情意的畅发，不重客观事实的记录。我们主观的情谊，每当感动深切时，往往以一当十，不能适合客观的事实"。这一说法反映了夸张和言者之间的关系，言者需要用夸张来强调对某事物的内心感受，是言者强调的一种辞格手段，所以我们称之为夸张强调式。由此来看，夸张辞格的产生，一方面是由于言者对某事物有深切的感觉、体会，另一方面由于言者意在强调某事物的本质特征，使人获得深刻印象。

为了给人以突出的印象，在客观现实的基础上，利用词、语、句，运用远远超过客观事实的说法来强调某事物，这种辞格叫作夸张。如：

8）a. 陆武桥瞅着宜欣的嘴唇，好像漫游在一个他完全陌生的地方。<u>这地方河流不像河流，山川不像山川，树从天上往下生长。</u>（池莉《你以为你是谁》）

b. 元旦那天，武汉三镇**仿佛家家都在举行婚礼**。（池莉《太阳出世》）

例8）中，a 句所描述的意象"树从天上往下生长"、"家家都在举行婚礼"，显然是不可能发生的情形，远远超出了人们的认知，但是给人以非常鲜明突出的印象。a 句强调了陆武桥的惶惑之情，b 句强调了元旦举行婚礼非常密集。虽不真实，胜似真实，这就是夸张。夸张不仅可以突出地表现言者的感情、态度，引起人共鸣；而且还可以通过对事物言过其实的渲染，引起人们的丰富联想，突出事物的本质特征。

夸张的实质是真实，通过扩大事物的形象反映事物的实质。《文心雕龙·夸饰》篇说"壮辞可得喻其真"，"壮辞"就是扩大事物的形象，"喻其真"就是说明事物的实质。所以说，一是主观方面必须出于情意自然之流露，二是客观方面不至误以夸张为事实。如果误认为事实，那只是事实上的夸大，情感上的浮夸，不是修辞上的夸张。夸张表达强调意义有两种方法：扩大夸张和缩小夸张，通过程度或性质的极大化和极小化，极言强调事物的特质。例如：

9）a. 几个月里<u>朗诵的次数像天上的星星一样数不清</u>，而真正记住内容的是李小兰。（池莉《太阳出世》）

b. 武汉的夏天就更不用说了。我们经常要在摄氏 40 度左右的气温里持续地生活一个月或者两个月。①<u>整个城市都处在半昏迷的状态</u>，一到午后，②<u>几乎所有的工厂和机关都关了门</u>。人们在③<u>令人窒息的酷热</u>中缓慢地摇动着蒲扇，不停地喝着菊花茶。孩子们④<u>不分昼夜地浸泡在游泳池里，东湖里，月湖里，莲花湖里，长江里和汉水里</u>。(池莉《所以》)

10) a. 我只好一动不动，除上课外，便关起门躲着，有时<u>连烟卷的烟钻出窗隙去，也怕犯了挑剔学潮的嫌疑</u>。(鲁迅《孤独者》)

　　 b. 据说她的年龄将近五十，这一点就是<u>杀了康伟业他也不相信</u>。(池莉《来来往往》)

例9)、例10) 两组例子分别是扩大夸张和缩小夸张，把客观事物加以正向夸大和负向缩小。例9) a 句中"朗诵的次数"夸大成"像天上的星星一样数不清"，强调朗诵次数之多。b 句用①—④四个分句分别用扩大夸张的手法强调了武汉夏天的特征："半昏迷的城市"、"午后所有工厂和机关都关了门"、"令人窒息的酷热"、"孩子们不分昼夜地浸泡在水里"；例10) a 句中"怕犯嫌疑"已经到了连"烟钻出窗隙也怕"的地步，强调作者处处堤防的处境；b 句中"杀了他也不相信"夸张强调"她"很年轻，不像年近五十之人。

可以看到，无论是扩大夸张还是缩小夸张，都是言者用不符合客观实际的说法来强调自己的主观感受，以至主观感受与客观事物的实际情况完全不相符合，这种凸显言者个人感受、主观感受至上的强调是夸张强调。

二　映衬式强调

为了突出主要事物，用相似的、相关的或者相反的事物作背景陪衬。被突出的事物叫主体，用来作背景的叫衬体。本体由于衬体的陪衬得到充分的说明。强调主体的美，以衬体作背景，使主体的意象特征更加饱满、鲜明。例如：

11) a. 不管我<u>本人多么平庸</u>，我总觉得对你的爱很美。我把我<u>整个灵魂</u>都给你，连同它的<u>怪癖，耍小脾气，忽明忽暗，一千八百种坏毛病</u>。它真讨厌，只有一点好，爱你。(王小波《爱你就像爱生命》)

　　 b. 刻意埋藏、掩饰的爱，一样也是燃烧着的火，就像木炭燃烧完毕之后，赤灼的炭，不再有火焰冒起，上面甚至有了一层灰，但是<u>炭还是灼热</u>的，<u>热度比火舌高蹿时还高</u>。而且，<u>不到全身都成了灰烬，不会休止</u>，即使一层又一层，全成了白灰，内心只要仍有一点热，就<u>仍然在燃烧</u>。<u>无声的燃烧</u>，比有声有色的<u>更惊心动魄</u>。（倪匡《读者》）

例11）的一组句子都是以衬体烘托、凸显主体的代表。a 句以我本人的平庸烘托爱的美，又以灵魂和灵魂的种种讨厌的缺点烘托一个优点："爱你"。主体"爱的美好和爱的优点"在衬体"我的平庸和灵魂种种缺点"的衬托下越发凸显；b 句以木炭燃烧后的白灰烬来衬托灰烬下无声燃烧的炭，来比喻和衬托刻意埋藏的爱，在衬体的种种特质"赤灼的炭即使不再有火焰也仍灼热"、"不到灰烬不会停止燃烧"、"即使全成了白灰仍然能燃烧"、"无声的燃烧更胜过有声有色的惊心动魄"的烘托和比喻之下，主体"刻意埋藏、掩埋的爱"令人印象深刻。

映衬又分两种形式：正衬与反衬。正衬，利用与主体事物相类似的事物作陪衬，例如：

12）a.①我的父母双亲，他们像猫一样日夜警惕，生怕美国帝国主义者和苏联修正主义者对我们国家进行和平演变。②据说我妈妈曾经酷爱华衣美服。但是，为了击退国外敌对势力的和平演变阴谋，他们不仅毫不怜惜地摧毁了那些昂贵的裤子，还主动防微杜渐，自己革自己的命，将旗袍、高跟皮鞋、西服和领带，也都抛掷出来，在批判大会的广场上，与成堆的古今中外文学名著一起烧毁。③妈妈的披肩烫发，也主动剪成了齐耳短发，并且将她的发缝永远留在左边，以表达自己的左派立场和对右派的绝不苟同。④我可怜的父母，从此只穿肥大的工装蓝衣服，裤子后面打着对称的屁股形状的圆补丁。⑤积极要求进步，夹着尾巴做人，放屁都细声细气，见了工农兵一律点头哈腰；⑥单位里的大小批判会，每日晚上的政治学习，风靡全国的忠字舞，他们必定按时参加。⑦我可怜的父母，又不是什么大人物，却煞有介事地过着紧张的日常生活。（池莉《怀念声名狼藉的日子》）

　　b.①因此，我格外珍视我在庐山的每一次散步。②我睁眼望着苍绿的杉松林和掩映其间的挂满青苔的别墅，听着小溪哗啦啦的流水和鸟儿的啼鸣，踩着石径或松针铺的小路，身边伴着不管闲事的友好的陌生游客。③我吃饱了。④我穿着喜爱的衣裳。⑤我完成了工作。⑥我健健康康。⑦真舒服！我无话可说。我珍视这分分秒秒。我明白这是人生难得的享受。（池莉《绿水长流》）

例12）这组例子分别通过主体事物的不同表现和不同事物来衬托主体。如 a 句利用②③④⑤⑥五个分句来列举"我的父母"的行为特征，以正面烘托和强调主题句⑦"我的父母过着紧张的生活"；b 句通过②③④⑤⑥五个分句来列举让我舒服和享受的事物，烘托和凸显主题句⑦中"舒服，珍视和享受"的心情。

反衬，利用与主体事物相反或者相异的事物作陪衬，目的是要形成强烈反差，从而强调正体事物，例如：

13）a. 插队的时候，我喂过猪，也放过牛。假如没有人来管，这两种动物也完全知道该怎样生活。人来了以后，给它们的生活做出了安排：每一头牛和每一口猪的生活都有了主题。就它们中的大多数而言，这种生活主题是很悲惨的：前者的主题是干活，后者的主题是长肉。<u>我不认为这有什么可抱怨的，因为我当时的生活也不见得丰富了多少，除了八个样板戏，也没有什么消遣</u>。（王小波《怀念一只特立独行的猪》）

　　b. 许师傅说："咳，提不得喽。说那上海吧，十里洋场，过早吃泡饭；头天的剩饭用开水一泡，就根咸菜，还是上海！北京首都哩，过早就是火烧面条，面条火烧。广州深圳，开放城市，老鼠蛇虫，什么恶心人他们吃什么。<u>哪个城市比得上武汉？</u>光是过早，来，我们只数有点名堂的——"王老太扳起指头就数开了：老通城的豆皮，一品香的一品大包，蔡林记的热干面，谈炎记的火饺，田恒启的糊汤米粉，厚生里的什锦豆腐脑，老廉记的牛肉枯炒豆丝，民生食堂的小小汤圆，五芳斋的麻蓉汤圆，同兴里的油条，顺香居的重油烧梅，民众甜食的汁酒，福庆和的牛肉米粉。许师傅说："<u>那不是吹的，全世界全国谁也比不过武汉的过早。</u>"（池莉《热也好冷也好活着就好》）

例13）通过旁体特征与主体对比，在主体与旁体的不同中衬托主体的特质。a 句用猪的生活衬托人的生活，人作为高级动物，其生活的丰富性应该远胜于低等动物猪，可是"我的生活不见得丰富多少，没什么可消遣"，通过这种对常理的反差来反衬人的生活单调乏味；b 句则是以全中国其他城市早餐的简陋、潦草，反衬武汉早餐的隆重、丰富。

三　小结

夸张强调与映衬强调的区别就在于凸显意象的强调方式，夸张是通过夸大原有的主体事物，以夸大后的意象凸显主体事物的特征；映衬则是以其他事物为背景来凸显主体事物，使主体事物成为前景意象。具体差异如图 6.3—6.4 所示。

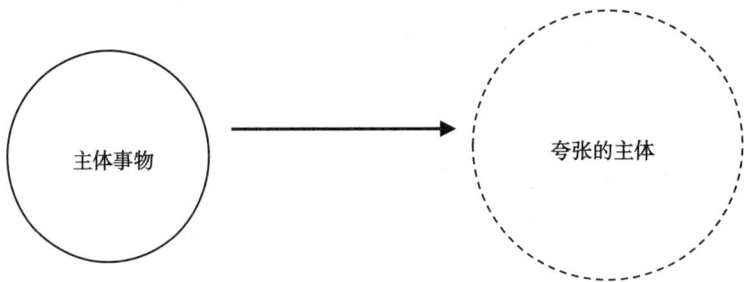

图表 6.3　夸张的意象图示

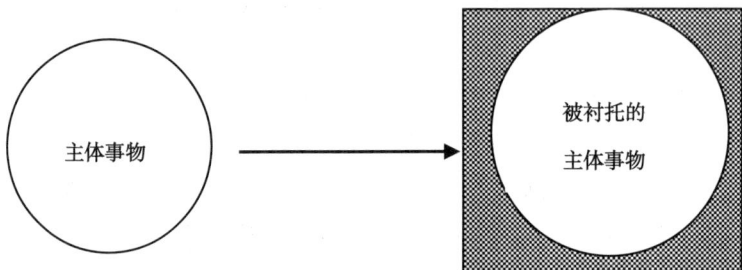

图表 6.4　映衬的意象图示

第四节　重复强调

反复，就是完全相同的词语和短语，在句子和语段中一再出现，使读者明白不断重复的部分就是作者力图表达的重点。通过单纯地重复语言的形式来表达语义重点、引起读者注意的强调方式主要有两种：反复与同语。陈望道（1932［1997：199］）在《修辞学发凡》里谈到"反复"辞格的形成是由于"人们对于事物有热烈、深切的感触时，往往不免一而再、再而三地反复申说；而所有一而再、再而三显现的形式，如街上的列树，庆节的提灯，也往往能够给予观者一种简纯的快感，修辞上的反复就是基于人类这种心理作用而成的"。王希杰（346）指出，"反复，就是同一词、句、段的不断重复出现，目的是强调语意重点，加强语气和感情，加深对方印象，造成一种特别的情调"。

一 反复式强调

为了突出作者的表达重点，强调语气和感情，加深对方的印象，而不断重复同一词语、句子或者段落。这种通过形式的重复表达强调的方式是反复强调。从形式上看，反复分为两类：连续反复和间隔反复。

连续反复，是指反复的成分不间断、连续出现，中间不插入别的语句，强调的表义强度很高。例如：

14）a. 曾芒芒在走廊目送她的父母。曾芒芒用无声的语言为她的父母辩护：他们是为了芒芒好！他们是为了芒芒好！他们是为了芒芒好！（池莉《水与火的缠绵》）

　　b. 还有一支出于狂信的歌曲，歌词如下：无产阶级文化大革命，就是好！就是好来就是好啊，就是好！这四个"就是好"，无疑根绝了讲任何道理的可能性。（王小波《知识分子的不幸》）

例14）a句"他们是为了芒芒好"的三次连续出现，表现出言者明显不喜欢父母的专横的家长作风，但为了服从他们的意见，决心说服自己，强迫自己相信父母是一片好意，以抵消本能的反感之情；b句"就是好"连续四次出现，不给人反驳和思考的余地和空间，强调并强迫听者接受其结论。

间隔反复，是相同的语句被其他单位分隔开来，不连续地间断出现。例如：

15）a. 我曾走过山，走过水，其实只是借助它们走过我的生命；

我看着天，看着地，**其实只是借助**它们确定我的位置；我爱着他，爱着你，**其实只是借助**别人实现了我的爱欲。（史铁生《务虚笔记》）

      b.①**我一直要活到我能够**坦然赴死，**你能够**坦然送我离开，②**此前，死与你我毫不相干**。

        此前，死不过是一个谣言。

        北风呼号，老树被拦腰折断，是童话中的情节，或永生的一个瞬间。

      ①**我一直要活到我能够**入死而观，**你能够**听我在死之言，②**此后，死与你我毫不相干**。

        此后，死不过是一次迁徙。

        永恒复返，现在被未来替换，是度过中的音符，或永在的一个回旋。

      ①**我一直要活到我能够**历数前生，**你能够**与我一同笑看，②**所以，死与你我从不相干**。（史铁生《永在》）

    例（15）a 句是某个句式"其实只是借助……"间隔重复出现，列举了"我"的三种言行，强调了对"自我行为的实质"的解读；b 句中两个复句①②成对间隔出现三次，强调了"你我"与"死"的关系。

    连续反复这种强调形式远不及间隔反复常见，因为间隔反复中间可以插入其他内容成分，使强调的语义成分更多，语义内容更为丰富；相对来说，连续反复只是同一句话的连续性重复，没有增加新成分，只能突出言者的感情和语气，无法扩充和丰富语义内容，强调的程度不及间隔反复。

    当然，反复强调式也有连续反复和间隔反复同时使用的情况，例如：

    16）**有一天**大雾弥漫，世界缩小到只剩了园中的一棵老树。

    有一天春光浩荡，草地上的野花铺铺展展开得让人心惊。

    有一天漫天雪飞，园中堆银砌玉，有如一座晶莹的迷宫。

    有一天大雨滂沱，忽而云开，太阳轰轰烈烈，满天满地都是它的威光。（史铁生《我与地坛》）

例 16）中句式整齐的小句"有一天……"是连续反复，并与其后不同景色的描写构成间隔反复。这种连续反复和间隔反复的结合，使园内景色特征非常饱满生动，凸显了"大雾、春光、飞雪、大雨、天晴"等各种自然条件下园子的各种情态"老树、野花、迷宫、威光"，其意象图景鲜明而突出，给人非常直观、深刻的印象，强调效果极佳。

二 同语式强调

也叫"对称式反复"，主语和表语对称地使用完全相同的词或短语，构成压缩性的判断句，是反复强调式的一种特殊格式，强调的意味更加浓厚。主语和表语虽然辞面相同，但意义并不完全一样，表语实际上是作者强调的对象，其含义比主语更为丰富一些，其语义内容是作者要凸显和强调的重点内容，能引起读者的思考和注意，更为耐人寻味。

赵元任（1968〔1979：308〕）指出，"A 是 A"表让步，例如："热是热，可是不潮湿"。朱德熙（1982：105）指出，动词"是"前后的主语和宾语同形，表示让步，有"虽然"或"尽管"的意思。例如："好是好，就是不太结实"。

吕叔湘（1980〔1999：500〕）将这种同语式的强调格式分为三种类型：对举式、连用式、单用式。引例如下：

17）a. 我哥是我哥，我是我，两码事。
　　b. 往年是往年，今年是今年，不会年年一个样儿。
18）a. 他演得真好，眼神是眼神，身段是身段，作派是作派。
　　b. 你想吃什么就有什么，四川味是四川味儿，广东味是广东味儿。
19）a. 事实总是事实，那是否认不了的。
　　b. 不懂就是不懂，不要装懂。

吕叔湘（1980〔1999：500〕）指出这三种类型具有不同功能：对举式（例 17）用于强调两者不同，不可混为一谈；连用式表示"地道、不含糊"（例 18）；单用式强调事物的客观性，"是"前常用"总、就、到底"等词（例 19）。

我们认为，对举式和连用式的界限有些含糊，如果以项目的数量为标准，三项以上是连用，两项是对举的话，例17）b句就是对举，不应归入连用式；如果以语义为标准，那么两项并列，既可以表示对举，强调两者不同（例20），也可以表示地道、不含糊义（例21）。例如：

20）真理和谬误只有一步之差。就一定范围、一定客观对象来说，**真理就是真理，谬误就是谬误**，它们之间有着质的区别，不能混淆。（《中国儿童百科全书》）

21）豆芽菜的**胸是胸，腰是腰**，束腰带子蝴蝶一样在她背后跳跃，脖子上绾着一条鲜艳的纱巾，春色满面，笑意盈盈，走到哪里那里亮。（池莉《怀念声名狼藉的日子》）

我们认为，同语式可以分为以下几种：A就是A；A是A；A是A，B是B。为了说明这三个格式的不同，我们用最小差别对（minimal pair）的方法进行验证：将同一个词语"土匪"放入三种格式中，可以得出完全不同的意思，例如：

22）a. **土匪就是土匪**，哪改得了多占黑吃的德行。就这样，明暗双雕，白黑通吃，一时间成了杭州城里的豪富恶霸，过着穷奢极欲又穷凶极恶的生活。（麦家《风声》）

b. 小段说："我肯定不会说的啦，你放心好了，我**土匪是土匪**，但我是个正直的土匪，很讲江湖义气的。"（艾米《山楂树之恋》）

c. 葡萄说："**土匪是土匪，老八是老八**。老八烧鬼子炮楼，偷鬼子的枪、炮。老八就是这！"（严歌苓《第九个寡妇》）

例22）的一组句子中，a句（A就是A）强调"土匪"的特性不会轻易更改，b句（A是A）意在与后句形成转折义（虽然是土匪，但是很正直、讲义气），c句（A是A，B是B）强调"土匪和老八"（A和B）的区别。

但是，有时候"A是A，B是B"并不强调两者的区别，而是相当于强调"A就是A，B就是B"，前提条件是A和B都是C的一部分，或者被C领有。所以是强调部分或者附属（A和B）来强调整体或领有（C）

的特质。例如：

23）a. 四壁张贴着风华绝代的洋美人照，个个唇红齿白，**眼睛是眼睛，鼻子是鼻子**。（卫慧《床上的月亮》）

　　b. 体格虽谈不上美，却也够得上引用老舍夸赞西洋妇女的话："**胳膊是胳膊，腿是腿**。"（张爱玲《连环套》）

　　c. 人家**卧室是卧室，客堂是客堂**，吃饭有餐厅，烧饭有厨房。（陆文夫《人之窝》）

所以，并非所有同语式都表示强调，"A 是 A"式一般是为了引出转折的后句，后句在语言形式或内容上会有转折呼应，语义重点在于后半句的转折义，而非前句，前句多为让步义。例如：

24）a. 可也觉着她姐姐**好看是好看**，却像个玉琢的，不如妹妹活泼。（王安忆《桃之夭夭》）

　　b. 婶说："你几个算啥花朵？狗尾巴花！夏风**丑是丑**，多有本事，上的是大学，读的是砖头厚的书！"（贾平凹《秦腔》）

　　c. 他都抵抗得住，坚守得住。**漂亮是漂亮**，可她们分明是肮脏的。（池莉《来来往往》）

所以，表示强调的同语式主要有两种类型：A 就是 A（变体形式：A 总是 A，A 到底是 A，到底 A 是 A）；A 是 A，B 是 B（变体形式：A 就是 A，B 就是 B），强调 A 和 B 的区别性特征，或者强调被 A、B 领有的 C 的特质。例如：

25）a. 在老师被逮捕前的一个星期，我在明星咖啡屋和他聊天，那时候我已经参加了诗社，对诗有一种很浪漫的看法，觉得**文学就是文学**，是一种很唯美、很梦幻的追求。（蒋勋《孤独六讲》）

　　b. 即使自己过火的谦虚，而**事实总是事实**。（老舍《贫血集》）

　　c. 虽然这么说呀，**一家人到底是一家人**，难道因为他没出息，就不要他了吗？（老舍《四世同堂》）

d. 再说，他也有点嫉妒，大赤包是坐了汽车来的，所以迟起身而反赶到他前面。<u>到底汽车是汽车</u>！有朝一日，他须由包车阶级升为汽车阶级！大丈夫必须有志气！（老舍《四世同堂》）

26）a. 她一人说了就算了，简直是无知，无理！他再聪明也不可能想到娟子的想法、娟子的感受。<u>男人是男人，女人是女人</u>。（《中国式离婚》）

b. 可是咱们现在是在英国，英国的办法是<u>人情是人情，买卖是买卖</u>，咱们也非照着这么走不可。（老舍《二马》）

c. 可有时候，<u>戏就是戏，生活就是生活</u>，非常两不相干的。（《人民日报》2000.4.8）

27）a. 她怎么会知道的这么清楚？说得<u>鼻子是鼻子嘴是嘴</u>的，我总觉得这是一个总监级别的人才能清楚掌握的信息。（李可《杜拉拉升职记》）

b. 大围脖一甩，那后影<u>肩是肩背是背</u>！（刘心武《凤凰台上忆吹箫》）

例25）中的四个例句分别对应"A 是 A"和三种变体形式；例26）和例27）都对应着"A 是 A，B 是 B"，区别在于，例26）中 A 和 B 是并列的两种事物，强调两者的区别特征；例27）中的 A 和 B 都是文中未出现的主体 C 的一部分，通过强调 A 和 B 来强调主体 C 的特征。

综上所述，同语强调式的作用是表示强调和确认，通过对称地重复词或短语，使重复的部分所指称的事物性质、特征和区别关系得到凸显，强调事物的内涵、特征及关系，从而明确事物之间的区别。

三　小结

反复强调式与同语强调式都是通过重复某些词语达到强调的目的，并且所重复的部分就是言者要强调的部分。两者的区别在于：

一、强调的意义有区别。反复不仅是词语形式上的重复，也是意义上的重复。通过反复表达的强调，意义通过重复得到彰显，而不会增加或扩充；构成同语式的词语，意义上一般都不是简单的重复，而含有更丰富的语义。通过同语构成的强调式，事物内涵更为丰富，和与其他事物区别性特征更加彰显。

二、强调的句法地位不同。反复式强调的重复部分去掉一部分，不影响句子的整体意思，只是强调的意味和程度会有所减弱；同语式强调的相同部分不能去掉，去掉之后整个句式就不成立。从这个角度说，更加印证了同语使所强调的意义内涵得到了扩充，反复所强调的意义内涵基本没有改变这一结论。

三、强调的辖域有宽有窄。反复可以重复使用一个或几个句子，强调整个复句；或者也可以重复句子中的某个短语结构，某个句法成分，甚至某个词语。但是，同语只能重复句子中的一个词语，或者一个句子成分，同语式强调一般充当句子的谓语成分，或者单独做一个句子。由此，同语强调式的辖域往往比反复强调式窄，但是语义内涵却增加了，是增加了语用的言外意义的缘故。

第五节　侧重强调

侧重，就是主宾有别，重点突出。侧重与均衡是对立统一的。均衡，必须有一个中心，没有中心，就没有均衡，均衡必须立足于中心。而侧重，是对中心的维护和强调。在用词方面，同义词语有意识地连用，大都是为了突出重点。在句子组合方面，肯定和否定的搭配使用，大大突出了语义重点。

一　撇语式强调

王力（1943［1985：323］）谈到"撇开法"，就是先撇开别人或别的事物，然后说出正意。"就意义上说，这种撇开的话乃是废话，省了也可以；然而加上了它就可以使话说得曲折些，有力些。"

王希杰（1983［2004：376］）认为"撇除，就是为了明确 A，避免 A 同'非 A'的混淆，先把同 A 有某种程度的相似之处的'非 A'——地加以排除，强调这个 A 的特殊性。辨别真假，通过撇除假的，强调真的，烘托真的"。

由此可见，撇语就是言者表达的语义焦点在于甲事物，为了强调这一点，言者用否定的形式，通过排除乙事物、丙事物、丁事物等，来明确自己要说的甲事物，强调语义表达的目的在于陈述甲事物，加强所要表达的意义。通过撇除其他的，来烘托这一个，强调这一个。例如：

28）a. 得屋说："革命**不是**请客吃饭，**不是**做文章，**不是**绘画绣花，**不能**那样雅致，**那样**从容不迫，文质彬彬，**那样**温良恭谨谦让。革命是暴动，**是**一个阶级推翻一个阶级的暴力的行动。"得屋一口南腔北调的普通话，越说话目光越灼亮。（池莉《你是一条河》）

　　b. 上帝**不许诺**光荣和福乐，但上帝**保佑**你的希望。人**不可**以逃避困难，**亦不可以**放弃希望。恰是在这样的意义上，上帝存在。命运**并不**受贿，但**希望与你同在**，这才是信仰的真意，是信者的路。（史铁生《病隙碎语》）

　　例28）a 句用否定词"不是"和"不能"一连否定了六项特征"请客吃饭"、"做文章"、"绘画绣花"、"那样雅致"、"那样从容不迫文质彬彬"、"那样温良恭谨谦让"，六个否定式整齐排列，形成了一股强烈的语势，加大了听者对其后肯定性陈述的期待，充分凸显、强调了其后的重点内容"革命是暴动"；例29）则是通过成对出现的否定+肯定的三次排列反复，撤除"不许诺"、"不可以"、"并不"，目的是强调"保佑希望"、"不可以放弃希望"、"希望与你同在"。通过对非 A 的撤除，达到对 A 的强调，撤除这种修辞格明显加强了语势，呈现出言者强烈的感情和意志，我们称为撤语强调。

　　撤语是一种言者表达强烈感情的强调形式，有时可以与客观事实不相符合，不合逻辑；大多数则在前句使用设问句，无疑而问，其后则结合使用强烈的话语标记，使情感表达强烈而丰沛。例如：

29）a. 她要用北平文化中的精华，教日本人承认她的伟大。**她不是**汉奸，**不是**亡国奴，**而是**日本人在吃喝穿戴等等上的导师。**她是**北平的皇后，而他们不过是些乡下孩子。（老舍《四世同堂》）

　　b. 周萍：你没有权利说这种话，你是冲弟弟的母亲。

　　繁漪：**我不是！我不是！**自从我把生命名誉交给你，我什么都不顾了。**我不是**他的母亲，**不是**，我**也不是**周朴园的妻子！（曹禺《雷雨》）

30）a. 这是钱的交换吗？这是同情和怜悯吗？**不，决不是！**这是多少钱也买不到的师生情啊！（1995 年《人民日报》）

　　b. 你们看老太爷吐出来的就是痰么？不是！**一百个不是！**

这是白沫！大凡人死在热天，就会冒出这种白沫来，我见过。（茅盾《子夜》）

    c. 陆大可哼了一声："老成啊，你以为我这一趟到京城，是为着我女婿来的？**不是！告诉你**，我就是为了给你这个老东西解围来的！从一开始，我就知道，你斗不赢这一仗。"（朱秀海《乔家大院》）

  例29）的撤语式强调不符合客观事实，如 a 句中的"她"主观上通过对"汉奸"和"亡国奴"的撤除，强调了自己"导师"和"皇后"的身份认知。然而客观事实却是，在人们眼里，她就是汉奸和亡国奴；b 句中"繁漪"的客观身份就是"母亲"和"妻子"，但是她主观上撤除了这两种身份，强调自己最在意和看重的是"情人"这一角色；例30）的撤语式均在前句使用设问句引起听者的注意，加强语势，并且，在撤语之后分别使用"不，绝不是"、"不是！一百个不是"、"告诉你"等语气强烈的话语标记，强调其后的肯定性结论。

  由此我们可以看出，撤除是一种表达言者强烈感情色彩和主观意志的强调形式。撤除与否定有所相似，都是要否认一种事物，承认另一种事物。但否定的着眼点是属于客观世界的，是逻辑上的分辨真假，是哲学中的辨别对错，是相对稳定的客观存在；而撤除的着眼点既可以是客观世界的，也可以是主观世界的，当撤语符合客观事实，言者强调的是具有真值意义的客观命题，可以称为客观撤语强调；当撤语完全不符合客观事实，只反映言者个人意志和感情，凸显言者主观、感性的意愿，可以称为主观撤语强调。当然，无论是主观撤除还是客观撤除，都是通过对其他事物的排除来强调当前事物，或者强调言者的主观感受、情感、意图，是一种侧重式的强调手段。

二 对比式强调

  把两个对立的事物或一个事物的两个对立的方面放在一起加以比较，能使客观存在的好坏、善恶、美丑等对立面表现得更鲜明突出，例如：

  31）①我们报纸上的社论总是说：沉舟侧畔千帆过，病树前头万木春。②敌人一天天烂下去，我们一天天好起来。③可是，为什么优秀的主流代表冬瓜在一天一天地憔悴下去，而我这个令老王头痛的好逸恶劳的堕落的豆芽菜，却是一天一天地鲜润起来呢？（池莉《怀念声名狼藉的日子》）

32）①科学的要求是真实，信仰的要求是真诚。②科学研究的是物，信仰面对的是神。③科学把人当做肉身来剖析它的功能，信仰把人看作灵魂来追寻它的意义。④科学在有限的成就面前沾沾自喜，信仰在无限的存在面前虚怀若谷。⑤科学看见人的强大，指点江山，自视为世界的主宰，信仰则看见人的苦弱与丑陋，沉思自省，视人生为一次历练与皈依爱愿的旅程。（史铁生《病隙碎语》）

例31）和例32）这两段话语都是句群，而每一个句子都包含着一个对比，如例31）含有三个句子，句①对比了"沉舟与千帆"、"病树与万木"，句②对比了"敌人的烂下去"与"我们好起来"，句③对比了"优秀的主流代表冬瓜憔悴下去"和"我这个好逸恶劳的堕落的豆芽菜鲜润起来"；如例32）含有五个句子，每一句都分别对比了"科学与信仰"的不同特征，五个句子就是五次对比。由此看来，对比可以使事物的优缺点更加明显，对立面更加突出；更重要的是，对比的最终目的是对其中一方事物的特征有所侧重和强调。前者在对比之中侧重强调"我好起来"，后者在对比之中侧重强调"信仰"。

对比可以分为两体对比和一体两面对比。具体来说，两体对比就是把两个相对、相反的事物进行比照，使双方的特征尽显，并对其中一方进行侧重，强调其中一方事物，例如：

33）a.①我常以为是丑女造就了美人。②我常以为是愚氓举出了智者。③我常以为是懦夫衬照了英雄。④我常以为是众生度化了佛祖。（史铁生《我与地坛》）

　　b. 节度大人说："你真是没道理！①我是主，你是奴；②我是男，你是女；③我是天，你是地；④如今我坐在地上，你站着给我裹伤，倒似我给你行礼一般！"（王小波《红线盗盒》）

例33）的一组例子与上两例类似，每段话语都是句群，每个句子都对比了两个不同事物。如a句中从①到④分别对比了四对事物"丑女和美人"、"愚氓和智者"、"懦夫与英雄"、"众生与佛祖"；b 句从①到④对比了"我和你"的不同性质："主与奴"、"男与女"、"天和地"、"坐与站"。这种通过比较两种事物以侧重其中一方的称为两体对比强调。

一体两面对比，即把同一事物中相对、相反的两个方面加以对比，对比中隐含着对一方的侧重和强调，例如：

34）a.①别人一说革命，你就赤膊上阵；别人一提平等，你就捐献家产；别人一喊自由，你就认定她是自由女神，别人一暗示爱，你就以身相许——这么单纯的轻信，都是因为被骗得不够。②到够了的那天，你会发现，有人说革命，是拿你当肉盾；有人提平等，是要独享特权；有人喊自由，是因为真以为自由只是塑像；有人暗示爱，不过是为了要你的财物——正如你碰上的这位。（连岳《我爱问连岳 IV》）

　　b.①我倒是宁愿过从前的穷日子，从前我们是多么朴素和单纯，多么有理想有精神。②现在你们看看，到处是腐败贪污贿赂，到处在吃喝嫖赌，社会风气简直是一塌糊涂。（池莉《来来往往》）

例 34）的一组例子是人们对同一事情的前后表现和不同认识进行对比。a 句中，对待同一种行为（说革命、提平等、喊自由、暗示爱），"你"在被骗之前与之后却有不同表现与认识（赤膊上阵与当肉盾；捐献家产与独享特权；自由女神与自由只是雕像；以身相许与要你财物）。a 句①和②对比了同一行为前后两种表现与认知，强调后者才是事物的真相和本质；b 句①和②对比了"从前的社会"和"现在的社会"的不同特征，强调言者对"从前的社会"的认同和怀念，体现了对前者的侧重。这种通过同一种事物在不同载体的比较而侧重其中一方面的形式，称为一体两面的强调。

总之，对比能使语言表意鲜明。两体对比，能使对立的事物的相异指出更加突出、鲜明，给人以深刻印象；一体两面的对比，能使相同的事物在不同的客体上表现出巨大的差异性。最重要的是，人们使用对比，目的并不是真正要比较两种事物或两个方面，而是为了在比较之中侧重于其中一方，凸显一方，强调一方的特征。

小结

　　撇语式强调与对比式强调都是通过侧重其中一方事物，而使其中一方事物特征或言者主观感受得到凸显和彰显的强调手段。两者的区别在于撇语式强调是在形式上很明显的强调，通过直接的否定"不是 B"和直接的肯定"是 A"来强调 A 事物，不追求言外之意，是显式的侧重强调；而对比式强调则相对没有那么明显，言者所侧重的事物比较隐性，有言外之意，是隐式的侧重强调。

　　综上所述，言者使用这些修辞格的最终目的就是改变语言平铺直叙的局面，使所述话语的语义有轻有重，使所陈述的事物有次有主，使所凸显的意象有前有后，使所表达的感情有强有弱。只有话语呈现出诸多的差异性，才便于使用修辞格突出语义内容的重点，侧重主体事物的特征，凸显前景意象，表达强烈的感情和态度。修辞格帮助言者达成凸显和强调的目的，从不同方面凸显和强调话语内容或主观态度，在话语层面上呈现一个强调式修辞体系。如下图示：

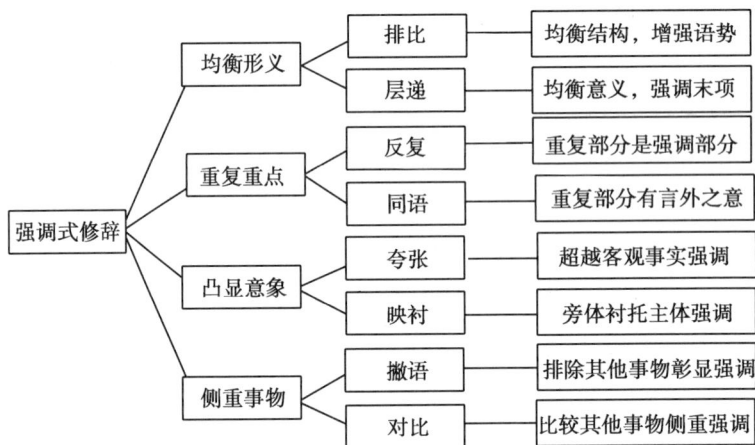

图表 6.5　修辞式强调体系

第七章　强调形式的标记与强度

　　人们认识客观世界具有层级性，比如，省、市、区县、街道的划分是地域层级；学生成绩有优、良、一般、差的评定是程度层级。语言是人们认知客观世界的重要工具，反映在语言中，语言也是有层级表现的，人们按照层级关系去认识和探索语言的外部面貌及内在规律。层级是同一维度中的等级序列，存在于多种语言范畴，可以用多种语言手段（词汇、句法、篇章、韵律）表示。

　　比如，按照语言地位和使用范围，民族共同语和地域方言可以分为高低不等的层级（李宇明，2014）；根据语言生活的领域和特征，语言生活可以划分为宏观、中观、微观三个层级（李宇明，2012）；人类语言中的层级结构，包括带有标签的短语、成分的不对称、内嵌、有意义无声音的成分在鸟鸣中完全不存在。层级结构为人类语言独有，并且是区别于后者的基本特征之一（程工，2018）。

　　又比如，语言成分可以按照主体与载体分为两种层级：语段成分和超语段成分①；句子内部的韵律结构可以分为音节、音步、韵律词、重音短语、中间短语和语调短语等层级；句子内部成分与成分之间也能分为直接成分与间接成分两种层级。由此，语言单位可以按照不同的标准划分为不同的层级体系。

　　再比如，汉语动词的论元角色可以根据其句法、语义特点而聚合成不同层级的类，形成一个论元角色的层级体系（hierarchy）：论元、超级论元、一般论元、核心论元、外围论元（袁毓林，2002）②；现代汉语的体貌系统也可以按照层级结构分为核心视点体、边缘视点体、阶段体、情状

---

　　① 超语段成分是附着在语段成分之上、不能独立的成分，包括声调、句调、轻重音、节奏中的"音联"各种感叹成分，它表现为人们说话时对声音高低、轻重、长短、停连的应用。
　　② 现代汉语动词的论元角色层级体系的分类图请参见袁毓林（2002：13）。

体四个层次。(陈前瑞，2003，2005)①；对外汉语教学是循序渐进、三等五级的分级体系，教学语法项目也可以按照复式递升的原则呈线性顺序排序处理（卢福波，2003）②。

本书第三、四、五、六章按照语言单位的层级讨论了话语强调的形式体系，本章将在层级理念下讨论话语强调形式的标记性和意义强度。即，运用标记模式测量话语强调形式手段的标记性及语义强度，使话语强调的范畴在形式和意义上互相对应、互为观照，综合形成一个汉语话语的强调范畴层级体系。

第一节　标记模式与强度层级

沈家煊（1999：22）指出，语言中的标记现象（markedness）是指一个范畴内部存在的某种不对称现象。语言中的不对称现象存在于语言中的各个层面，包括语音、构词、句法、语义和语用。而且，语言的形式和意义之间也往往是对称中又有不对称。“标记性”是语言学的一条分析原则，即一对视作对立的语言特征被赋予“有标记的”（marked）和“无标记的”（unmarked）的值。

一　标记性的层级

传统标记理论用于词法和句法是二分模式，一个范畴只有两个成员的对立，一个是有标记项，一个是无标记项。沈家煊（1999：25）指出，许多语法范畴的成员不止两种，比如数量范畴除了单数与复数的对立，不少语言还有双数（dual）、三数（trial）和少量数（paucal）的对立。因此，新的标记理论采用相对多分模式，可以用一个等级表示：单数→复数→双数→三数/少量数。③

① 现代汉语四层级的体貌系统图请参见陈前瑞（2005：24）。

② 对外汉语教学分级解释及语法项目图示请参见卢福波（2003：58—59）。

③ 这个等级序列说明标记性是个程度问题，箭头表示有标记性程度的增加。复数相对于单数来说是有标记的，相对于双数和三数则是无标记的。复数相对于双数的无标记程度要比单数相对于双数的无标记程度要低一些。标记模式序列的更多解释请参见沈家煊（1999：25）中的“2.2　新的标记理论”。

（一）标记性的含义

第一种含义，是指某一语言特征的存在与不存在。比如，boys 一词带有词尾 s，就是带有复数标记。因此，复数是有标记的，单数则是无标记的；

第二种含义，是指某些"有标记"的语言结构不及"无标记"的语言结构形式自然。更自然、更普遍、更常见的语言形式被称为"无标记"的，比较特殊、少见的语言结构形式则被称为"有标记"的。例如，语调的降调是无标记的，声调是有标记的，因为前者更为常见、自然。这种解释将标记性与标记的出现频率和使用域联系起来；

第三种含义，是指对立项中一项的分布与另一项相比更受限制。受限更多的那一项称为有标记项。例如，描述身高时，既可以使用"他很高"，也可以使用"他很矮"；而询问身高时，一般使用"你多高"，而不会说"你多矮"；描述年龄时，既可以使用"他年纪很大"，又可以使用"他年纪还小"；而询问年龄时，一般问"你多大"，而不会问"你多小"。"矮"、"小"的使用条件比"高"、"大"更受限制，所以说，"矮"、"小"是有标记的，"高"、"大"是无标记的。

上述三种含义也就是"标记性"的三种标准，它们分别是：（语言特征的）存在与不存在，（语言结构的）常见与不常见，（语言使用的）受限与不受限。下文将以这三种标准测试话语强调形式的标记性，划分有标记成员与无标记成员，并在此基础上确立范畴的语义强度等级。

（二）标记性判定标准

语言表达受两股势力左右，一方面语言表达者总想表达得全面而精确，尽量追求形式和意义之间的相似性，一个概念对应一个形式，一个形式对应一个概念；另一方面表达者又总想省力，尽量追求效率和经济性。因此从语言表达看，沈家煊（1999：333）认为，标记模式是人认识事物、建立范畴的最佳方法：无标记项由于常用而在形式上简化或弱化，兼顾了象似原则和经济原则。

由于语言使用者的这种心理，标记模式解决的就是两者之间的平衡，由此而产生了语言的对称性这一问题。语言的对称与不对称是同一个问题的两个方面，相反相成。语言总体上是对称的，形式和意义也是大致对应的；语言局部上又是不对称的，对应的两项中总是有一个是无标记项，一个是有标记项，形式和意义之间也有一种扭曲的关系。

因此，从方法学上来讲，我们可以以语言结构的不对称为依据来推测语言演变的方向，也可以反过来以语言演变的规律为依据来解释语言结构的不对称。从标记性的判定上来说，有标记项和无标记项的对立是个程度问题，这与语法范畴的成员在典型性的表现上有典型与非典型的对立一样。在确立了总的判定原则之后，还要有相对论的问题，即无标记项总是相对于有标记项来说的，典型成员也是相对于非典型成员而言的。

沈家煊（1999：32）提出了有标记项和无标记项的六项判别标准，标准是否有主次之分没有达成一致意见。不过，对于像汉语这样缺乏形态的语言，分布标准和频率标准这样的隐性标准就显得比较重要。

一、组合标准。有标记项大于或等于无标记项。

二、聚合标准。无标记项大于或等于有标记项。

三、分布标准。无标记项出现的句法环境大于等于有标记项。

四、频率标准。无标记项的使用频率比有标记项的高。

五、意义标准。无标记项的意义比有标记项的意义宽泛，有标记项的理解比无标记项复杂。

六、历时标准。有标记项的标志先于无标记项的标志出现，晚于无标记项的标志消失。

（三）原型性与标记性

标记理论与典型范畴的思想是相通的。沈家煊（1999：30）指出，"一个范畴的典型成员一般也就是这个范畴的无标记项"。标记性与语义强度也是直接相关的，通过语言形式表示强调的语义强度往往高于通过语言意义表达的语义强度，因为形式比意义更加明显，人们更容易感知。

由于形式和意义的一致性和对应性，强调范畴的语义层级以强调形式为参照点，以强调义的程度按照线性排序。等级的确定需要比较，比较就要有一定的参照点，参照点不同就会形成不同类型的等级系统。以范围层级为纵向参照点，以语义强度为横向参照点，意味着以语言单位为节点，探讨每一个节点上的语言形式的强调义的程度差别。

具体来说，在话语这一单位节点上分析不同修辞形式和话语标记形式表示的强调程度差异，以及强调义的强弱序列；在句子这一单位节点上，分析表示强调义的两类方式：语序和构式所表示程度的差异性。

在句子内部，强调意义可以通过句法、词法、语音等不同手段来表现。例如，可以确定某一个句法位置，把重点词语放在这一位置上，这是句法结构强调；可以用某种标记来标注重点词语，这是话语标记强调；也可以将词语成分代入强调义的句式中，这是构式强调。这些都是话语强调范畴的成员。运用标记理论，可以为形式范畴内的所有成员确立标记性，分出有标记项和无标记项，从而建立形式的标记性层级。进一步而言，标记性层级也有利于验证强调形式的典型成员和非典型成员，以及相对应的强调意义的强度等级。

二　语义强度的层级

（一）三个初始概念

陈保亚（1999：312）提出，语法组合层面和语义组合层面都至少有三个初始概念，它们分别是类、结构关系和层次，图示如下[①]：

图表 7.1　　　　　　　　　　　　三个初始概念

	类	结构关系	层次
语法组合层面	词类	语法结构关系 （句子成分、结构关系）	直接成分
语义组合层面	次范畴、小类	语义结构关系 （价、格、施受关系）	语义指向

作为一种在组合关系确定下来的聚合关系，"类"具有独立于句子成分的性质，其功能的确定不以结构关系为条件，也不以句子成分为条件：在语法层面，"类"表现为词类，词类概念是句法研究中的初始概念，因为词的功能可以通过分布来确定，而无须考虑结构关系；在语义层面，"类"表现为语义的次范畴以及次范畴下面的小类，它们也具有不可推导性，是一种初始概念。同时，无论考虑结构的整体功能，还是细分词类，都不能消除结构关系带来的歧义，也不能由词类概念推导出来。正因为如此，结构关系也被认为是句法的初始概念。

"层次"和"层次分析法"是两个不同的概念，层次是语法结构的初始概念，这一点霍凯特（1954）在《语法描写的两种模型》中已经指出过；而层次分析法是寻找层次的方法。Bevenniste（1971［2008：184］）

---

① 　请参见陈保亚《20 世纪中国语言学方法论 1898–1998》下篇：异质语言研究，5.5 语义指向分析。

认为，层次的概念是根本性的，它自身足以说明语言的分节性质及其构成要素的离散特征。层次不仅是自然语言的初始概念，所有有生成能力的符号系统都是有层次的，比如计算机语言等。语言的单位都是按照层次组合起来的，但是在组合的过程中不一定总是有标记的。

一般情况下，语义结构成分的组合层次是连续的，但也有不连续的情况，因此就引出了语义指向的问题。语义指向分析的出现说明语义组合也是有层次的，而且这种层次不是语义结构关系和语义特征（或者语义范畴）决定的，所以语义指向也是一种初始概念。

综上所述，在语义组合层面，次范畴、小类，语义结构关系，语义指向这三个概念是不可推导的初始概念。基于此，本书将以这三种初始概念贯穿话语强调形式的语义层级系统。具体来说，以"类"的概念划分强调的语义次范畴和小类，建立与强调范畴的形式系统相对应的意义系统；以"语义结构关系"的概念，确立语义成分的地位，以及语义结构关系的上下位层次，以强度标准建立等级体系；以"语义指向"的方法，分析形式和语义关系的扭曲和错配。

（二）两种层级关系

李宇明（1997）指出："级次是指同一维度中的等级序列。"例如："冠军、亚军、季军"都是比赛的名次，属于同一维度。同一维度之中才有级次可言；"冠军、亚军、季军"表示名次的高低，它们之间具有等级性。语言学中的级次就是客观存在的等级序列在语言上的投射反映，是语言化了的等级序列。一般来说，语义中的层级，一种是句法结构中结构成分的语义地位，另一种是句法结构中的语义结构关系的层级性。

第一种理解，从句子的语义角色出发，分析句法结构中各个成分的语义地位：句子的主干成分位于最重要的地位，如，施事——动作——受事是上位层级；其他语义角色，如动作方式、工具、结果、处所等，是第二语义层级；时间、地点等附加信息则处于第三层。

第二种理解，从成分的语义关系出发，分析成分之间直接或间接的亲疏关系。这是因为人们在言语表达时，会选择与谓词核心关系密切的语义成分，按照语义亲疏关系进行层级排列。简言之，一种是结构体的语义层级，一种是结构关系的语义层级。与强调的形式层级相对应的语义层级，也包括两方面的含义：一是不同的语言单位表达的语义强度不同，二是同一语言单位之间也存在不同的语义强度。

比如，单音节形容词和双音节形容词的语义层级序列完全不同①，这就是所谓不同的语言单位表现的语义层级是不同的；而就单音节形容词和双音节形容词内部而言，形容词的一般式、重叠式和儿化的重叠式这三种形式所表现的语义强度也是不同的，有强弱之别，这就是所谓同一语言单位的不同形式能表现不同的语义强度，存在着不同的语义层级。

又比如，表示强调义的修辞形式与话语标记形式，所表现的语义强度不同；而这两种次范畴成员，如不同的修辞形式、不同的话语标记，平行比较，它们表示强调的方式或隐或显、强调程度或强或弱，这就是同一语言形式内部的不同小类具有不同的语义层级。

第二节　话语标记式强调的强度

话语标记就好像一个屋顶，言者借助话语标记来表达主观意图，就如同言者站在了屋顶之上，对地面上的听众喊话，提醒或者命令地面的听众跟随着他的言语调整和改变自己的行为，主观性的程度层级非常高。由于话语标记的这个特性，言者的主观性表现非常明显，一望即知。

话语标记在词汇形式上凸显强调义，是有标记形式。但是，任何类别的语言范畴内部的形式和意义都不是均质的。在其内部，各小类话语标记的标记性有强有弱。我们将在话语强调标记的范畴形式内，讨论以下四类元话语标记的标记性和句法结构层级：强调主观真实性的"说实话"类、强调语义关系的"X的是"、强调施事行为的"我告诉你"类、强调信息状态类"你知道X"类。分析步骤如下：首先，讨论各标记成分的标记性；其次，讨论其句法结构层级；最后，综合测量各类话语强调标记的语义强度，形成强度层级序列。

---

① 李宇明（1997）根据形容词所表示语义程度的强弱差别，提出了形容词的绝对级次序列、相对级次序列。还有一个级次序列是偏差级次序列，但适用范围不及这两种级次序列广泛。有关详细解释，请参见李宇明（1997）《论形容词的级次》。

一　标记性的层级

(一)"说实话"与"X 的是"

这两类话语标记都以言者的主观感受和评价为强调的表现"舞台"。但是，两类话语标记在强调的语义内容上还存在一些差异，所以导致在标记性上的表现也有显性与隐性之分。两者的不同在于：

1. 语义概念和语义关系

以"说实话"为代表的"坦言性、实情性"话语标记集合体，重在强调言者的主观真实性，不管是话语命题的真实，还是主观态度、情感的真实，都是言者主体感受的聚焦，不关心与客观情况是否相符。

由于言者主观化的演变，"X 的是"类话语标记，其语义概念功能"名不副实"，即这类话语标记本来是依据"X"的概念语义，表达并强调言者的主观评价。但是，在语篇中，这些话语标记的语用功能却在于凸显和强调语义内容中的高层次语义关系。不过，与一般单纯表示篇章逻辑关系的关联词不同，"X 的是"具有双重语义：一是逻辑义，功能等同于关联词，表示上下文逻辑语义，可以用关联词语替换"X 的是"检验语义关系；二是主观义，"X"的概念义表示言者的态度、评价或提醒、强调等主观语义。

所以，"说实话"类话语标记没有完全脱离概念语义范畴，重在表示对短语概念语义"真实性"的强调；"X 的是"类话语标记的短语概念语义的功能已经虚化，不仅仅强调言者的主观语义评价，而是通过主观评价来明确句子间的逻辑关联，使其逻辑语义关系更突出、更明朗化，使听者通过话语标记掌握语篇中的语义脉络，体现语篇的组织性和导向性。

2. 显性概念与隐性关系

如上所述，"说实话"类话语标记强调主观真实性，在词语形式上更加明显凸显言者的语义内容重点，词语形式和语用功能重合，是显性的强调形式，其语义理解更简单，是无标记项；而"X 的是"类话语标记强调篇章逻辑语义关系，其强调的不再是语义内容，而是语义关系。相对于内容来讲，关系是隐性的，那么，强调隐性语义关系的"X 的是"类话语标记是有标记项。两者的标记性如右所示，箭头表示标记性的增加：语义真实类（"说实话"式）→语义关系类（"X 的是"式）。

（二）"你知道 X" 与 "我告诉你"

将这两类话语标记放在一起比较，是因为它们存在相对应的可逆性。在话语表达过程中，它们反映了言者不同的导向，一个是以听者为中心，一个是以自己为中心；一个强调双方互动关系，一个强调语篇组织倾向。

"你知道 X" 类话语标记反映出言者将听者作为言语行为的中心（reader-oriented），言者在言语行为完成前对听者的理解过程有一个预设，认为听者需要更多背景信息的介入，才能完整、准确理解自己的话语意义，并做出正确推理。于是言者在话语表达时，使用"你知道 X"来强调即将引入新的背景信息，或者激活双方共有认知中的背景信息，或者强制对方必须接受背景信息，以保证话语的理解和接受。

与此相反，"我告诉你"则是以言者本身的言语行为为中心（speaker-oriented）。"我告诉你"、"我跟你说"、"你听我说"、"你听着"、"你记住"、"你给我听着"、"你给我记住"这七个话语标记的共性很明显，言者强调自己传达的话语信息的重要性、有利于听者、劝告或警示听者以自己的意见为重、服从自己的意愿。这是一种强调说服性质的言语行为。

由此，从话语的着眼点、以言语的效力、标记性来看，它们的区别非常明显。根据标记性判定的意义标准，"你知道 X"类话语标记强调背景信息，是以听者为中心，背景信息的介入是为了帮助话语的理解与推论，并没有发出指令、训诫等施事行为，意义比较宽泛，是有标记项；"我告诉你"类话语标记强调言者中心和言语效力，祈求、命令或者强制听者尽量接受和服从自己的言语施事行为。语言形式和意义对应重合，理解起来更为简单，是无标记项。图示为右，箭头表示标记性的增加：信息状态类（"你知道 X"）→施事行为类（"我告诉你"式）。

综上所述，强调性话语标记注重言者、听者与所强调内容之间的关系。从以下两个方面，我们对强调性话语标记的标记性得出综合性的结论：

1. 话语的表达意义与理解意义。

话语的表达意义是指话语信息的发出、传递，强调自我是本能的、主观的、直接的，强调他者以达到强调自我的过程相对来说是非本能、迂回的、间接的。所以，强调言者主体感受的话语标记，其标记性低于强调听者客体理解过程的话语标记。从这一条判定标准来看，"说实话"和"我告诉你"强调言者自我的主体感受和言语施事行为，"你知道 X"和"X

的是"强调听者这一客体的理解和介入过程，与对方互动、引导对方参与到话题中来。所以，"说实话"和"我告诉你"的标记性低于"你知道X"和"X的是"。

话语的理解意义是指信息的接收、理解，对于听者来说，完全通过语言形式表现的语言意义更容易理解，例如，"我告诉你"明确发出指令需要遵守，"说实话"强调主观真实语义，听者理解起来更简单、更明确；语言形式不能完全体现语用意义的语言结构，需要听者结合会话原则进行关联推论、或被引导，理解过程更曲折、复杂。例如，"你知道X"引入背景信息帮助听者理解话语语义，"X的是"引导听者判断逻辑关系。

从这一条标准来看，"我告诉你"和"说实话"的标记性低于"你知道X"和"X的是"。

2. 强调语义内容和强调语义关系。

在篇章中，使用元话语标记一般都是为了引进新的句子，传递新的话语信息。例如，"你知道X"强调双方共知的背景信息；"我告诉你"强调对听者十分重要、必须遵守的指令或警示信息；"说实话"强调言者所知的真实信息和所感的真实立场。这三类话语标记的语用功能都是引入新的话语，强调新信息的语义内容；然而，"X的是"语用功能相对虚化，不仅强调语义内容，更强调篇章逻辑关系。相对于其他话语标记类来说，"X的是"是隐性强调，是有标记项。

总的来说，从标记性的层级来说，语言形式比语言内容更容易感知，语义内容比语义关系更容易理解。所以，话语标记强调式的标记性从左到右依次增加："我告诉你"式→"说实话"式→"你知道X"→"X的是"。

二 语义强度等级

探讨强调形式的语义强度层级，不仅指语义程度的层级，也表现在语义结构关系的上下位之中。处于上位句法结构关系的强调形式，语义层级高于处于下位句法结构关系的强调形式。所以，我们将依据句法结构层级关系，确立四类元话语标记的强调程度等级。

（一）句法结构的层级关系

Leech（1981：204）提出，能否简明地反映语义和句法的关系是评价语义描述的一个重要准则。所以，要描述句子的意义，就必须分清语义单位的层次。句子主要的语义单位是述谓结构，变元和谓词是组成部分，袁毓林（1994）认为：述谓结构是句子最基本的语义骨架，情态是附着在述谓结构之上的语义成分。例如：

1）a. ┃我的叔叔┃　┃拥有┃　┃这辆汽车┃。

　　b. ┃小王┃　┃吃┃　┃苹果┃。

那么，一个述谓结构就能分解为两个变元（或者叫"逻辑项"）："我的叔叔"和"这辆汽车"，"小王"和"苹果"，这两个变元又由一个表示关系的词"拥有"、"吃"连接起来，这个连接成分就是谓词。谓词是述谓结构中的支配成分，变元是受谓词支配的从属成分。

还有一种方法可以把一个述谓结构包含在另一个述谓结构内，那就是进一步降低在语义等级体系中的位置，即不是降到项的地位，而是降到特征的地位，以这种方式降级的述谓结构就叫作"降格述谓结构"，或者叫作"特征化了的述谓结构"①。这种述谓结构就能分析更为复杂的句法结构的语义层级关系②。例如：

2）a. 她几次突然进城，都碰上我早早睡了，没有一点写书的样儿，**这一点尤其叫我过意不去**。

　　b. **尤其叫我过意不去的是**，她几次突然进城，都碰上我早早睡了，没有一点写书的样儿。（王朔《空中小姐》）

3）a. 与我一样，王勃也非常着迷于这种游戏。我的迷恋是出于深宫中的寂寞无聊，王勃却恰恰喜欢斗鸡的胜负之果，**这是唯一不同的地方**。

　　b. 与我一样，王勃也非常着迷于这种游戏，**唯一不同的是我的迷恋是出于深宫中的寂寞无聊**，王勃却恰恰喜欢斗鸡的胜负之果。（苏童《才人武照》）

---

①　是指一个述谓结构的某个谓项带有修饰或限定性的成分，以表示谓项某方面的特征。充当这类成分的述谓结构就是降级述谓结构。

②　从属述谓结构树形图请参见 Leech（1981：201）。

　　这两例的 a 句中的述谓结构，本来是复句中独立的小句，用于 b 句，就降级到了不独立的句法成分，充当主句的一个限定成分，限定主句的话题范围，成为降级述谓结构。一般来说，从属述谓结构是从述谓结构的位置下降到谓项，降级述谓结构则更是下降到了谓项特征的地位。也就是说，降级述谓结构虽然具有述谓结构的结构特点，但它的作用却相当于谓项的一个语义特征。

　　严格意义上说，这里的降格并不符合 Leech 的降格后述谓结构变成了谓项（即变元）的语义特征，因为这里的述谓结构降格之后变成了主句的限定成分。但是，谓项是一个句子而言的核心，主句是一个复句或者句群而言的核心。从句法功能上来说，限定主句述题的成分就相当于修饰或限定谓项的语义特征；从句法地位上来说，"降格"的核心精神就在于，述谓结构由能够独立的小句（或句子）降级到只能附属于其他述谓结构的一个不独立的句法成分。例 2）和例 3）a 句到 b 句的降级都符合这一定义。其中，被附属的述谓结构就是主要述谓结构，如 b 句的方框部分，附属于主要述谓结构的就是降格述谓结构，如 b 句的黑体字部分。

　　基于此，"X 的是"话语标记在语义结构上发生了降级，通过句法地位上的降级，实现了语义地位的主题化，即由话语的一个线性序列的述语升格为限定述题的话题。主题化过程是把语义成分和句法成分进行匹配的正常过程，也是为了表现主题意义①而采用的句法手段，用不同的句法形式对同一信息进行主题化，使句子的强调部分处于恰当位置。

　　英语中为了将句子某一部分信息（特指言者主观评价的信息）主题化，采取把主语从句移到句末，在句首代之以形式主语 it 的句法转换手段，例如：

　　4）a. That he has left surprises me.　　他已经离开了，这件事使我感到奇怪。

　　　　　b. It surprises me that he has left.　　使我感到奇怪的是，他已经离开了。

---

　　①　主题意义是说话者或写文章的人借助组织信息的方式（语序、强调手段、信息焦点的安排）来传递的一种意义。详见 Leech（1981）第十章"语义学和句法学"。

无疑这两个句子具有不同的交际价值，因为它们使我们联想到不同的语境，它们似乎分别回答的是以下两个问题：

5）a. What make you surprise?　　什么事情让你感到奇怪？
　　b. What do you surprise about?　你奇怪的是什么事情？

通过与例 5）语境的对比，可以看到，例 4）a 句强调言者关注"他已经离开了"这件事；例 4）b 句强调言者的主观感受"使我感到奇怪"。所以，从句化改变的不是句子的命题意义，而是句子的主题意义。这种句法转换的作用就在于赋予表达同样**理性意义**①（即命题意义）的句子以不同的主题意义。

（二）话语标记的结构层级

其他三类强调标记与"X 的是"表现一致吗？比较如下：

"你知道 X（X 代表'吗'、'吧'、'的'或空位）"类话语标记，通常都是以独立的小句形式出现在语篇中，大部分时候单独成句，例如："你知道吗?""你知道吧。"；有时候是独立的小句形式，引出后续小句"你知道的……""你知道，……"。

"说实话，老实说，说真的，不瞒你说，实话实说"也都不能单独成句，作为一个后指性的话语标记，必须引入后续成分，不能单独表达一个完整的意思，没有发生句法结构的降级。

"我跟你说，你听我说，我告诉你，你听着，你记住，你给我听着，你给我记住"这一类话语标记，都必须作为句子的前件，引出句子后件。不能单独成句，自然也不能独立表达完整的意思。

所以，从句法结构层级的上下位关系来说，句法结构层级最高的话语标记是"你知道 X"，它们基本上能完全能独立成一个述谓结构，对句法环境没有限制，出现比较自由，属于上位层级。

其次，"说实话"类、"我告诉你"类话语标记，虽然没有发生句法结构的降级，但是它们一般不单独成句，只能作为一个句子前件与句子后件成对出现，出现的句法环境较不自由，结构层级相较"你知道 X"更

① 理性意义，详见 Leech（1981）第二章"七种意义"，Leech 区分的第一种意义范畴即是理性意义。

低，处于中间位置。

最后，句法结构层级处于下位的是"X 的是"类元话语标记，它们是降级述谓结构，处于下位层级。

基于此，话语强调标记的句法结构层级关系，从左至右、由低到高呈线性序列："X 的是"→"我告诉你"式→"说实话"式→"你知道 X"。结合话语强调标记的标记性（"我告诉你"式→"说实话"式→"你知道 X"→"X 的是"），得出话语强调标记的语义强度序列，从左至右、语义强度依次递增，如右所示："X 的是"→"你知道 X"→"说实话"式→"我告诉你"式。

第三节　语序式强调的强度

一　标记性的层级

以标记性的三种含义和标记模式的六条标准，来判定句子层面语序形式的标记性，但在实际操作中，可能不完全以三种含义和六条标准为准，因为汉语的形态不如印欧语系的语言丰富，所以标记性不一定表现在语言特征的多与少，例如复数和单数的区别；也无法用组合标准和聚合标准上进行区分；历时标准则需要考察标记项的历时演变情况。

不过，标记性的基本标准仍然是确定的：在语言形式上，无标记项比有标记项表现更直观，一望即知；在语言意义上，无标记项所表达的意义更简单清晰、更易理解；在语言环境中，无标记项比有标记项的使用限制更少，出现的句法环境更广泛、更自由；在频率上，无标记项比有标记项出现的次数更多。

（一）异位结构的标记性

语言中的定状异位结构与状补异位结构，是为了凸显或强调某一句法成分，或满足强调的交际需要，调整语言结构，使要强调的句法成分移动到语义强度更高的句法位置中，而造成的形义扭曲的语义异指现象。两者的区别在于：

第一，状语成分是核心谓语的附属特征，凸显的是谓语动词本身；补语成分是句子的焦点，凸显的是核心谓语的性状义，后者比前者的强调程度更高。

第二，状语成分凸显言者的主观性，是主观陈述；补语成分强调言者的客观视角，是客观陈述。句法地位上，定语和状语都是谓语核心动词的附属，补语是句子的句末焦点；语义强度上，补语大于定语和状语。

形容词及形容词结构充任这三种句法成分时，标记性是否一致呢？

沈家煊（1999：310）分析了形容词句法功能的标记模式，认为性质形容词作定语时无标记的，是典型形容词，其中表示大小、颜色、好坏这样一些概念的单音节形容词，十分频繁地不加任何标记充当定语。

李泉（2005：131）提出，单音形容词做状语相当受限，在实际语言运用中真正能够做状语的单音节形容词的比率不高①。同一单音形容词词项能够做状语跟能够做定语有极大的相关性。除唯定形容词和唯状形容词外，绝大多数能做状语的单音节形容词也能做定语，反之则不然。

基于此，相对于状语来说，形容词作定语受限较少，是形容词的原型句法功能。定语和状语的标记性从左至右递增，如右所示：定语→状语。

另外，在语料搜集中发现，状补异位结构相对于定状异位结构而言，出现频率较低，异位的限制条件更多，比如，带程度副词的形容词结构、重叠式结构和成语，从状语位移到补语位是自由的；而性质形容词移位到补语位却必须要加上程度副词才能成立，例如：

6) a. 付款后，售货员**非常客气地**说，"谢谢，不合适再拿来换"。

　　　→售货员说得**非常客气**

　　b. 尤其是往生西方极乐世界的人，更要**坦坦然然、欢欢喜喜地**去。

　　　→去得**坦坦然然、欢欢喜喜**

　　c. 电视剧不把镜头停留在案内，却**出人意料又合情合理地**描绘了耐人琢磨的人际行为。→描绘得**出人意料又合情合理**

7) a. 他说话时脸**痛苦**地扭曲了 →＊脸扭曲得**痛苦**→脸扭曲得**很痛苦**

　　b. 她**平静**地躺着。　　　→＊她躺得**平静**　→她躺得**很平静**

---

① 李泉（2005）做过概率统计："肯定连 27.28% 的比例也达不到"。

　　由此，从句法位的限制条件来看，补语相对于状语来说，受到的限制更多，是有标记的。状语和补语的标记性从左至右递增：状语→补语。

　　综上所述，定、状、补三种句法位的标记性从左至右递增：定语→状语→补语。所以，状补异位结构比定状异位结构出现的句法环境受限更多，标记性从左至右递增，如右所示：定状异位结构→状补异位结构。

　　（二）易位结构的标记性

　　虽然易位结构与异位结构都是为了凸显和强调某一话语成分、改变语序而得到的"移位"结构，但两者几乎没有什么相同之处：它们所处的语言平面不同（语用平面/句法平面），句法语义性质有本质区别（语义异指/语义同指），表示强调的方式也不一样（凸显主观性、有意性/强调语义重点）。

　　语用易位结构主要分为两种，分别是主语与谓语、宾语易位的结构，以及中心语与定语、状语易位的结构。

　　第一，主谓易位结构就是主语和谓语互换位置，主宾易位结构就是主语和宾语互换位置，两种易位都是改变句子结构，但不改变命题意义和句法结构关系。这两种易位结构都是言者把要强调的句法成分放置句首、话题化的表现。

　　两者的区别在于：宾语前置到主语位置，宾语成分由述题内部成分变成话题成分。在语义所指上，由无定成分变为有定成分。在信息结构上，由新信息变成旧信息。在语用功能上，凸显和强调宾语成分，凸显其周遍性和对比性；主语后置到谓语位置，语义价值和语义指向没有任何改变，改变的是语用功能，凸显和强调易位后的谓语成分。

　　那么，宾语前置（到主语位）是有条件限制的，而主语后置（到谓语位）是无条件限制的。相对于宾语前置来说，主语后置是自由形式。由此，从语言使用的受限与不受限标准来看，主宾易位结构是有标记的，主谓易位结构是无标记的。标记性从左至右递增，如右所示：主谓易位结构→主宾易位结构。

　　强调状语成分的语用易位结构与凸显言者主观性强调的句法异位结构是不一致的。首先，在语法性质上，前者无法再分析为句子的结构成分，而后者依然是句子的结构成分，尽管不是同样的句法成分；在语义价值上，前者的形式和意义是一致的，易位成分就是言者要强调和突出的成分，是一种语义同指。后者在句法成分移位之后，发生了句法结构形式和句子意义不一致的形义异位，是一种语义异指。

第二，定中易位结构和状中易位结构是为了强调修饰成分（定语和状语），而将修饰语和中心语句法位置倒置的句法结构。在语料搜集和分析过程中，我们发现，状语不仅可以后置于中心语之后（例 8a 句），还可以移位到句子主语之前（例 8b 句）。例如：

8）a. 第二天早上我要付钱，那男的只摇头，他的妻子——一个非常美的女人——用手挽住我的脖子，吻了我，**热情地**。（《读书》）

　　b. 她倏地坐起来，<u>出人意料地</u>，方达生正站在门口望着她。（曹禺《日出》）

目前尚未发现定语前置到句子主语之前的例句，状中易位相对于定中易位更灵活、自由，出现的句法环境更多。所以，状中易位的标记性低于定中易位，标记性从左至右递增：状中易位结构→定中易位结构。

综上所述，语序式强调结构的标记性从左至右递增：状中易位结构→定中易位结构→主谓易位结构→主宾易位结构→定状异位结构→状补异位结构。

二　语义强度等级

句法结构的语义强度层级是隐藏在句法线性结构背后的一种普遍现象：首先，汉语句子内部不同的句法位置的语义程度不一致。例如，句末焦点是自然语序的焦点位置，句首的话题成分则是对比焦点的焦点位置。这两种句法位置上出现的话语信息部分比其他部分的话语信息所表示的语义强度高；其次，句子内部不同句法成分的语义强度也不一样，信息强度有差别。例如，修饰语比中心语的焦点程度更高，状语比定语更能凸显言者的主观性，补语比状语有更大的强调作用，话题成分比主语成分更能引起听者的关注。

（一）焦点和成分序列

徐杰、李英哲（1993）根据 Jackendoff（1972）的焦点界定标准，提出了一个汉语"焦点选择序列"，认为汉语句子是根据这个序列优先确定焦点。这个序列在一定程度上反映了汉语句法成分之间在信息强度上的差别。图示如下：

"是"强调的成分→"连/就/才"强调的成分→数量成分→把字宾语→其他
修饰成分→中心成分→话题

图表 7.2 焦点选择序列

沈家煊（1999：19）引用世界各种语言具有共性的句法成分的等级：
主语>直接宾语>间接宾语>旁语。[1]

这两种语义成分的强度层级序列表明，句子内部不同的句法成分和句
法位置的语义强度是有强弱差别的。语序式强调是言者为了强调主观视
角、情感、认识，或者强调客观事物的性状、人物的情状特征而调整句法
成分的位置造成的句法成分的移位现象，移位就是言者为了将要强调的句
法成分从语义强度低的位置上移到语义强度高的位置。

（二）主观化的层级

综上所述，以上六种句法成分移位的强调式句法结构，从不同方面凸
显了言者主观性，也反映了不同的主观化[2]历程。Traugott（1995）提出，
话语的主观化表现在几个相互联系的特征上：由命题功能变为言谈功能；
由客观意义变为主观意义；由非认识情态变为认识情态；由非句子主语变
为句子主语；由句子主语变为言者主语；由自由形式变为粘着形式。主观
性呈序列从左至右依次减弱：命题功能→言谈功能>客观意义→主观意义
>非认识情态→认识情态>非句子主语→句子主语>句子主语→言者主语>
自由形式→黏着形式。

基于此，语序式强调结构的主观性也呈序列表现，具体分析如下：

句法异位中的性状异位和状补异位都产生了语义异指，而语义异指直
接凸显言者的主观视角、主观情感和主观认识。它们是一种隐性的有标记
的焦点结构，反映言者的主观性逐渐凝聚和沉淀到言语形式。

定状异位结构的定语是言者对事物特征的客观陈述，移到状语位后，
状语的性状义指向主语，凸显言者的主观视角和主观情感，结构所表达的
客观意义向主观意义转变，随着客观意义转成主观意义，也使句子的命题

---

[1] 这个等级表示一个语言通性：对所有语言而言，如果等级上的某一项提取时不受限制，
那么该项左边的各项提取时也不受限制。例如，如果发现一种语言间接宾语的提取不受限制，那
么直接宾语和主语的提取也一定不受限制。各种语言的个性都是这一通性的具体体现。

[2] Traugott（1995）认为，主观化指的是"意义变得越来越植根于言者对命题内容的主观
信念和态度"这样一种语义—语用演变过程。

功能变成了言谈功能；状补异位结构的补语反映言者对句子主语性状或情态的客观评价，移到状语位后，凸显言者的意识结构，体现句子主语向言者主语转变。所以，定状异位结构的主观性高于状补异位结构。

主宾异位结构和主谓易位结构都体现了非句子主语向句子主语转变的主观化过程。不同的是，主宾异位结构的宾语从无指变成了有指，从不定指变成了定指，有指名词体现的主观性高于无指名词，定指名词体现的主观性高于不定指名词。由于名词的指称义所凸显的主观性程度不同，主宾易位结构的主观性高于主谓易位结构。

（三）语义强度层级

两种句法异位结构之中，定状异位结构的语义强度不及状补异位结构。这主要是补语占据句子或分句的尾焦点位置造成的。定语是主语的附属特征，状语是谓语的附属特征，补语虽然也是谓语的附属特征，但由于其占据尾焦点的句法位，语义强度往往高于谓语动词本身。由于补语位的高语义强度，状补异位结构的语义强度高于定状异位结构。比较如下：

9) a. 袁捷抓了几粒扔进嘴里**香香地**嚼着："不怕宋兄见笑。"（《大宋提刑官》）

　　b. 扶桑喊了半句，膏药连汁带汤，**滚烫地**把她嘴糊住了。（严歌苓《扶桑》）

10) a. 这是我几天来的第一笔生意，我**画得很认真**，用了足足半个小时才把像画好。（卞庆奎《中国北漂艺人生存实录》）

　　b. 用不着谁支使，他自己愿意干，**干得高高兴兴**，仿佛是一种极好的娱乐。（老舍《骆驼祥子》）

主谓易位结构和主宾易位结构，是言者为了强调谓语和宾语，将其前置、与句子主语互换位置。前者强调述位焦点成分，后者强调对比焦点成分，是典型的由非句子主语向句子主语转变的句法结构。

这两种语用易位结构，主宾易位结构强调的宾语由述题变成话题，由无定变为有定，由新信息变成旧信息；主谓易位结构强调的谓语，其语义价值和语义指向没有发生任何改变。由此，主宾易位结构的强调程度高于主谓易位结构。比较如下：

11) a. 宋中冷笑道："我几时怕过别人，**谁**我都不怕。"（古龙《圆月弯刀》）

　　　b. 你还有高远的志向，将来的希望，我是**什么**都不要，**什么**都没有。（茅盾《蚀》）

　　　c. 求官的人，定要把诸事放下，不工，不商，不农，不贾，**书也不读，学也不教**，跑在成都住起，一心一意，专门求官。（李宗吾《厚黑学》）

12) a. 她低了头，走向门口，轻轻地对我说道："**走吧**，少爷，我们该回去了。"（白先勇《玉卿嫂》）

　　　b. "**唱起来吧**，弟兄们！"有人从大车上喊，车上的人全都随声附和。（《罪与罚》）

　　定中易位结构和状中易位结构反映出言者把定语和状语当作语义重点，前者强调谓语语义，后者强调状语语义。但是，定语后置之后，极少处于句末位置。这是因为定语是主语的附属，只能处于主语前或主语后，主语之后还有谓语，所以定语很少位于句末、成为句末焦点；而状语既可以前置也可以后置，后置一般都位于句末，成为句末焦点成分，是整句焦点。因此，状中易位结构的语义强度高于定中易位结构。比较如下：

13) 深夜的橱窗上，铁栅栏枝枝交影，底下又现出防空的纸条，**黄的、白的、透明的**，在玻璃上糊成方格子、斜格子，重重叠叠，幽深如古代的窗格与帘栊。（张爱玲《道路以目》）

14) a. 于是，**很自然地**，以分期多次付款为特色的贷款安排就普及开来。（陈志武《金融的逻辑》）

　　　b. "不，孩子，你不应该走前面"。他说，**冷酷而严肃地**。（龙枪《旅法师》）

　　语序式强调结构的语义强度等级与主观性等级有所区别，从左至右语义强度依次递增，如下所示：定状异位结构→状补异位结构，主谓易位结构→主宾易位结构，定中易位结构→状中易位结构。

第四节　构式强调的强度

一　标记性的层级

相对于话语标记来说，表示强调意义的构式是较为隐含、非明示性的。究其原因，还是与构式的核心精神有关。构式的核心精神在于句式的整体意义不能从任何一个构成成分的语义中推导出来，也不能从其他句法结构中推导出来。但是，任何符合句法条件的语义成分进入构式之后，都能表示出较为一致的句式意义。所以，构式的强调意义内置于句式中。

相反，话语标记是高于基本话语层次的元话语形式，它们凌驾于基本话语信息之上，凸显着言者的强调态度、感情、立场等各种强调意图，是非常明显、语义强度非常高的强调方式。由此，强调构式由于其强调意义的内在性和隐含性，属于无标记形式。表示强调义的话语标记由于其强调方式的外显性和明示性，属于有标记形式。

相对于其他强调形式而言，强调构式是无标记的。但是，在强调构式的内部成员之间，"再……也/都……"、"连……也/都……"、"是……的"还存在着标记性的差异。比如：

"再……也/都……"的事件场景是，只要满足句式的大前提 C，那么事件 B 的发生不受事件 A 的程度量影响，一定会发生。也就是说，"再……也/都……"强调满足前提 C，就一定会发生事件 B 这一逻辑语义，程度 A 不重要，强调的是导致事件发生的充分条件。

"连……也/都……"的事件场景是，以典型事件 A 的特征来强化群体事件 B 的特征，以强调句式的命题意义 C。也就是说，"连……也/都……"的句式是以典型事件 A 来强化群体事件 B，以群体事件 B 的周遍性强调命题意义 C。强调的是一种无条件的衍推关系，表示的是由 A 及 B 的衍推结果，这种关系的成立产生了事件的周遍性和普适性，由此完成了强调命题义 C 的任务。

"是……的"的事件场景与它们不同，"是……的"结构本身并不参与命题语义的构建，句式意义更为虚化，聚焦句式中的谓词性成分。

就强调的语义内容来看，"再……也/都……"强调事件发生的必然性，"连……也/都……"强调事件的群体性和周遍性，"是……的"强调核心谓语成分或者论元的命题语义。

从强调义产生的条件来看，依据语言结构使用的受限与不受限的标准，我们认为，"再……也/都……"表达强调义受到必须满足句式前提的语义限制，是有标记项，"连……也/都……"、"是……的"表达强调义的衍推过程是自由的、无条件的，不受任何语义限制，是无标记项。图示如右，箭头表示标记性的增加："是……的"→"连……也/都……"→"再……也/都……"。

二 信息强度等级

系统功能语法的"信息结构"理论认为，信息结构是把语言组织成为信息单位的结构，信息单位是信息交流的基本成分。信息交流即言语活动过程中已知内容与新内容之间的相互作用。信息结构由两个层次组成：信息来源（source of information）和信息处理（information management）。信息来源是指信息来源于何处，它反映了已知信息或未知信息的新旧状态；信息处理则用来确定一个语言结构所带信息值的高低。

信息的新旧状态（information status）取决于言者，而不取决于篇章结构。言者在确定已知信息和新信息时有一些规律性，比如讲话者通常用不定指的指称方式和语调来引入新的实体，用不显著的句法和语音形式来指称当前已知的实体。

屈承熹（1998/2006：158）认为，在特定语境中，无论源于何处的信息，信息值都可以或高或低。信息结构有两个不同层面：短语层面和小句层面。短语层面涉及的是信息来源问题，比如一个词语所代表的是新信息还是旧信息，新信息的值被认为高于旧信息的值，也更容易受到关注；小句层面涉及的是信息处理问题。在这个层面上，信息被进一步组织起来以显示信息值的高低差异。焦点就是小句中具有特殊标记的高信息性成分，与其所具有的是新信息还是旧信息无关。焦点具有高信息性，它将信息值都集中在一个成分上。对比和焦点都可以看作信息处理的手段，以有标记的话题成分出现，用来提高有关形式的信息值。

从信息来源角度看，"再"和"连"之后引入的成分、"是……的"中间的成分，都是高信息值成分："再"引进的事物的程度量达到了极性量，极性量本身就是强调的体现；"连"对引进的事物有典型性的要求，是典型事物，典型事物受到的关注度高；"是……的"对聚焦的事物没有语境预设，也没有语义限制，但是使用"是……的"之后，被聚焦的事物变成了焦点。

从信息处理角度看，"再……也/都……"、"连……也/都……"、"是……的"都将信息编码为焦点成分，处理信息的方式也是相同的。区别在于："再……也/都……"强调命题的极性量，"连……也/都……"强调预设的周遍性，"是……的"强调命题语义本身；命题的极性量比语义本身的强调程度更高，预设的强调程度高于前两者。

综合来看，强调程度由左至右依次增强："是……的"→"再……也/都……"→"连……也/都……"。

总之，在强调的形式范畴内部，相对于话语层面的强调手段（修辞类和话语标记类）而言，句子层面的强调手段（语序类和构式类）所凸显和强调的主观性程度更高，它们是主观化了的句法结构形式。话语层面的强调手段在语言形式上表现得更为直观、更为明显，使听者和读者从语言形式上就能明确地感知到言者的强调意图，它们是强调范畴的有标记形式。与此相反，句子层面的强调手段都是言者主观性已经渐渐抽象、凝固在句法结构中的产物，表现的主观性强度更高，是强调范畴的无标记形式，也是强调范畴的典型形式。

第五节　修辞式强调的强度

一　标记性的层级

修辞式强调形式主要通过均衡形义、重复形式、凸显意象和侧重事物这四种方式表示话语的强调。这四种强调式修辞方式内部又各包含两类修辞手段，它们分别是：排比式和层递式，反复式和同语式，夸张式和映衬式，撇语式和对比式。判定这些成员标记性的标准有如下三条：

第一，语言的形式特征。

排比式和撇语式在语言形式上表达强调意义：排比式使用均衡的形式以强调整体语势；撇语式明确否定其他客体以突出要强调的主体。

相对而言，层递式重在意义的逐步铺垫，隐含着对末项义的突出；对比式重在客观特征的比较，隐含着对某一方的侧重。

所以，排比式和撇语式这两种修辞式在语言形式上更直接，表达强调义更直观；层递式和对比式这两种修辞式的强调义需要读者的感受和揣摩，强调义没有前两种鲜明、直白。根据语言形式的外在表现形式，相对于层递式和对比式来说，排比式和撇语式是无标记的。

第二，形式和意义的一致。

反复式体现出语言形式和表达意义的一致性：反复的部分就是作者要强调的部分。而且，句子成分反复之后，句子的命题意义没有发生增减。与此相对，同语式重复句子的某些成分，增加了句子成分的命题意义，使其内涵更丰富，其形式和意义不完全一致。根据形义一致性原则，同语式是有标记的，反复式是无标记的。

第三，语篇环境的限制条件。

夸张式和映衬式都是通过凸显主体意象来表达强调的意义，区别在于两者使用的语篇环境有宽严之别：夸张式无须借助其他客体事物以凸显主体意象，它以夸张之前的客观事物（即实意象）为参照点，凸显夸张之后的虚意象；映衬式则必须借助其他客体事物作为背景，以烘托和凸显作为前景的主体意象。没有其他客体事物，就无法使用映衬这一手段。由此，映衬式出现的语篇环境比夸张式少，使用条件比夸张更受限制，相对于映衬式，夸张式是无标记的，映衬式则是有标记的。

（一）均衡式的标记性

均衡强调式包括排比式与层递式强调，排比式是通过形式上的并列和列举，以壮整体语势；层递是通过意义上的逐层铺垫和积累，以凸显最末项语义。从表现形式上来说，排比是一望而知的强调，层递是较为隐含的强调，表层形式比深层意义更容易感知和理解，意义更明显、直观、简单。相对来说，排比式是无标记的，层递式是有标记的。例如：

15）①**还是太阳好**，它年复一年，日复一日，永远地升起在她的办公室。②**还是**这多年的办公桌椅和办公椅**好**，与她耳鬓厮磨二十多年，每一处都越来越体贴她。③**还是**她翻旧了的书籍**好**。④她用旧了的资料**好**。⑤她十年前的茶杯**好**。⑥她五年前的电脑**好**。⑦她二十年的字纸篓**好**。⑧她七十年代的热水瓶**好**。⑨她窗口的紫藤**好**。⑩紫藤上的小鸟**好**。⑪小鸟的啁啾**好**。⑫这五十年代的楼房**好**。⑬深深走廊**好**。⑭高高的空间**好**。⑮整木的地板**好**。⑯老红色的油漆**好**。⑰天花板下面缭绕不去的那种独特的熟悉气味**好**。⑱咸润物坐在这里，就

像困兽回到了老窝。（池莉《小姐你早》）

16）爱情，亦三种境界耳。<u>少年</u>出乎<u>好奇</u>，<u>青年</u>在于<u>审美</u>，<u>中年</u>归向<u>求知</u>。<u>老之将至</u>，<u>义无反顾</u>。（木心《即兴判断》）

（二）重复式的标记性

重复强调式包括反复式和同语式，反复式和同语式都是形式和意义的双重重复；但是，同语式所重复的部分，其意义内涵则更为丰富，重复以后在命题意义之外增加了语用意义，读者需要结合语境及语气理解和体会，如果去掉重复后的相同部分，则影响句子的独立性，也会改变句子语义。反复式所重复的部分，意义内涵与重复之前完全一致，增加的是语势，凸显强烈的语气，没有赋予句子新的语用意义。即使将重复后的相同部分去掉，也不影响句子的整体使用，不改变句子的命题意义。例如：

17）<u>每一个</u>有激情的<u>演员</u>都难免是一个人质。<u>每一个</u>懂得欣赏的<u>观众</u>都巧妙地粉碎了一场阴谋。<u>每一个</u>乏味的<u>演员</u>都是因为他老以为这戏剧与自己无关。<u>每一个</u>倒霉的<u>观众</u>都是因为他总是坐得离舞台太近了。（史铁生《我与地坛》）

18）<u>谣言总是谣言</u>，<u>事实总是事实</u>。随着"清查"运动的深入，赵丹的冤案终于得到了平反。（《当代》）

所以，同语式表达强调义，其意义内涵增加了，句法限制更严格；相反，反复式的意义内涵没有改变，也没有限制句法环境，是更为自由的重复手段。相比较而言，反复式是无标记的，同语式是有标记的。

（三）凸显式的标记性

凸显强调式包括夸张式和映衬式，两者都通过凸显事物整体意象来表达强调意义。区别在于，夸张是用"名不副实"的手法夸大事物的整体意象或部分特征，使事物的意象或特征由于不真实的夸大得以凸显，违反社会共有常识和社会成员一般认知，也违反读者的预期，谋求读者的关注和重视；映衬式则是用真实的客体事物充当背景，对比和烘托真实的主体事物，使其处于前景。

所以，夸张式和映衬式都是凸显主体意象，不同之处体现在是否需要借助其他客体媒介。夸张式不需要借助其他事物，它是以主体事物本身的意象为参照，凸显放大之后的主体事物，强调放大后的主体意象；映衬式需要借助其他客体事物，它以其他客体事物为参照，以其形成背景来突出前景。没有其他客体媒介，就无法突出主体事物。从凸显方式上来说，夸张式更为自由，是无标记的，映衬式受限更大，是有标记的。例如：

19）①人生也不过七十，除了十年的懵懂，十年老弱，只剩下五十。……②那五十中，又分了日夜，只剩下二十五。……③遇上刮风下雨，生病，危难，东奔西跑，还剩下多少好日子？——④还不如要眼前欢笑。（李碧华《诱僧》）

20）①爱却艰难，心魂的敞开甚至危险。②他人也许正是你的地狱，③那儿有心灵的伤疤结成的铠甲，④有防御的目光铸成的刀剑，⑤有语言排布的迷宫，⑥有笑靥掩蔽的陷阱。⑦在那后面，当然，仍有孤独的心在战栗，仍有未熄的对沟通的渴盼。（史铁生《病隙碎笔》）

例 19）中，句①②③以夸张手法强调人生短暂，突出该语段的重点是句④ "不如要眼前欢笑"；例 20）的主题句是①，后句从②到⑦都逐项反衬了句①，强调其语义内容 "心的敞开是危险的"。

（四）侧重式的标记性

侧重强调式包括撇语式和对比式。撇语式是撇除其他事物来强调当前事物，对比式是以某种客体事物与主体事物对比；撇语式的着眼点是主观世界，对比式的着眼点是客观世界；撇语式是言者明确用否定形式否定了其他事物，肯定主体事物；对比是将主体与客体事物进行比较，使各自的特征在比较中更清晰，从而侧重突出主体事物的特征，其肯定和否定都是隐藏的，在形式上不能直接感知。

所以，撇语式的侧重强调能呈现于语言形式表层，其意义理解和接受更简单，是无标记的；对比式的侧重强调并不直接呈现于语言表层形式上，其所侧重的意义隐藏于主客体事物特性的对比之中，理解起来更为复杂，是有标记的。例如：

21）看来他懂，他知道奥林匹斯山上的神火为何而燃烧，那不是为了一个人把另一个人战败，而是为了有机会向诸神炫耀人类的不

屈，命定的局限尽可永在，不屈的挑战却不可须臾或缺。（史铁生《命若琴弦》）

22）我们报纸上的社论总是说：<u>沉舟侧畔千帆过，病树前头万木春</u>。敌人<u>一天天烂下去</u>，我们<u>一天天好起来</u>。可是，为什么优秀的主流代表冬瓜在<u>一天一天地憔悴下去</u>，而我这个令老王头痛的好逸恶劳的堕落的豆芽菜，却是<u>一天一天地鲜润起来</u>呢？（池莉《怀念声名狼藉的日子》）

二 语义强度等级

修辞式强调根据表达方式可以分为四个小类：形义的均衡，形式的重复，意象的凸显，事物的侧重。这四个小类的名称也反映强调意义的表达方式，比如，排比和层递是通过形式和意义的均衡一致"综合"强调；同语和反复是重复相同形式部分的"增量"强调；撇语和对比是借助客体事物来强调本体事物特征的"排他"强调；夸张和映衬是通过凸显前景事物意象的"虚无"强调。

（一）小类的语义强度

与修辞式强调各小类的标记性相结合，可以发现，从语言形式表达强调义的强度高于语义内容表达的强调义；既借助语言形式，又借助语义内容，形式和意义两种手段共同表达的语义强度高于单方面从语言形式或语义内容表达的强调义；强调语义内容的程度高于强调语义意象的程度。

这四小类成员之中，强度最高的是"形义均衡"式修辞，作者借助形式和意义两种手段，通过形式和意义的均衡一致来达到强调的目的，是质与量的结合；强调程度次之的是"形式重复"式修辞，言者通过重复其中一部分成分达到强调目的，是通过增加形式的数量来强调或扩充语义内容，是量的变化；"侧重事物"式强调语义内容，其语义强度更低，因为语言形式的强调义比语义内容的强调义更为明显、更易被人感知、传达更迅速；"凸显意象"式表达的强调义的强度最低，意象比语义内容更虚，其强度远不及前者。

综上所述，修辞式强调各小类的语义强度从左至右呈递增序列：凸显意象式→事物侧重式→形式重复式→形义均衡式。

（二）修辞式的语义强度

在修辞式强调的四个小类内部所包含的八种修辞式，所表达的语义强度也具有程度上的差别。例如：

首先，在"形义均衡"式内部，排比式要求形式和意义的均衡一致，即要求结构的相同或相似，也要求意义的相关，还要求言者感情的一致。综合语形、语义、语用这三种条件，所表达的强调程度性最高；层递式也要求形式和意义的均衡，但重在强调意义。排比式同时强调语势、语义和语形，相比层递式，强调强度更高一些。

其次，在"形式重复"式内部，与倒装式类似，反复式的成分就是作者有意要强调的成分，形式和意义一致；而同语虽然也是同一成分的重复，但是重复之后的成分表示的语义内涵更为丰富，强调的语义内涵通过重复而扩大化了。由此，同语式比反复式的强调意味更浓厚，强度更高。

再次，在"事物侧重"式内部，撇语式通过在语言形式上直接否定其他客体事物，直接肯定主体事物，表达非常直观和鲜明的强调义；对比式则是相对比较内在和隐含的强调手段，通过对比两个事物的特征来侧重某一事物，是间接和非直观的侧重。所以，相对于对比式强调来说，撇语式的强调程度更高。

最后，在"意象凸显"式内部，夸张式通过远远超过客观事物的说法来强调某事物，虚拟的程度必须很高才能达到夸张的效果；映衬式用其他事物作为一个背景来烘托当前事物，不可能达到夸张那样虚拟的效果和放大后的意象。由此，夸张式比映衬式的语义强度更高。

综合各成员的标记性及语义强度分析，修辞式强调的语义强度等级从左到右呈递增序列：映衬式→夸张式→对比式→撇语式→反复式→同语式→层递式→排比式。

第八章 结论与余论

　　现代汉语范畴化的研究是一个重要领域，近年来取得了不少研究成果，我们已经有了许多语法范畴或语义范畴，如时体范畴、方式范畴、致使范畴等。有关强调范畴的研究却较少涉及，相对较为薄弱，有关强调范畴的研究也主要体现于一些以硕士论文为主的学位论文中。汉语语法体系的深入有多种方法，范畴化研究是其中重要的一种，其系统化的研究能够提升研究质量，使其更加精细、深化。所以，我们试图从表达强调意义的语言形式出发，考察并初步构建现代汉语的强调范畴。又因为强调意义的载体形式十分丰富，语言的各种单位体都可以表达强调意义，分布在语言和非语言的不同平面之中，我们必须划定强调范畴的一个范围，限定一个平面，在此之内探讨强调的形式和意义。

　　本书所做的工作就是，在话语篇章这一语言单位中，初步探讨了句子、构式、话语（语篇）等强调意义的表达手段和方式，分析和讨论了每一级语言单位的典型强调形式、标记性、语义强度，从语言形式和语义强度两个互相对应的方面建立了汉语中话语强调的次范畴，综合得到汉语中话语强调的范畴系统。

　　通过对现代汉语话语强调范畴的研究，主要得出以下几方面的结论。

　　一、从性质上讲，话语强调范畴与一般语言学的客观范畴有区别。一般语言学的范畴是对客观事物范畴的抽象，是客观的陈述、性状或者程度的集合。范畴就是某种语义特征的集合体，是一种语义范畴，范畴所概括的对象有实体性语义。与此相对，强调范畴是一个主观范畴，类似于指称、语气、能愿、情态等这些主观特征的集合体，是一种主观的语义范畴，范畴所概括的对象不具有客观的评判标准，也没有真值语义。强调的本质属性是主观性，是言者主观性的典型表现。强调也是一个原型范畴，内部成员有典型和非典型之分。

　　二、根据话语单位的层级，强调义的表达分布于篇章和语段（修辞）、语段或复句（话语标记）、固定句式（构式）、语序（句法成分移位结构）。其中，修辞式和话语标记式分布于话语中，涉及语用平面；构式和语序式则集中于句子中，主要表现在句法平面。

三、根据强调的方式，修辞式强调分为四个小类：形义均衡（排比式与层递式）、形式重复（反复式与同语式）、意象凸显（夸张式与映衬式）、侧重事物（撇语式与对比式）；话语标记式强调分为四个小类：强调主观真实（"说实话"类）、强调施事行为（"我告诉你"类）、强调语义关系（"X 的是"）、强调信息状态（你知道"X"）。这是话语层面的强调形式。

根据强调的内容，语序式强调分为两种类型：句法异位结构和语用易位结构。前者凸显言者的主观视角和主观情感，后者强调句法成分的语义内容；根据强调的范围，构式强调分为极性强调（连……也/都……，再……也/都……）和周遍性强调（周遍性主语句）。它们在信息来源及信息处理上是一致的，不同的是强调的辖域，前宽后窄。这是句子层面的强调形式。

四、话语强调范畴的构建以形式和意义的对应与互显为主要原则。与形式次范畴对应的是意义次范畴，包括强调形式的标记性和语义强度。

（一）根据标记模式，强调形式的标记性从左至右逐渐递增。

修辞式强调：凸显意象式（映衬→夸张）→事物侧重式（对比→撇语）→形式重复式（反复→同语）→形义均衡式（层递→排比）。

标记式强调："我告诉你"类→"说实话"类→"你知道 X"→"X 的是"。

语序式强调：语用易位结构（状中易位→定中易位→主谓易位→主宾易位）→句法异位结构（定状异位→状补异位）。

构式强调：连……也/都……"→"再……也/都……"→"是……的"→周遍性主语句。

（二）结合强调形式的标记性序列，其语义强度从左至右逐渐递增。

修辞式强调：凸显意象式（映衬→夸张）→事物侧重式（对比→撇语）→形式重复式（反复→同语）→形义均衡式（层递→排比）。

标记式强调："X 的是"→"你知道 X"→"说实话"类→"我告诉你"类。

语序式强调：句法异位结构（定状异位>状补异位）语用易位结构

（主宾易位→主谓易位→定中易位→状中易位）。

构式强调：周遍性主语句→"是……的"→"再……也/都……"→"连……也/都……"。

五、从强调意义表达的效果来看，修辞式强调和话语标记式强调在形式上十分明显、直观、容易感知，是显性强调方式；语序式强调和构式强调主要体现在对语言意义的强调上，语言形式相对表现不明显，是相对隐性强调方式。我们认为，这与其所属的语言系统有关。汉语的语序相对来说比较固定，是一个相对封闭的系统，所以改变句法成分的语序强调手段很有限；话语标记和构式由于属于开放的语言系统，词汇手段无穷无尽。基于此，相对于语序手段而言，表示强调意义的话语标记手段和构式手段更为丰富。

强调范畴在汉语的主观性语义范畴中是一个新范畴，有许多可供探讨和研究分析的空间，限于时间、精力、能力水平的制约，本书未涉及、未深入地研究，可以进一步挖掘对强调范畴的研究空间。

一、强调范畴在其他语言单位上的表现，即在句子内部，以超语段成分、语素、词汇为代表的强调形式，其语义表现和强调方式与话语中的强调形式肯定大不相同。尤其是一些经常用来表示强调义的语气副词、程度副词，强调是它们的语用功能还是语义功能，或者两者兼容，这是一个问题。

二、强调形式在书面语体与口语语体的对立与区分，这是另外一个重要的研究视角。由于时间和精力的限制，本书没有考察和分析强调范畴在这两种语体的差异性和相关性，这是一个遗憾。

三、语言形式演变，一个重要方面是语音的简化或弱化，如音节的缩短，音量的减弱；语言意义演变，一个重要方面是语义虚化，即由实在意义的词项逐渐虚化为意义空灵的语法成分的过程。构式强调和句法异位是语义虚化和沉淀的结果，对于其形成机制和演变过程，需要做出系统分析与研究的努力。本书没有探讨构式强调和句法异位结构的语法化机制，这是一个方向。

四、强调的本质属性是言者主观性的体现，其意义载体是强调形式。那么，强调形式所体现的主观性、标记性、语义强度，这三者的表现是否是一致的？即，主观性越高的强调形式，标记性就越高，语义强度就越强，或者是相反的关系？这是一个难题。

参考文献

巴丹：《"连……都……"和"连……也……"的句法、语义及语用差异》，《汉语学习》2012 年第 3 期。

蔡维天：《谈"只"与"连"的形式语义》，《中国语文》2004 年第 2 期。

柴森：《论强调反问的"又"和"还"》，《世界汉语教学》1999 年第 3 期。

陈前瑞：《当代体貌理论与汉语四层级的体貌系统》，《汉语学报》2005 年第 3 期。

程工：《层级结构和线性顺序之新探》，《外语教学》2018 年第 1 期。

程葆贞：《现代汉语强调范畴》，硕士学位论文，河南大学，2010 年。

程乐乐、李向农：《连接语"我是说"的篇章功能考察》，《汉语学报》2012 年第 3 期。

陈保亚：《20 世纪中国语言学方法论》，山东教育出版社 1999 年版。

陈昌来：《论现代汉语句子的语义结构》，《烟台师范学院学报》（哲学社会科学版）2000 年第 1 期。

陈景元、周国光：《主位型评价结构"X 的是"及其评价功能》，《社会科学论坛（学术研究卷）》2009 年第 12 期。

陈平：《描写与解释：论西方现代语言学研究的目的与方法》，《外语教学与研究》1987 年第 1 期。

陈平：《释汉语中名词性成分相关的四组概念》，《中国语文》1987 年第 2 期。

陈平：《话语分析说略》，《语言教学与研究》1987 年第 3 期。

陈平：《试论汉语中三种句子成分与语义成分的配位原则》，《中国语文》1994 年第 3 期。

陈望道：《修辞学发凡》，上海教育出版社 1997 年版。

陈维振：《有关范畴本质的认识》，《外语教学与研究》2001 年第 1 期。

陈维振、吴世雄：《范畴与模糊语义研究》，福建人民出版社 2002 年版。

储泽祥：《强调高程度心理情态的"一百个（不）放心"类格式》，《世界汉语教学》2011 年第 1 期。

崔永华：《"连……也/都……"句式探析》，《语言教学与研究》1984 年第 4 期。

崔希亮：《试论关联形式"连……也/都……"的多种语言信息》，《世界汉语教学》1990 年第 3 期。

崔希亮：《语言认知与理解》，北京语言大学出版社 2001 年版。

戴浩一：《以认知为基础的汉语功能语法刍议（上）》，《国外语言学》1990 年第 4 期。

戴浩一：《以认知为基础的汉语功能语法刍议（下）》，《国外语言学》1991 年第 1 期。

丁雪欢：《"连"字句的逆反性考察》，《语文研究》1994 年第 3 期。

董秀芳：《"X 说"的词汇化》，《语言科学》2003 年第 3 期。

董秀芳：《词汇化与话语标记语的形成》，《世界汉语教学》2007 年第 1 期。

董秀芳：《来源于完整小句的话语标记'我告诉你'》，《语言科学》2010 年第 3 期。

董秀芳：《量与强调》，《量与复数的研究——中国境内语言的跨时空考察》，徐丹主编，商务印书馆 2010 年版。

董秀芳：《主观性表达在汉语中的凸显性及其表现特征》，《语言科学》2016 年第 6 期。

董秀芳：《从动作的重复和持续到程度的增量和强调》，《汉语学习》2017 年第 4 期。

范晓：《关于汉语的语序问题（一）》，《汉语学习》2001 年第 5 期。

范晓：《关于汉语的语序问题（二）》，《汉语学习》2001 年第 6 期。

范晓：《预设和蕴含》，《信阳师范学院学报》（哲学社会科学版）2002 年第 5 期。

方梅：《汉语对比焦点的句法表现手段》，《中国语文》1995 年第

4 期。

方梅：《篇章语法与汉语篇章语法研究》，《中国社会科学》2005 年第 6 期。

方清明：《再论"真"与"真的"的语法意义与语用功能》，《汉语学习》2012 年第 5 期。

冯光武：《语言的主观性及其相关研究》，《山东外语教学》2006 年第 5 期。

冯广艺：《变异修辞学》（修订本），湖北教育出版社 2004 年版。

高明明：《普通话语句中强调重音韵律特征的实验研究》，博士学位论文，北京大学，1993 年。

高桥弥守彦：《关于"连……也/都……"格式的一些问题》，《第二届国际汉语教学讨论会论文选》，北京语言学院出版社 1988 年版。

高桥弥守彦：《关于表示强调的"也/都"》，《云梦学刊》1991 年第 4 期。

龚千炎：《现代汉语里的受事主语句》，《二十世纪语法论文精选》，商务印书馆 1980 年版。

龚千炎：《论几种表示强调的固定格式》，《语法研究和探索（一）》，北京大学出版社 1983 年版。

葛文杰、张静：《"从来"句的语义语用分析》，《江西教育学院学报》（社会科学）2004 年第 4 期。

古川裕：《"再"字 NP 作主语的"假单句"》，《汉语学习》2009 年第 5 期。

韩梅：《"是……的"句的句法语义分析》，《东疆学刊》2005 年第 2 期。

韩玉国：《"连"字句中"都"与"也"的语义差别》，《暨南大学华文学院学报》2003 年第 1 期。

何洪峰：《汉语语法的多维探究》，华中科技大学出版社 2008 年版。

何洪峰：《状态性指宾状语句的语义性质》，《语言研究》2010 年第 4 期。

何洪峰：《汉语方式状语》，中国社会科学出版社 2013 年版。

贺阳：《性质形容词作状语情况的考察》，《语文研究》1996 年第 1 期。

何自然、冉永平：《话语联系语的语用制约性》，《外语教学与研究》1999 年第 3 期。

何自然：《认知语用学——言语交际的认知研究》，上海教育出版社 2006 年版。

洪波：《"连"字句续貂》，《语言教学与研究》2001 年第 2 期。

黄蓓：《走向狭义语言主观性》，博士学位论文，浙江大学，2016 年。

胡德明：《"连"字成分的焦点及相关问题》，《海南大学学报》（人文社会科学版）2002 年第 4 期。

胡明扬：《语义语法范畴》，《汉语学习》1994 年第 1 期。

胡裕树、范晓：《试论语法研究的三个平面》，《新疆师范大学学报》1985 年第 2 期。

胡裕树：《现代汉语》（重订本），上海教育出版社 1981 年版。

汲传波：《论强调范畴的构建》，《暨南大学华文学院学报》2006 年第 2 期。

汲传波：《强调范畴及其相关句法研究》，博士学位论文，中国社会科学院，2008 年。

金立鑫：《成分的定位和状语的顺序》，《汉语学习》1988 年第 1 期。

孔蕾：《事件语义视角下的英汉"言者导向语"对比研究》，博士学位论文，北京外国语大学，2015 年。

李劲荣：《指宾状语句的功能透视》，《中国语文》2007 年第 4 期。

李丽娟：《现代汉语中"X 的是"类话语标记语研究》，硕士学位论文，华中师范大学，2010 年。

李凰：《"再 X 也 Y"的构式分析》，《暨南大学华文学院学报》2009 年第 4 期。

李会荣：《"再 A 也 B"构式的类型分析——兼谈构式的基本类型》，《语文研究》2012 年第 4 期。

李泉：《试论现代汉语完句范畴》，《语言文字应用》2006 年第 1 期。

李泉：《主观限量强调标记"简直"》，《国际汉语教学研究》2014 年第 4 期。

李泉：《单音形容词原型特征模式研究》，商务印书馆 2014 年版。

李泰洙：《"也/都"强调紧缩句研究》，《语言研究》2004 年第 2 期。

李文浩：《"再 XP 也 VP"构式分析》，《汉语学报》2010 年第 4 期。

李秀明：《汉语元话语标记研究》，中国社会科学出版社 2011 年版。

李宇明：《形容词否定式及其级次问题》，《云梦学刊》1997 年第 1 期。

李宇明：《"一量+否定"格式及有关强调的问题》，《华中师范大学学报》（人文社会科学版）1998 年第 5 期。

李宇明：《汉语量范畴研究》，华中师范大学出版社 2000 年版。

李宇明：《论语言生活的层级》，《语言教学与研究》2012 年第 5 期。

李宇明：《汉语的层级变化》，《中国语文》2014 年第 6 期。

李战子：《功能语法的人际意义框架的扩展》，《外语研究》2001 年第 1 期。

李宗江：《"A 的是"短语的特殊功能》，《汉语学习》2012 年第 4 期。

梁银峰：《汉语系词"是"的形成机制》，《语言研究》2012 年第 4 期。

廖秋忠：《廖秋忠文集》，北京语言大学出版社 1992 年版。

刘丹青：《语义优先还是语用优先——汉语语法学体系建设断想》，《语文研究》1995 年第 2 期。

刘丹青、徐烈炯：《焦点与背景、话题及汉语"连"字句》，《中国语文》1998 年第 4 期。

刘丹青、唐正大：《话题焦点敏感算子"可"的研究》，《世界汉语教学》2001 年第 3 期。

刘丹青：《作为典型构式句的非典型"连"字句》，《语言教学与研究》2005 年第 4 期。

刘丹青：《焦点（强调成分）的研究框架》，《东方语言学》创刊号，上海教育出版社 2006 年版。

刘丹青：《语法调查研究手册》，上海教育出版社 2008 年版。

刘丽艳：《话语标记"你知道"》，《中国语文》2006 年第 5 期。

刘利华：《肯定性强调与否定性强调探微》，《邯郸师专学报》2003 年第 1 期。

刘月华、潘文娱、故韡等：《实用现代汉语语法》（增订本），商务印书馆 2001 年版。

刘鹏：《从意向性理论看强调的本质》，《重庆邮电大学学报》（社会科学版）2013 年第 3 期。

刘彦仕：《肯定性与否定性》，《川东学刊》1996 年第 4 期。

卢福波：《对外汉语教学语法的层级划分与项目排序问题》，《汉语学习》2003 年第 2 期。

陆俭明：《汉语口语句法里的易位现象》，《二十世纪语法论文精选》，商务印书馆 1980 年版。

陆俭明：《周遍性主语句及其他》，《中国语文》1986 年第 3 期。

陆俭明：《关于语义指向分析》，《中国语言学论丛》第一辑，商务印书馆 1997 年版。

陆俭明、沈阳：《汉语和汉语研究十五讲》，北京大学出版社 2003 年版。

陆俭明：《"句式语法"理论与汉语研究》，《中国语文》2004 年第 5 期。

陆俭明：《构式与意向图示》，《北京大学学报》（哲学社会科学版）2009 年第 3 期。

吕必松：《关于"是……的"结构的几个问题》，《语言教学与研究》1982 年第 4 期。

吕叔湘：《吕叔湘文集·第一卷》，商务印书馆 2004 年版。

吕叔湘：《现代汉语八百词》增订版，商务印书馆 1980 年版。

马建忠：《马氏文通》，商务印书馆 1983 年版。

马真：《说"也"》，《中国语文》1982 年。

马真：《表加强否定语气的副词"并"和"又"——兼谈词语使用的语义背景》，《世界汉语教学》2001 年第 3 期。

马真：《包含副词"也"的并列复句句式及其他》，《世界汉语教学》2014 年第 1 期。

梅华：《"强调"，应单独列为一种修辞格》，《黄冈师专学报》1983 年第 1 期。

毛哲诗：《关于形容词前的"再"的研究》，硕士学位论文，暨南大学，2006 年。

倪宝元、林士明：《说"连"》，《杭州大学学报》1979 年第 3 期。

彭增安、陈光磊：《对外汉语课堂教学概论》，世界图书出版公司 2006 年版。

齐春红：《现代汉语语气副词"可"的强调转折功能探源》，《云南民族大学学报》（哲学社会科学版）2006 年第 3 期。

祁峰：《"X 的是"：从话语标记到焦点标记》，《汉语学习》2011 年第 4 期。

祁峰：《现代汉语焦点研究》，博士学位论文，复旦大学，2012 年。

戚国辉：《主观化视角的英汉强调型形容词语法化研究》，《西安外国语大学学报》2011 年第 4 期。

权英实：《普通话句子重音的语调体现》，《新世纪的现代语音学——第五届全国现代语音学学术会议论文集》，2001 年。

屈承熹：《汉语篇章语法》，北京语言大学出版社 1998 年版。

冉永平：《话语标记语的语用学研究综述》，《外语研究》2000 年第 4 期。

任绍曾：《叶氏语法哲学观研析》，《外语研究》2001 年第 2 期。

邵敬敏、赵春利：《关于语义范畴的理论思考》，《世界汉语教学》2006 年第 1 期。

邵敬敏《"连 A 也/都 B"框式结构及其框式化特点》，《语言科学》2008 年第 4 期。

沈家煊：《不对称和标记论》，江西教育出版社 1999 年版。

沈家煊：《语言的"主观性"和"主观化"》，《外语教学与研究》2001 年第 4 期。

沈开木：《现代汉语话语语言学》，商务印书馆 1996 年版。

沈开木：《语法·理论·话语——现代汉语的探索》，广东人民出版社 1999 年版。

沈阳、郭锐：《现代汉语》，高等教育出版社 2014 年版。

石定栩：《理论语法与汉语教学——从"是"的句法功能谈起》，《世界汉语教学》2003 年第 2 期。

石定栩：《"的"和"的"字结构》，《当代语言学》2008 年第 4 期。

史锡尧：《论副词"也"的基本语义》，《世界汉语教学》1988 年第 4 期。

史锡尧：《"再"语义分析——并比较"再"、"又"》，《汉语学习》1996 年第 2 期。

施关淦：《关于语法研究的三个平面》，《中国语文》1991 年第 6 期。

石毓智、李讷：《汉语语法化的历程——形态句法发展的动因和机制》，北京大学出版社 2001 年版。

石毓智：《论判断、焦点、强调与对比之关系——"是"的语法功能和使用条件》，《语言研究》2005 年第 4 期。

宋玉柱：《"连……也……"结构的语法意义》，《徐州师范学报》1979 年第 3 期。

孙颖：《汉语北京话强调焦点句语调的停延率》，《第九届中国语音学学术会议论文集》，2010 年。

唐钺：《修辞格》，商务印书馆 2004 年版。

田泉：《"是"、"的"合用及单用非句法功能初探》，《汉语学习》1996 年第 5 期。

王卯根：《"最 XN，没有之一"格式的来源及特点》，《当代修辞学》2011 年第 3 期。

王红：《语气副词"都"的语义、语用分析》，《暨南大学华文学院学报》2001 年第 2 期。

王力：《中国现代语法》，商务印书馆 1985 年版。

王敏、杨坤：《交互主观性及其在话语中的体现》，《外语学刊》2010 年第 1 期。

王维贤：《现代汉语语法理论研究》，语文出版社 1997 年版。

王希杰：《汉语修辞学》（修订本），商务印书馆 2004 年版。

王轶群：《现代汉语量强调范畴的认知研究》，博士学位论文，南京师范大学，2017 年。

王寅：《认知语言学》，上海外语教育出版社 2007 年版。

王英宪：《对比与强调——谈陈述句中的语气副词"可"》，《语言教学与研究》2015 年第 2 期。

文炼、胡附：《汉语语序研究中的几个问题》，《中国语文》1984 年第 3 期。

文炼、胡附：《语言单位的对立与不对称现象》，《语言教学与研究》1990 年第 4 期。

温至孝：《"强调"与语序》，《天水师范学院学报》1983 年第 2 期。

温锁林：《现代汉语语用平面研究》，北京图书馆出版社 2001 年版。

吴锋文：《"对于 X"的句法语义特征与强调指示功能》，《华中师范大学研究生学报》2008 年第 2 期。

吴锋文:《"对于 NP"结构的多维度考察》,《宁夏大学学报》(人文社会科学版)2011 年第 5 期。

吴亚欣、于国栋:《话语标记语的元语用分析》,《外语教学》2003 年第 4 期。

吴为章:《语序重要》,《中国语文》1995 年第 6 期。

席嘉:《"是"表示强调的来源和演化》,《语言研究》2013 年第 3 期。

席建国、刘冰:《语用标记语功能认知研究》,《浙江大学学报》(人文社会科学版)2008 年第 4 期。

邢福义:《"最"义级层的多个体涵量》,《中国语文》2000 年第 1 期。

邢志群:《从"连"的语法化试探汉语语义演变的机制》,《古汉语研究》2008 年第 1 期。

谢成名:《从预设看两种类型的"(是)……的"句及其时体特征》,《世界汉语教学》2012 年第 4 期。

熊仲儒:《"是……的"的构件分析》,《中国语文》2007 年第 4 期。

徐杰、李英哲:《焦点和两个非线性语法范畴:"否定"、"疑问"》,《中国语文》1993 第 2 期。

徐杰:《普遍语法原则与汉语语法现象》,北京大学出版社 2004 年版。

徐赳赳:《话语分析二十年》,《外语教学与研究》1995 年第 1 期。

徐赳赳:《现代汉语篇章语言学》,商务印书馆 2010 年版。

徐烈炯:《语义学》,语文出版社 1995 年版。

徐烈炯、刘丹青:《话题的结构与功能》(增订本),上海教育出版社 2007 年版。

徐盛桓:《心智哲学与语言研究》,《外国语文》2010 年第 5 期。

徐通锵:《述谓结构和汉语的基本句式》,《语文研究》2007 年第 3 期。

杨德峰:《也论易位句的特点》,《语言教学与研究》2001 年第 5 期。

杨凯荣:《"量词重叠+(都)+VP"的句式语义及其动因》,《世界汉语教学》2003 年第 4 期。

杨培松：《"强调类"语气副词语篇分析的个案研究》，硕士学位论文，广西师范大学，2006年。

杨石泉：《是……的句质疑》，《中国语文》1997年第6期。

杨雪梅：《"个个"、"每个"和"一个（一）个"的语法语义分析》，《汉语学习》2002年第4期。

尹绪熙：《介词"连"小议》，《汉语学习》1982年第1期。

袁梦溪：《强调类副词的预设分析》，《现代外语》2017年第6期。

袁毓林：《句法空位和成分提取》，《汉语学习》1994年第3期。

袁毓林：《论元角色的层级关系和语义特征》，《世界汉语教学》2002年第3期。

袁毓林：《从焦点理论看句尾"的"的句法语义功能》，《中国语文》2003年第1期。

袁毓林：《"都"的加合性语义功能及其分配性效应》，《当代语言学》2005年第4期。

袁毓林：《试析"连"字句的信息结构特点》，《语言科学》2006年第2期。

袁毓林：《汉语句子的焦点结构和语义解释》，商务印书馆2012年版。

臧蔚彤：《对外汉语教学中带有标记词的强调句研究》，硕士学位论文，沈阳师范大学，2014年。

詹卫东、郭锐、谌贻荣：北京大学中国语言学研究中心CCL语料库（规模：7亿字；时间：公元前11世纪—当代），网址http://ccl. pku. edu. cn：8080/ccl_ corpus，2003年。

张伯江：《汉语句法的功能透视》，《汉语学习》1994年第3期。

张伯江：《认识观的语法表现》，《国外语言学》1997年第2期。

张伯江：《"把"字句的句式语义》，《语言研究》2000年第1期。

张峰辉、周昌乐：《"DJ+的是+M"的焦点和预设分析》，《语言研究》2008年第2期。

张国宪：《语言单位的有标记与无标记现象》，《语言教学与研究》1995年第4期。

张国宪：《性状的语义指向规则及句法异位的语用动机》，《中国语文》2005年第1期。

张恒悦：《量词重叠式的语义认知模式》，《语言教学与研究》2012
年第 4 期。

张辉松：《语言的强调功能及其心理机制》，《武汉理工大学学报》
（社会科学版）2005 年第 4 期。

张辉松：《论直白强调与隐含强调》，《湖北师范学院学报》（哲学社
会科学版）2007 年第 3 期。

张辉松：《强调——人际意义的重要因素》，《海南师范大学学报》
（社会科学版）2008 年第 9 期。

张辉松、赵琼：《语言强调功能系统：强化及凸显》，《湖北师范学院
学报》（哲学社会科学版）2008 年第 5 期。

张黎：《"有意"和"无意"——汉语"镜像"表达中的意合范畴》，
《世界汉语教学》2003 年第 1 期。

张黎：《汉语句法的主观结构和主观量度》，《汉语学习》，2007 年。

张龙：《现代汉语习用语法构式句法分析及演变研究》，博士学位论
文，浙江大学，2011 年。

张孟晋：《浅析句中"强调"的作用及其语用功能》，硕士学位论文，
东北师范大学，2008 年。

张明莹：《说"简直"》，《汉语学习》2000 年第 1 期。

张清源：《"强调"概念在对外汉语教学中的应用》，《对外汉语教学
论丛（第一辑）》，四川大学出版社 1998 年版。

张世禄：《语言学概论》，中华书局 1940 年版。

张旺熹：《连字句的序位框架及其对条件成分的映现》，《汉语学习》
2005 年第 2 期。

张文颖：《句法结构的语义层级性》，硕士学位论文，华中科技大学，
2007 年。

张谊生：《试论主观量标记"没"、"不"、"好"》，《中国语文》
2006 年第 2 期。

张谊生：《从相对到绝对：程度副词"最"的主观化趋势与后果》，
《语文研究》2017 年第 1 期。

张谊生：《从夸张类别到穷尽方式与强调程度——"百般、万般"与
"千般"的表达功能与演化模式探讨》，《语言研究》2018 年第 1 期。

赵元任：《汉语口语语法》，商务印书馆 1979 年版。

赵振才:《汉语简单句的语序与强调》,《语言教学与研究》1985 年第 3 期。

郑远汉:《语序与修辞》,《汉语学习》2003 年第 5 期。

志娃:《谈"强调"》,《语文知识》1959 年第 2 期。

钟正岚:《对外汉语教学强调方式语法项目的选取与排序研究》,硕士学位论文,暨南大学,2011 年。

周国光、张林林:《现代汉语语法理论与方法》,广东高等教育出版社 2003 年版。

周明强:《强调类话语标记语"X 的是"的语用功能考察》,《语言科学》2017 年第 1 期。

周明强、成晶:《强调性话语标记语"你懂的"的语用功能》,《浙江外国语学院学报》2017 年第 6 期。

周红:《现代汉语致使范畴研究》,博士学位论文,华东师范大学,2004 年。

周小兵:《汉语连字句》,《中国语文》1990 年第 4 期。

周小兵、王宇:《与范围副词"都"有关的偏误分析》,《汉语学习》2007 年第 1 期。

周燕:《北大博士对汉语超音段成分研究的新突破》,《新疆大学学报(哲学社会科学版)2004 年第 4 期。

朱德熙:《"的"字结构和判断句》,《中国语文》1978 年第 1、2 期。

朱德熙:《语法讲义》,商务印书馆 1982 年版。

朱军、盛新华:《"除了"式的语义研究》,《语言研究》2006 年第 2 期。

朱士泉:《语意强调的制约方式浅识》,《修辞学习》1997 年第 3 期。

Anna Mauranen., "Discourse Reflexivity – A Discourse Universal? The Case of ELF", *Nordic Journal of English Studies*, No.2, September 2010.

Austin, J.L., "*How to Do Things with Words*", 外语教学与研究出版社 1976 年版。

Bloomfield, L., "语言论", 袁家骅等译, 商务印书馆 1980 年版。

Breal, M., "Semantics: Studies in the Science of Meaning", Dover, New York, 1964.

Benveniste, E., "Problems in general linguistics", Coral Gables, Fla:

University of Miami Press.选译本《普通语言学问题》，王东亮等译，三联书店 2008 年版。

Bolinger, Dwight., "The form of language".London：Longman, 1977.

Briton, L.J., "Pragmatic Marker in English：Grammaticalization and Discourse Functions".Berlin：Mouton de Cruyter, 1996.

Brown, P&Levinson, S., "Universals in language use：Politenessphenomena".In E.N.Goody, ed., *Questions and Politeness：Strategies in Social Interaction*, New York：Cambridge University, 1978.

Celce-Murcia, M&D.Larsen-Freeman., "The Grammar Book-An ESL/EFL Teacher's Course", Newbury House Publishers, 1983.

Croft, W.,《激进构式语法——类型学视角的句法理论》，世界图书出版公司 1995 年版。

Crystal, D.,《现代语言学词典》第四版，沈家煊译，商务印书馆 1997 年版。

Erman, B., "Pragmatic Expressions in English：A study of "you know", "you see" and "I mean" in Face-to-face Conversation".Stockhom：Almqvist & Wiksell, 1987.

Ken Hyland, "Metadiscourse".Foreign Language Teaching and Research Press & Continuum, 2008.

Fillmore, C, J.& Paul K.& Mary K.O'Connor, "Regularity and idiomaticity in grammatical constructions：The case of let alone", *Language*, 1988.

Finegan, E., "Subjectivity and subjectivisation：an introduction".In Stein and Wright, eds., Subjectivity and subjectivisation：Linguistic Perspective. Cambridge：Cambridge University Press, 1995.

Fraser, B., "What are Discourse Markers", *Journal of Pragmatics*, Vol 31, 1999.

Gillian Brown& George Yule, "Discourse Analysis", 外语教学与研究出版社 2009 年版。

Givon, T., "Functionalism and Grammar", Amsterdam, J.Benjamins, 1995.

Goldberg, A.E.,《构式——论元结构的构式语法研究》，吴海波译，北京大学出版社 2007 年版。

Goldberg，A，E.，"*Constructions：A new theretical approach to language*"，Trends in Cognitive Sciences，Vol.7，No.5，1995.

Grice，P.，"Studies in the Way of Words".外语教学与研究出版社 2002 年版。

Halliday，M，A.K.，"Explorations in the Functions of Language".London：Edward Aenold，1973.

Hochett，Charles F.，《现代语言学教程》，北京大学出版社 1986 年版。

Hopper，P.&Traugott，E.，《语法化学说》（第 2 版），梁银峰译，复旦大学出版社 2003 年版。

Humboldt，W.V.，《论人类语言结构的差异及其对人类精神发展的影响》，姚小平译，商务印书馆 1999 年版。

Ifantidou，Elly "The Semantics and Pragmatics of Metadiscourse".*Journal of Pragmatics*，Vol 37，No.9，2005.

Jucker，A.S.& Y.Ziv，"Discourse Markers：Descriptions and Theory"，Amsterdam：John Benjamins，1998.

Jackendoff，R.，"Semantic interpretation in generative grammar".Cambridge Massachusetts：MIT press，1972.

Jespersen，O.，"The Philosophy of Grammar"，London：Allen and Unwin.中译本《语法哲学》，何勇等译，语文出版社 1988 年版。

Joseph，H.G.，《某些主要跟语序有关的语法普遍现象》，陆丙甫等译，《国外语言学》1984 年第 2 期。

Jucker，A.，"The discourse marker Well：A relevant‒theoretical account"，*Jounalof Pragmatics*，No.19，1993.

Ken Hyland& Polly Tse，"Metadiscourse in Academic Writing：A Reappraisal"，*Applied Linguistics*，No.2，2004.

Ken Hyland，"Metadiscourse"，Foreign Language Teaching and Research Press & Continuum.2008.

Lambrecht，K.，"Information Structure and Sentence Form：Topic，Focus and the Mental Representations of Discourse Referents".Cambridge：Cambridge University Press，1994.

Lankoff, G., "Woman, Fire and Dangerous Things: What Categories Reveal aboutthe Mind". Chicago&London: the University of Chicago Press, 1987.

Langacker, R, W., "Subjectification", InMikaShindo, eds., *Semantic Extension*, *Subjectification*, *and Verbalization*.Maryland: University Press of America, 1999.

Langacker, R, W., "Foundations of Cognitive Grammar: Volume one, Theretical Prerequisite", 北京大学出版社 2004 年版。

Langacker, R, W., "Foundations of Cognitive Grammar: Volume two, Application".北京大学出版社 2004 年版。

Levinson, S., "Pragmatics", 外语教学与研究出版社 2001 年版。

Leech, G.N., 《语义学》, 李瑞华等译, 上海外语教育出版社 1987 年版。

Light, T., "汉语词序和词序变化", 张旭译, 《国外语言学》1981 第 4 期。

Lyons, J.,"Semantics".Cambridge: Cambridge University Press, 1977.

Lyons, J., "Dexis and Subjectivity: Loquor, ergo sum?" In Robert J. Jarvella and Wolfgang Klein, eds., *Speech*, *Place*, *and Action*: *Studies in Deixis and Related Topics*, New York: Wiley, 1982.

Lyons, J., "Linguistic Semantics: An Introduction", 外语教学与研究出版社 2000 年版。

Marie–Claude Paris., 罗慎仪译, 《汉语普通话的"连……也/都……"》,《国外语言学》, No.3, 1981.

Nuyts., "Topics in subjectification and modalization Societas Linguistica Europaea", Meeting (2001: Louvain, Belgium) John Benjamins Publishing, 2001.

Risselada, R.&W.Spooren., "Introduction: Discourse Markers and Coherence Relations".*Journal of Pragmatics*, Vol.30, 1998.

Saeed, J.I., "*Semantics*", 外语教学与研究出版社 2000 年版。

Schiffrin, D., "*Discourse Markers*", 世界图书出版公司 2007 年版。

Schiffrin, D., *Conversation analysis*.In Frederick J.Newmeyer.ed., Linguistics: The Cambridge Survey .Cambridge: Cambridge University Press, 1988.

Sperber, D.&D.Wilson., "Relevance: Communication and Cognition".

Oxford：Blackwell，1986.

Taylor，J. R.，" Linguistic Categorization：Prototypes in Linguistic Theory"，second edition，外语教学与研究出版社 2001 年版。

Traugott，E.，" Subjectification in grammaticalisation"，In Stein and Wright，eds.，*Subjectivity and subjectivisation：Linguistic Perspective*.Cambridge：Cambridge University Press，1995.

Traugott，E.&Dasher，R.，"Regularity in Semantic Change"，*Cambridge*：*CambridgeUniversity Press*，2001.

Thompson，G.，"Interaction in academic writing：learning to argue with the reader"，Applied linguistics，2001.

Ungerer，F.&Schmid，H.，"An Introduction to Cognitive Linguistics"（secondedition），外语教学与研究出版社 2008 年版。

Van Dijk.，"The analysis of speech act verbs：theoretical preliminaries"，*Journal of Pragmatics*，No.3，1979.

Verschueren J.：《语用学诠释》，钱冠连、霍永寿译，清华大学出版社 2000 年版。

Verhagen，Arie，"Constructions of intersubjectivity：discourse，syntax，and cognition" = 交互主观性的构建：话语、句法与交际，世界图书出版公司 2014 年版。

Wittgenstein，L.，"Philosophical Investigations"，李步楼译《哲学研究》，商务印书馆 1966 年版。

后 记

本书在博士论文的基础上重新写就，原题为《现代汉语话语强调范畴的构建与研究》，简介发表在 2012 年的《语言文字应用》上，距今六年余，逢及人生第三个本命年，专业领域却似混沌初开，令人惭愧。

谢谢我的博士导师李泉教授拨冗为我修改、给我写序。李老师著作等身，谦虚随和，他对书稿提出极细致的修改意见，同时也宽慰我文章无法尽善尽美，因为学术之路永无止境。其殷切希望、师生情谊让人感动。

谢谢我的硕士导师何洪峰教授，我们师生已经十三年余。何老师学养深厚，高山景行，专业上一直提携后进，予我莫大帮助，他也曾批评我："非不能为，是不为也"，让我铭记在心，踏实求知。

谢谢我的访学导师袁毓林教授，他对我的课题文本、论文稿件、专业疑惑，总是不吝赐教。袁老师为学今古并重、中西并用，其视野之开阔，学问之精深，仰之弥高，钻之弥坚。

谢谢我的博士论文答辩主席赵金铭教授、评审人贺阳教授，为我撰写专家推荐信，帮助我顺利申请出版资助，还一直关心着这本著作的出版；谢谢我的领导、北京联合大学国际交流学院谢职安教授，催我上进、促我访学，鼓励我出版专著，书稿也正是完成于北大访学期间；谢谢何门师兄朱怀、蔡勇的帮助，为我分析专业问题，给我解惑；谢谢北大优秀的老师们、同学们、袁门小伙伴，给我的教益与欢乐；谢谢北京联合大学学术著作出版基金的大力资助。

谢谢我的爱人袁晓刚给我的理解、支持、陪伴，谢谢我的儿子袁来给我的磨炼、考验、快乐。最后，谨以此书献给我最爱的妈妈，陈淑华。她在三年前的教师节，离开了我。

作家史铁生说："此岸一定是残缺的，否则彼岸就要坍塌。"唯有残缺，方教人努力追索未知的彼岸。

2018 年 7 月 28 日于北京，澜石